项目来源：

作者主持的国家社会科学基金项目"西北地区民族文化旅游产业发展模式研究"（编号：10XMZ046）

国家社会科学基金项目"丝绸之路区域合作创新开发研究——基于丝绸之路申遗的视角"（编号：08CGY052）

国家社会科学基金项目"丝绸之路申遗中国段旅游区旅游形象设计与推广策略研究"（编号：08XJY027）

桂林理工大学博士点建议项目

桂林理工大学旅游学院博士点建设基金项目

民族地区旅游业发展的民生效应研究

基于甘南的旅游人类学调查

窦开龙　著

中国社会科学出版社

图书在版编目（CIP）数据

民族地区旅游业发展的民生效应研究：基于甘南的旅游人类学调查／
窦开龙著 . —北京：中国社会科学出版社，2016.7
ISBN 978 - 7 - 5161 - 0027 - 1

Ⅰ.①民⋯　Ⅱ.①窦⋯　Ⅲ.①民族地区—旅游业—社会人类学—
研究—甘南藏族自治州　Ⅳ.①F592.742.2

中国版本图书馆 CIP 数据核字（2011）第 171138 号

出 版 人	赵剑英	
选题策划	郭沂纹	
责任编辑	丁玉灵	
责任校对	王俊超	
责任印制	李寡寡	
出　　版	中国社会科学出版社	
社　　址	北京鼓楼西大街甲 158 号	
邮　　编	100720	
网　　址	http://www.csspw.cn	
发 行 部	010 - 84083685	
门 市 部	010 - 84029450	
经　　销	新华书店及其他书店	
印　　刷	北京明恒达印务有限公司	
装　　订	廊坊市广阳区广增装订厂	
版　　次	2016 年 7 月第 1 版	
印　　次	2016 年 7 月第 1 次印刷	
开　　本	710 × 1000　1/16	
印　　张	19.75	
插　　页	2	
字　　数	336 千字	
定　　价	68.00 元	

目　　录

Content

第一章

绪　　论

第一节　研究背景和意义

一　研究背景

（一）文化产业：横卷全球，突飞猛进

"文化产业"一词，由著名学者 Max Horkheimer（霍克海默）和另外一位学者 Theodor（阿多诺）于1947年在《启蒙的辩证法》中总结现代文化的基本特征时最先提出，此后此概念逐渐流行开来。但是，由于理论认识、政治立场和研究角度不一，学者们目前对此概念尚无统一和严格之界定，各国各类组织和学者称谓不一，如美国称之为 Copyright Industries（版权产业），欧盟称之为 Content Industries（内容产业），澳大利亚和英国称之为 Creative Industries（创意产业），德国、荷兰、中国、韩国等称之为 Cultural Industries（文化产业），中国台湾称之为 Creative Cultural Industries（创意文化产业）。一般认为，文化产业是为消费者提供精神产品或服务的行业（《中国文化产业蓝皮书》），具有消耗低、知识与技术含量高和附加值高等显著特点，因此世界各国都把文化产业定位为"朝阳产业"和战略产业大力发展，以此提高国家竞争力。从国外角度看，发达国家都采取系列措施大力发展文化产业并取得突飞猛进的发展，以文化产业为龙头提升了国家形象与软实力，如：美国文化产业产值占 GDP 比例高达25%[①]；英国1997—

[①]　王佐书:《中国文化战略与安全研究》，人民出版社2007年版，第199页。

2004 年文化创意产业产值年均增长率（5%）远高于同期 GDP 增长率（2%）[1]；2004 年，欧盟文化市场占世界文化市场份额高达 34%。另外，各国都拥有在世界上举足轻重的文化产业，如美国的软件产业、日本的动漫制造产业、韩国的电视电影产业和德国的出版产业等。从我国角度看，中国共产党和国家对文化产业发展也给予了前所未有的高度重视，2000 年中共五届五中全会在《中共中央关于制定国民经济和社会发展第十个五年计划的建议》中首次提出要发展相关文化产业，2002 年党的十六大报告中明确做出"积极发展文化事业和文化产业，深化文化体制改革"的决定，2006 年将"创意产业"写入《国家"十一五"时期文化发展规划纲要》，2009 年国务院通过《文化产业振兴规划》……在此背景下，我国电影电视、广告制作、图书出版、演艺娱乐等文化产业发展势头十分迅猛，增速明显高于 GDP 增速，成为我国新的经济增长点、朝阳产业、支柱产业与新兴产业。统计数据显示，2004 年至今，我国文化产业年均增长速度高于 15%，比同期 GDP 增速高 6 个百分点；各省各地区也出现文化产业品牌，如甘肃的《读者》杂志、湖南的《超级女声》和《快乐男声》节目、陕西的"大唐芙蓉园"景区、云南的《云南映象》大型歌舞等，极大地增强了我国的综合国力和国际竞争力。在 21 世纪，中华民族处于伟大复兴阶段，文化复兴是重中之重，旅游产业属于文化产业，文化旅游是我国发展文化产业的重点和热点。因此，适时研究 21 世纪我国文化产业发展新情况、新问题，对推动文化繁荣和进步、弘扬民族传统文化和促进中华民族伟大复兴，具有很强的理论指导价值和实践借鉴意义。

（二）旅游产业：强劲发展，趋势显著

关于旅游产业的概念界定，国内外学术界争论不已，莫衷一是。一般认为，旅游业是为旅游消费者或旅游活动提供产品和服务的行业、特殊部门或企业的集合，包括"吃、住、行、游、购、娱"六大要素，具有综合性大（消费的完整与系列性）、关联性高（产业的前向、后向和旁侧效应大）、经济效益明显（经济贡献率大）等特点，对促进经济结构调整、推动经济社会文化发展等都具有无法替代的特殊作用。从国外看，第二次世界大战以后，世界局势趋于缓和，和平与发展成为时代主题旅游业发展呈现强劲态势，发展规模超越传统产业（军火工业、石油工业、汽车工业、化工工业、钢铁工

---

[1] 周泽：《中国目前文化产业发展中的问题及对策研究》，河北师范大学硕士学位论文，2008 年，第 13 页。

业等），并将成为未来世界最大最好的产业。从我国看，旅游业已从接待型事业逐渐转化为产业，并发展为主要经济产业：1986 年国家在"七五"计划中明确把旅游业作为产业进行了定位；1991 年国家在《关于国民经济和社会发展十年规划和第八个五年计划纲要》中明确把旅游业定位为第三产业之重点；1992 年国家明确在第三产业发展序列中把旅游业排在首位；1998 年中央经济工作会议定位旅游业为"新的增长点"……在此背景下，我国旅游业收入在波动中不断提高，《中国旅游统计年鉴》统计数据显示，2008 年我国旅游业总收入为 1.16 万亿元人民币，比 2007 年增长 5.8%，其中国际旅游收入为 408.43 亿美元，国内旅游收入为 8749.39 亿元人民币。值得一提的是，由于我国国际地位不断攀升和经济社会持续稳定发展，我国将成为全球头号旅游目的地（世界旅游组织，1997）。因此，国际国内现实都以无可争辩的事实说明旅游业发展前景十分看好。

另外，旅游业在地位和作用持续提高的同时，也表现出其他明显发展趋势：旅游市场竞争程度将越来越激烈，企业和区域要在竞争中占有优势与立于不败之地需要出奇制胜；旅游业协作开发将成为潮流而不可阻挡，合作共赢与区域资源整合开发将成为各方共识；由于居民消费行为和心理模式发生转型，自驾车旅游、特色旅游、专题旅游（文化旅游、生态旅游、探险旅游、休闲旅游等）将越来越受到消费者青睐；在大部分知名长线继续保持传统竞争优势的同时，假日短途游和深度体验游将悄然流行，越来越成为未来发展方向；由于全球生态恶化、社会局势突变等因素约束，旅游业的脆弱性和安全性将越来越需要得到各方重视。

（三）民族旅游：意义深远，制约极多

民族地区虽然属于"三边"地区（边缘、边远、边疆），区域经济不发达，但是发展旅游却具有极其深远的战略意义，同时也具有得天独厚的良好发展条件。在发展战略意义方面，由于生态条件恶劣，自然地理环境特殊，处于国家典型生态战略安全区、保护区和脆弱区，大规模发展现代工业非明智选择，而该地区自然景观独特，少数民族长期以来友好散居或杂居，人文历史久远，文化积淀深厚，民族风情浓郁，宗教文化神秘莫测，文化与自然天然融合，人文与历史一脉相承，传统与现代交相辉映，民族旅游资源类别多样、特色鲜明，神圣、神秘、神奇，属于最重要的战略性珍贵经济资源，科学开发这些稀缺的旅游资源有利于增加财政收入、调整产业结构、引入现代文明、展示多样民族文化、促进族际关系和谐与维护社会稳定，是少数民族和民族地区实现现代化的最佳途径。在发展现实和成就方面，改革开放以来，尤其是 1998 年以后，我国西部民族地区致力于开发旅游资源，旅游发展异军突起，成就辉煌，品牌迭出，声名鹊起，世界瞩目，如青海的三江源、塔尔寺、互助土族民族村、环青海湖国际自行车大赛，宁夏的两沙（沙湖、沙坡头）和东方金字塔——西夏陵墓，甘南的拉卜楞寺和桑科草原，新疆的吐鲁番高昌故城、喀什的艾提尕尔清真寺，云南的丽江古城、昆明的民族村、大理的风花雪月，陕西西安的回民风情街，西藏的雪域高原风光、布达拉宫和藏传佛教等，已经深入人心，游客口碑极佳，与沿海发达地区旅游品牌同展风流，同奏凯歌。在发展条件方面，开发优势在于处于后发展地区，文化和自然景观保护相对较好，便于推出原生态旅游产品，对游客的吸引力大；开发劣势在于该地区基础设施落后、要素体系不完善、缺少资金支撑、高级人才匮乏、旅游交通不便、项目缺少互动性和参与性、文化产业化程度低且难度大、对外开放程度不高、文化内涵挖掘不够、旅游品牌稀少等。因此，如何保护性开发这些旅游资源，使民族旅游优势资源适时转换为特色优势产品，带动民族地区社会发展，是目前学术界亟须解决的重大问题。

（四）旅游效应：如双刃剑，有正有负

正面效应——经济方面，对提高就业率、实现居民脱贫致富率、财政收入贡献率、外汇收入贡献率、GDP 贡献率等均有一定乃至显著影响。以下几组数据和案例可以说明问题：WTTC（世界旅游及旅行理事会）统计数据显示，世界旅游业对世界 GDP 的贡献远超其他产业；奥运会为举办城市和所在国家带来巨大商业效应，接待人数逐次增加（洛杉矶为 23 万人，巴塞罗那为 30 万人，悉尼为 44 万人），旅游经济收入一届比一届增多；① 国外众多原先贫困地区（如巴西马瑙斯、印度尼西亚巴厘岛等）都由于开发旅游产业而摆脱贫困；我国发达省份广东省 2006 年旅游产业总收入已高达 2125 亿元，对广东 GDP 的贡献率为 8.21%；② 我国众多贫困地区（周庄、平遥、九寨沟、阳朔、吐鲁番、互助等）也是如此，旅游扶贫效应明显。文化方面，旅游业对彰显文化特色、传承民族文化、增强文化认同等具有不可忽视的促进作用。以下几组数据和案例可以说明问题："99'国际东巴文化艺术节"

---

① 张伟、张晓迪：《2008 年北京奥运会对旅游产业的影响及对策研究》，《经济前沿》2008 年第 21 期，第 74—76 页。

② 陶志英：《广东旅游经济对经济发展的效应研究》，暨南大学硕士学位论文，2007 年，第 20 页。

以舞台形式艺术地展示了东巴文化的魅力，为保护与传承东巴文化提供了资金支持和宣传认同作用；随着青藏铁路的开通，西藏旅游使藏族文化走向世界，藏民族和现代文明的交流加快。社会方面，旅游开发使旅游地居民思想更加开放，商品经济意识显著增强，对外知名度明显提高等。

负面效应——经济方面，旅游开发会拉大居民和区域收入差距、增强产业和区域经济脆弱性。以下几组数据和案例可以说明问题：巴厘岛爆炸事件使该地旅游业一度委靡不振，经济发展受到抑制；辽宁凤城大梨树旅游开发使社区贫富差距拉大，92%的居民对此变化有一定感知；季节差异，青海等部分藏区在冬季时处于旅游淡季，旅游设施闲置，服务人员收入降低；由于"7·5"事件的巨大影响，新疆旅游业受到巨大冲击，地方财政收入明显下降等。文化方面，由于旅游流携带的文化信息流大量进入，有可能使本土文化在外来文化的强力冲击下特色消退、流失加剧，也可能使社会风尚变化，道德沦丧，世风日下。以下几组案例可以说明问题：云南丽江纳西族很少穿戴传统民族服饰，只有在节日期间游客才可以看到传统服饰；西双版纳傣族传统建筑消失，民族服饰被现代服饰取代；广西部分旅游区内传统建筑失真，伪民俗、伪工艺品出现。社会方面，由于人口流动频率增加，文化交流幅度增大，利益冲突出现，旅游区社会问题（如偷盗、抢劫、色情、贩毒、杀人等犯罪案件）较前明显增加。以下几组数据和案例可以说明问题：在丽江，游客未经允许就进入居民家中，并进行拍摄拍照，扰乱了居民正常的生活模式；内蒙古草原由于游客骑马和乘车进入，草场质地变化，随处可见垃圾；辽宁省凤城市大梨树旅游开发使居民中47.4%的人认为人际交往中情感淡化、利益色彩加重等。①

（五）民生问题：成为焦点，关乎稳定

民生者，通俗说就是关乎老百姓生命、生活、生计和生存的事情，具体指的是与民众住宿、餐饮、住房、医疗、就业、就学、环境、治安等切身利益相关的各类事务。随着我国经济社会的不断转型，不同群体利益格局发生深刻分化，居民收入差距逐步扩大，部分人成为既得利益集团，而部分人成为弱势群体，不仅生活质量得不到提高，就连最起码的生计问题也无法得到保障，导致社会不公平感、不平等感加剧乃至被强化，进而引发群体性事

---

① 刘英杰、吕迎春：《目的地居民对旅游社会影响的感知态度实证研究——以大梨树风景区为例》，《乡镇经济》2007年第11期，第34—38页。

件，对地缘稳定与和谐社会建设构成威胁。而民族地区由于和内地发展差距拉大，部分群体的民生问题和正常权益诉求无法得到很好解决，因此近年来成为社会群体性事件多发地区。在此背景下，民生问题不仅是民族地区的经济和社会问题，更是重大而现实的政治问题。

（六）甘肃甘南：典型藏区，旅游新秀

我国藏区主要是藏族聚居地区或藏族聚居区建立的自治地方，涉及川、藏、青、甘、滇5个省区，包括1个自治区、10个自治州、2个自治县，共辖147个县，具体是西藏、青海藏区（玉树、黄南、果洛、海北、海西、海南）、甘肃藏区（天祝、甘南）、四川藏区（甘孜、阿坝、木里）、云南藏区（迪庆）等，其中最著名的是卫藏、安多和康区等。① 藏区是我国生态安全区、经济落后区和社会发展后发区，对中华民族伟大复兴战略实施相当重要。生态方面，青藏高原属于大江大河之源头，生态安全关系到中国乃至世界生态安全，但是该地区近年来生态恶化趋势明显，如玉树藏区在20世纪中期（1950—1960年）流入母亲河黄河和长江的支流多达4000余条，到现在仅过了半个世纪，就减少了3000多条；这些地区生态环境极度复杂和脆弱，一旦恶化将很难逆转，生态修复成本无法估算。经济发展方面，由于海拔高，地形地貌复杂，高寒缺氧，长期处于封建农奴制度统治之下，开发时间晚，经济落后，和沿海与内地发达地区差距很大，以青海为例进行说明，在2000—2005年的短短五年之内，该省居民与全国人均可支配收入差距急剧拉大，平均差距为845.5元（其中城市差距为1325元，农牧区差距为366元）。② 社会方面，由于"非均衡发展战略模式"的实施等原因，区域经济发展失衡，就业难、就学难、就医难等民生问题出现，社会结构伴随社会利益分化发生变化，达赖集团等民族分裂主义势力乘机制造事端，给我国政治稳定与社会安全带来不稳定因素。文化方面，该区属于典型汉藏文化结合部，是著名的安多藏区，宗教历史悠久，信教群众众多，传统民族民俗文化绚丽多姿，但是由于诸多原因，文化流失现象严重，宗教和社会主义适应过程中出现一些不和谐因素。因此，维护藏区稳定、促进藏区繁荣、推进藏区

---

① "安多"（a mdo）指的是青海藏区（不包括玉树）、甘肃藏区及四川阿坝在内的藏区；"康区"（khams）指的是西藏昌都地区、四川甘孜地区、青海玉树地区、云南迪庆阿坝羌族藏族自治州；"卫藏"（dbus gtsang）指的是乌斯藏即今西藏地区。

② 景晖等：《"十一五"期间青海经济发展中的十大矛盾》，《青海社会科学》2006年第2期，第34页。

和谐是我国目前建设小康社会与和谐社会的最大课题。而发展藏文化旅游则可以有效防止生态恶化、增强少数民族的国家认同感。甘南位于甘肃西部和青藏高原东北缘，属于典型藏区，生态恶化（如草地退化、草场沙化、水资源减少、湿地面积缩小、珍稀物种消失），经济不发达，但是该地区却保留了较为完整的自然景观和藏文化精华，民族文化旅游近年来迅速崛起，和香格里拉、大理、丽江、九寨沟等一样为世人瞩目。在此背景下，及时关注旅游发展模式效应，为政府决策和企业参与旅游活动提供有价值的学术咨询很有必要且十分迫切。

二　研究目的

（一）实践目的

甘南属于西北典型民族旅游目的地，"窥一斑可见全貌"，其旅游效应可以反映出中国乃至世界后发展民族地区旅游业发展成就、现状和存在的突出问题，有助于为西北经济社会文化发展提供有益借鉴和宝贵经验。因此，本研究的实践目的是通过个案分析总结规律，为民族地区旅游民生效应优化和促进民族地区旅游目的地更好、更快、更和谐发展提供科学的决策依据和正确的学术指导。

（二）学术目的

研究方法上，克服以往学者研究方法过于单一之不足，增强研究方法的多样性；效应分析上，克服以往学者单维度或某方面效应分析的缺陷，并对效应回应给予关注，增强效应研究的全面性；案例选择上，以甘肃典型民族地区——甘南为样本点，拓展旅游学和民族学研究视阈。

三　研究意义

旅游业是带动区域发展的"金钥匙"，对民族地区发展具有重要战略意义，但是该产业却是一把"双刃剑"，既可产生正面影响，也会产生负面效应。西北地区（甘青宁新）属特色民族文化旅游景观"荟萃区"，是未来中国旅游发展的黄金地带、战略后备基地。但是，该区域旅游业发展现状却不容乐观：有资源优势却无产业优势，文化旅游产业化水平较低；部分景区开发较好，整体开发较弱；自然景区较多，文化景区较少；由于假日制度改革、自然、社会、经济因素的影响，民族文化旅游业发展经济效应较好而社会文化等民生效应欠佳。因此，对民族地区旅游业发展的经济社会文化等民生效应给予实证分析、定性和定量结合分析、综合研究，建构民族地区旅游业发展民生效应调适和优化新模式，以强力提升旅游业在国民经济中的战略地位，有效解决民生问题，实现边疆和谐稳定与可持续发展，已是重大而紧迫的战略课题，具有重要的学术意义和应用价值。

第二节　相关研究综述

一　国外相关研究综述

（一）国外研究热点

国外学术界在民族地区旅游领域主要就以下两大方面进行了探讨：

1. 民族地区旅游基础理论方面

学术界首先探讨了什么是"民族地区旅游"问题，就概念界定做了大量研究，提出了许多有价值的观点和思想，对学术研究至今具有一定影响。其中代表性观点有两大类，一是"观光旅游论"（Bruner，1994），认为民族地区旅游是观光旅游，指向是某国某地区非主体民族或人群及其文化；二是"形式或类别论"（Swain，1989；Van Den Berghe，1984，1992；ValeneL. Smith，1989，2001），认为民族地区旅游属于一种旅游类别，以土著人的独特生活方式、风俗习惯为吸引物来招揽游客，游客的目的在于追求和感受奇异的风俗和文化。

另外，国外学者更喜欢对民族地区旅游本质或性质进行深入探讨，并取得了令人鼓舞和深思的启发性观点，代表性观点是：民族地区旅游是宗教替代品、宗教的现代对立物，或者可以被认为是属于生命中一类世俗化的仪式，是一种具有仪式性质的行为模式（Graburn，1983，1989）；民族地区旅游是为了寻求不同寻常的神圣感受与体验，是为了寻找本真或真实，因此可以被认为是一种现代人的心灵朝圣（MacCannel，1973，1976）；民族地区旅游是人生世俗生活中一段相对神圣的时光（Graburn，1977）；民族地区旅游是为了摆脱现代化背景下生活节奏程序化、生态恶化造成的异化（Cohen，1992；Rojek，1993）；民族地区旅游是休闲观光和朝圣的集合体（Turner，1978）；民族地区旅游属于休闲的特殊类别，具有闲暇和享乐的本质（Dumazedier，1967）；民族地区旅游是以旅游为媒介，以主一客互动而产生的文化交流过程或现象（Nash，1984）；有学者（Nash，1984）认为民族地区旅游属于帝国主义怀旧；有学者（Brain King，1974；Dann，1991）从人口迁移角度进行了分析，认为民族地区旅游属于季节性的以追求休闲为目的的人口大迁移、大流动；有学者（Van Den Berghe，1994）认为民族地区旅游是特殊的民族关系形式或模式；有学者（Borocz，1996）从政治角度进行了分析，认为民族地区旅游属于 Travel Capitalism，即"旅行资本主义"。此外，部分学者（Boostin，1964；Burns，1974，1979）对以上观点作了反驳，认为不必把问题复杂化，旅游就是为了寻求快乐，民族地区旅游自然也不例外。

2. 民族地区旅游效应方面

对民族地区旅游经济效应首次进行分析的是意大利的鲍德奥，他于 1899 年就对意大利入境外国游客旅游移动及其消费状况作了探讨。此后，学者分析了旅游经济效应，认为旅游发展无一例外地推动了目的地经济发展（Archer，1973，1977；Pizam，1978；MathiSon，1982；Dwyer，2000；Strauss，2001）、增加了国内生产总值（KhanH，1990）、吸引了外来投资、拉动了旅游消费（Lankford，Howard，1994）、增加了就业机会（Valenine，2005）、提高了本地居民生活质量（Pizam，1988）。许多学者（Archer，1974；Lunberg，1976；Murphey，1985；F. K. Hamston，1962；Fletcher，1996）还建构了模型（如 CGE 模型、IMPLAN 模型、VAR 模型等），拓展了乘数理论等相关理论，应用理论进行了实证分析（F. K. Hamston，1962；Gamble，1982；JohsonRH，Moore，1993）。但是，也有学者（King，1993；Warner，1996）对旅游经济贡献产生质疑，认为民族地区旅游也可能产生经济差距扩大、就业机会不均、物价上涨、旅游漏损等负面效应。

国外学者除了探讨经济效应以外，还分析社会文化效应。学术界一般认为此方面研究拉开序幕的标志有二：其一，有学者（T. Nunez，1963）选择墨西哥一个小山村的旅游开发为个案，分析了旅游业发展对社会文化产生的相关影响；其二，学者齐聚墨西哥城（1974），召开了主题研讨会。[①] 此后，相关研究论著逐渐增多，理论分析逐渐深入，案例调查逐渐趋热，对后来的学术研究影响深远，其中部分学者认为民族地区旅游对社会文化发展具有一定的促进作用，正面效应值得肯定，主要是：民族地区旅游是少数民族地区发展的良性选择（Mckcan，1976；Boissevain，1978；MansPerger，1981）；民族地区旅游使外汇收入增加（Diamond，1977），外汇贡献率大于其他传统产业；民族地区旅游使居民收入增加（Mart，2005）；民族地区旅游使文化资源保护与开发互相作用（Dower，1974）；民族地区旅游使女性的社会地位得到提升（Ramon，1995）；民族地区旅游使旅游目的地建筑面貌较前改观

---

① 王雅婧：《旅游对目的地社会文化影响的研究》，山西大学硕士学位论文，2009 年，第 5 页。

（Haley，2005）；民族地区旅游使对外文化互动、联系和交流增多（Pearce，1991；Diane，1995）；民族地区旅游使传统封闭性社会结构改变（Paul Brunt，Paul Courtney，1999）；民族地区旅游使社会稳定性提高（Boissevain，1979）；民族地区旅游使族群内部认同得到一定程度的加强（Adams V.，1992；Van den Berghe P. L.，2000）；民族地区旅游发展使开发地自然环境得到改善（Gere H.，1990），等等。部分学者对负面效应作了分析，认为主要表现是：民族地区旅游使犯罪、卖淫等失范现象增多，使当地居民语言文化改变（Butler，1974；Paul Brunt，Paul Courtney，1999）；民族地区旅游使居民社交活动减少（Luomance，1978）；民族地区旅游使目的地环境发生不良变迁甚至趋于恶化，垃圾增多，废水增多，污染加大，对野生动植物和居民健康有一定负面影响（R. V，1960；Wall. G，1977；Wright，1977；Loukissa，1978；John Lea，1988；Stonich，1990；Lunkashina，1996；Teivane，2000）；民族地区旅游使传统节日和文化仪式商品化（Greenwood，1977；Medina，2003）；民族地区旅游给目的地居民带来众多生活不便，如价格上涨、犯罪事件增多、交通拥挤等（Archer B. H.，1998；Valentine，Knopf，2005；Nadal，2005）；民族地区旅游使目的地传统文化在外部强势文化的刺激和冲击下发生异化（Graburn，1977）；民族地区旅游使目的地居民传统伦理道德发生变化，道德对居民社会行为的约束力大大减弱，待客热情下降（Turner，1975；Nash，1975；Var，1986）；民族地区旅游使文化遗产保护面临威胁（Borg，1996）；民族地区旅游使居民传统生产生活方式变化（Ray Green，2005）；民族地区旅游使少数民族或族群关系模式因为旅游开发而变迁，人际冲突和利益冲突增多（JamiesonD，1999）；民族地区旅游加大了不发达国家对殖民国家或发达国家的依附程度，属于"新殖民主义或帝国主义"（Yong，1973；Dan，1988；Bruner，Barbara Kirshenblatt Gimblett，1994）；民族地区旅游使目的地国家疾病流行（Petty，1989），等等。当然，学者对效应的观点看法不一，有的认为综合正面效应大，有的认为综合负面效应大，有的认为某个方面（如汪达尔主义，即文化大规模流失）的负面效应大，有的认为某个方面负面效应小，有的认为某种负面效应（如贩毒和吸毒现象增多）由于旅游业产生，而有的则不赞同，认为不能把变迁之因都归于旅游。

关于旅游效应，国外学者在进行大量的田野调查和实证研究的同时，还注意进行有益的研究深化和理论总结，提出了许多创新性观点和理论，提升了研究水准。此方面研究大致可以划分为两种：一是对旅游效应感知及影响因素的研究。代表学者是 Boissevain（1979），Get Z. D.（1995），Adams V.（1995），Hernandez S. A.（1996），Allen L.（1998），Brunt（1999），Courtney（1999），Erb M.（2000），Yoon（2001），Besculides（2002），Gursoy D.（2002），Teye V.（2002），等，认为民族地区旅游开发是一把"双刃剑"，目的地居民和旅游者的旅游效应感知具有一定特征和规律，同时存在一定个体或群体差异，其影响因素除了人口学因素（Lankford，1991；Chen，2000）外，主要是对旅游业发展的态度（Dogan，1989；Keogh，1990；Evans，1993；Madrigal，1995；Andriotis，Vaughan，2003；Nadal，2005）、利益关系（Pizam，1988；Miliman，1988）、开发规模、发展水平（Long，2001）、社会政治特征（Hasan Zafter Dogan，1989；Paul Brunt，1999）、主客互动模式（Murphy，1985）、居住时间（Lankford，Howard，1994）、目的地距离（Lchmann，1980；Jurowskia，2004）、社区参与程度（Cveat Tosun，2000）、目的地类别或发展阶段（Madrigal，1993；Rutherford，2004）等。二是理论提升和归纳。代表性学者有 G. V. Doxey（1975），J. A. P，R. W. Butler（1974，1981），Pearce（1980，1996），M. D. Smith（1998）等，形成了许多相关理论（详见下文总结）。

（二）国外研究特点

1. 研究方法：多元交叉，侧重案例

（1）存在研究方法多元化特点

从总体看，开发之初的效应研究多属于简单记录、描述和计算，其后多种学科参与研究，使研究方法和手段趋于多样化，极大地推动了研究进展。

从方法论角度看，有经验主义、实证主义、结构主义、人文主义等作为指导。

从研究方法看，有定性研究和定量研究，主要包括社会学收集资料时常见的"问卷调查法"、文化人类学深入民族社区长期体验的"田野调查法"、研究变量关系的实验法和对人际互动进行深度了解的个案访谈法等。

从经济效应看，有最简单的 Tourism Multiplier Theory 即"乘数理论"（B. H. Archer，1974；Murphy，1985；John Fletcher，1996），有相对复杂的 Input – Output Model 即"投入—产出模型"（Hamston，1962；Moore，1993；Bicak，1996；Huse，1998；KyU Yoop Chung，2003），有 Social Accounting Matrix 即"社会会计矩阵"（Wagner，1997），有 Computable General Equilibrium model 即"一般可计算均衡模型"（Adams，1995），有线性程序模型（MarvinKottke，1988），也有更加复杂化的 Tourism Satellite Accounts 即"国家旅游卫星账户"（WTO，OECD，WTTC，2000；Access Economics Pty Ltd.，2003）分析等。

从社会文化效应看，有文化人类学、社会学常用的实地调查法，也有进行数理分析的软件统计分析法，等等。

从环境效应看，有实验法、模型数理分析法如特尔菲法（Gree H.，1990）等。

（2）存在普遍使用案例分析法的特点

为了分析具体效应，国外学者较多选择一国或一地区为案例分析对象，采用田野调查法进行实证研究。其中，具有代表性的案例研究见表1—1。

表 1—1　　　　　　　　国外民族地区旅游效应研究代表性案例

研究者	年份	案例分析选择地	研究贡献或主要结论
F. K. Hamston	1962 年	美国怀俄明州西南部地区、美国密苏里州	通过具体测算认为间接效应为诱导效应的1/3
Archer，Voughan	1973—1977 年	Anglesey（英国威尔士某地），Gwyneedd（温尼德）和 Lothian Region（爱丁堡）	通过分析英国住宿业旅游收入，从理论与实证角度研究了旅游乘数理论
Petit Skinner	1975 年	Tahiti（塔希提岛）	研究发现民族地区旅游使文化价值观出现冲突
Adams	1976 年	尼泊尔	研究认为民族地区旅游开发加强了本地居民夏尔巴人的互相协作关系和雇佣劳动关系，使新生产方式与旧生产关系模式有机融合
McKean	1976 年	印度尼西亚巴厘岛	研究认为民族地区旅游使仪式文化得到保护
Rothman R	1978 年	美国特拉华州	研究发现旅游使社区居民家庭聚会活动次数和时间减少
LoukiSSa	1978 年	希腊 MyConos（马可纳斯岛）地区	研究发现旅游使该地区环境恶化
Qieqi	1978 年	美国 Virgin 岛	研究发现旅游开发不会使社会结构发生巨大变化

续表

研究者	年份	案例分析选择地	研究贡献或主要结论
Boissevain	1979 年	马耳他戈岛	研究认为民族地区旅游发展由于能够解决就业问题而使社区更加稳定
Broughm J.	1981 年	英国威尔士格温内思郡	研究发现旅游使社区传统社交活动减少
Joann M. Farve	1984 年	冈比亚	研究认为民族地区旅游发展使社会差距拉大
Liu，Xierdun	1987 年	土耳其	研究认为旅游业不会影响社会结构
Ady Milman	1988 年	美国佛罗里达中部地区	研究认为旅游发展使居民很受实惠
Moon	20 世纪 80 年代末	日本某山村	研究发现滑雪旅游有"益"有"害"
John Lea	1988 年	肯尼亚	研究了旅游发展对生物的影响
Nolan	1989 年	印第安社区	研究发现民族地区旅游发展使印第安人文化变异
Millgina	1989 年	葡萄牙 Guemsey 地区	研究发现居民效应感知状况与 Doxey 模型不完全符合，应该是"好奇—接受—愤怒—对抗"模型
Arrones	1990 年	西班牙南海岸	研究发现旅游发展使外来者对本地控制越来越强、土地和水资源逐渐减少
Gree H.	1990 年	Salt Mill	研究认为旅游发展有助于保护历史文化和社区环境
Khan H.	1990 年	新加坡	通过测算研究了旅游业对一国 GDP 增长率和就业率的影响
Landford	1992 年	俄勒冈州哥伦比亚河山村	研究认为民族地区旅游使居民休闲机会减少，进而对旅游业发展不再持积极态度
Johson R. H.，Moore	1993 年	多米尼加、香港、夏威夷	用投入—产出法对岛屿旅游开发的经济收入效应进行了分析
Ryan	1994 年	英国贝克韦尔镇	研究认为民族地区旅游效应感知群体有三大类别（支持群体、恼怒群体、中立群体）
Harvey	1995 年	美国 Idaho 小镇	研究发现居民对民族地区旅游效应感知和性别无关，但和利益依赖度有关

续表

研究者	年份	案例分析选择地	研究贡献或主要结论
Ramon	1995 年	西班牙 Catalonia 地区	研究发现旅游发展使妇女地位得到提高
Cohen	1995 年	波多黎各伊沙贝拉	研究认为居民对民族地区旅游效应感知实况和"愤怒指数模型"的描述存在差距
Lunkashina	1996 年	俄罗斯 Sochi 城	研究发现旅游发展使居民健康由于环境破坏而受损
John Fletcher	1996 年	Seychelles（塞舌尔）地区	研究了旅游消费结构、消费水平和乘数效应的关系
Ryan，Crotts	1997 年	新西兰毛利文化旅游区	研究发现民族地区旅游发展使毛利文化发生异化现象
山下晋司	1998 年	印度尼西亚 Bali（巴厘岛）	应用民族学（或文化人类学）理论与方法对巴厘岛旅游效应作了分析
Sighd Almedal	1998 年	挪威某小镇	旅游业发展会对经济产生影响（包括直接的和间接的）
Neilleiper	1999 年	澳大利亚	研究认为旅游对就业能产生促进作用，具有就业乘数效应
Tapsell	1999 年	突尼斯	研究认为民族地区旅游发展使游客和土著居民对对方的态度发生变化
Mansfeld	1999 年	以色列	研究了民族地区旅游业发展和安全因素的关系
Jamison	1999 年	肯尼亚 Maislands 地区	民族地区旅游发展使民族、族群和种族关系好转势头逆转
Lisa M. Campbell	1999 年	哥斯达黎加村庄 Ostional	研究发现旅游对居民就业贡献不太乐观
Albuquerque，McElroy	1999 年	美国维京群岛、牙买加、巴巴多斯、百慕大	研究发现民族地区旅游和犯罪率关系不确定，部分地区犯罪增多，部分地区犯罪现象无变化
Mason and Cheyne	2000 年	新西兰乡村社区	研究发现居民对民族地区旅游效应感知和性别有关，其中女性感知到的多是不良影响
Fauilner	2000 年	澳大利亚黄金海岸地区	研究发现居民对民族地区旅游效应感知和年龄有关
Trakolos	2001 年	希腊 prespes 湖国家公园	发现旅游开发增加了居民利益冲突，原因在于缺乏社区有效参与机制建构

续表

研究者	年份	案例分析选择地	研究贡献或主要结论
Weaver, B.	2001 年	澳大利亚博里萨山	研究发现旅游效应感知具有群体性，可以划分为支持者、反对者和中立者三类
Teye V.	2002 年	加纳 Cape Coast 和 Elmina 地区	通过研究发现了影响居民旅游效应感知的七大因素（主客互动、文化效应、待遇和福利、生活干扰、负担、色情服务、家庭和居住条件密集程度）
Medina	2003 年	新西兰毛利文化旅游区	研究发现民族地区旅游发展使毛利文化受到不良影响
LI L. H.	2003 年	新加坡 Haw Par Villa 公园	研究发现全球化背景下民族地区旅游的发展不会使民族文化个性消失
Medina L. K.	2003 年	玛雅村庄 San Jose Succotz	研究发现民族地区旅游使玛雅文化传统得到保护和传承
Fotsch	2004 年	美国加州 Cannery row 景区	通过实证研究发现民族地区旅游开发使历史文化遭到歪曲并发生变异
Nadal	2005 年	西班牙巴里阿里岛	研究发现旅游效应感知具有群体性，可以把居民划分为支持者、谨慎者、矛盾者、保护主义者和有选择的开发者几大类别
Ferhan Gezici	2006 年	土耳其	研究发现旅游对目的地环境具有一定负面效应

资料来源：肖洪根，2002；黄福才、张进福，2002；张进福，2004；陈实，2007；路幸福、陆林，2007；温健斌，2008；杨燕霞，2008；向明，2008；柴寿升，2009；等等。

2. 研究历程：几大阶段，分野明显

（1）研究地域选择方面具有阶段特征。早期关注异域异邦，后期关注本土落后地区。对于社会文化变迁的研究始于西方，而西方人的视阈集中在美洲、亚洲和非洲等非西方区域。"地理大发现"以后，西方传教士、冒险家、航海家等纷纷选择到遥远的海外进行考察、猎奇，了解"落后"和"野蛮"民族的文化发展现状，并对所谓的"落后文化"进行了记录。学者们普遍认为，尽管这些人绝大多数并非学者，工作也不属于严格意义上的旅游人类学调查，他们多数人只是对殖民地的"异文化"做记录，没有对文化进行深入分析和探究，但是，他们的资料却被认为是"先驱著作"，对后续研究者非常珍贵，他们的工作也为后来的民族学家、人类学家的田野调查奠定了基石。研究社会文化效应的正规学术工作开始于 19 世纪后期至 20 世纪初期，以英国不列颠科学进步协会编印《人类学的记录和询问》(1874)、英国功能学派创始人马凌诺斯基（B. K. Malinowski）开创"田野民族志"方法并完成《西太平洋上的探险队》(1922)、德国学者 Wiese (1930) 和英国学者 Ogilvie (1933)、Norval (1936) 对旅游社会影响展开研究等①为标志，大批受过专业训练、专门从事学术研究的学者开始涌入原西方殖民地，分析文化的演化、进化和变迁特点，并和西方文明进行对比。这是早期的研究地域选择概况，属于"异域化"和"记录化"研究阶段。在后期（1945 年以后），旅游的社会文化效应研究地域选择发生变化和转向。由于全球范围内掀起民族解放浪潮，殖民地、半殖民地国家纷纷独立和解放，西方学者无法继续在亚非拉等殖民地地域进行田野调查，不得不选择本国本地区落后地区和旅游开发地为研究地域，对旅游效应尤其是文化交流、文化融合、文化同化等现象进行观察，并和落后国家旅游效应作对比，同时分析旅游对外来者的影响，使旅游效应研究进入了"本土化"和"理论化"阶段。

（2）关注焦点和评价方面具有阶段特征。早期分析认为民族地区旅游使开发地加重了依附地位，属于文化殖民主义的新表现形式，具有很大的负面效应。最有代表性的学者是格林伍德（D. Greenwood），他在名著 *Culture by the Pound: An Anthropological Perspective on Tourism as Cultural Commoditization*（《以镑出售的文化》）中认为民族地区旅游使传统文化出现了大规模"商品化"恶果；后来，由于旅游业在全球范围内得到极快发展，并被列为战略产业，旅游的正面效应开始被学者肯定；目前，学术界开始反思民族地区旅游业发展的效应，认为其社会文化影响比较复杂，不应该盲目乐观，也不应该一味否定。

（3）研究方法使用方面具有阶段特征。早期研究多对社会文化影响作文字描述，带有明显的道德判断和价值倾向；在中期（20 世纪 80 年代—90 年代），研究者开始对旅游影响进行量化研究，利用调查问卷和软件进行细化测评和分析，通过建构模型和指标体系来分析居民效应感知，使传统的定性研究转化为数理分析，所得结论更加科学、更具说服力。目前（20 世纪末至今），学术界认为传统研究模式过于单一，具有无法避免的弊端，因此开始采用跨学科综合方法进行研究。

---

① 张进福：《西方旅游社会学研究进展》，《旅游学刊》2004 年第 5 期，第 82 页。

（4）研究重心上具有阶段特征。早期研究者多关注经济影响和经济贡献，因为旅游业带来的经济利益的确可观；此后学者开始关注文化变迁、文化影响、文化互动、文化模式、文化冲突；而目前，在全球环境恶化和可持续发展面临危机的背景下又对生态和环境问题给予了一定关注。

3. 研究成果：十分丰硕，经典传世

关于民族地区旅游影响（效应）研究，国外学者特别重视进行理论总结，出现了一批具有深远影响的学者，本领域内足以传世的经典巨著层出不穷。代表性人物、论著及观点可总结如下（见表1—2）：

表1—2　　　　　　　西方民族地区旅游效应研究代表性人物及贡献

研究者	年份	代表性论著	主要观点
Mathison, Wall	1952年	*Tourism：Economic, Physical and Social Impacts*	首次使用"旅游乘数"概念，并分析了其本质
Boorstin	1964年	*The Image：A Guide to Pseu-do—Events in America*	在对旅游本质的认识上提出了自己新观点——"虚假旅游体验论"，认为民族地区旅游是在制造假事件来欺骗游客，民族地区旅游者不能等同于民族旅游体验者，因为他们发生的只是消费行为
Turner	1969年	*The Ritual Process*	结合"仪式理论"，深入探讨了旅游与仪式的关系，提出了"旅游仪式论"，认为旅游就是世俗社会或人生经历中的 ritual（礼仪），并深入分析了"阈限"体验等关键概念
Biokrlund, Phlibrick	1972年		创建了"态度/行为反应模型"，认为民族地区旅游发展中的居民态度也许有积极的，也许有消极的，但不一定仅仅向愤怒方向发展
Sahlins	1972年	*Stone Age Economics*	探讨了民族地区旅游的本质，认为其乃一种上层建筑。这是学术界一种新的提法
Dean MacCannell	1973年	*Staged Authenticity：Arrange-ments of Social Space in Tourist Settings*	首次认为旅游体验具有符号意义，结合 Goffman（戈夫曼）"舞台拟剧"理论，提出"舞台真实"（Staged Authenticity）理论，认为应该保护"文化后台"（Back Stage）

续表

研究者	年份	代表性论著	主要观点
Archer	1974 年	*Tourism in Gwynedd: An Economic Study*	分析了旅游乘数效应,并把旅游乘数进一步划分为七个类别,成为后来民族地区旅游效应研究的主要模型和原理
G. V. Doxey	1975 年	*A Causation Theory of Visitor Resident Irritants: Proceedings of the Sixth Annual Conference on Travel and Tourism Research Association*	结合"旅游地生命周期理论"而创建,认为民族地区旅游业发展中居民态度要经历六个阶段变化:Euphoria, Apathy, Annoyonace, Anagonism, etc. (融洽—冷淡—反感—反对等)
Craik	1976 年	*Perceiving Environmental Quality*	提出了"社会承载力理论",认为民族地区旅游发展力度不能超越社区承载阈值
Dean MacCannell	1976 年	*The Tourist: a New Theory of the Leisure Class*	认为旅游属于现代社会的朝圣,就民族地区旅游的体验本质提出了新的观点
Wall. G, wright	1977 年	*The Environmental Impact of Outdoor Recreation*	研究了民族地区旅游效应研究方法、效应表现和对策
Valene Smith	1977 年	*Hosts and Guests: The Anthropology of Tourism*	以众多田野调查与研究案例分析,使正规旅游人类学学术研究从此出现
Nash	1977 年	*Tourism as a Form of Imperialism*	认为民族地区旅游属于帝国主义新形式,对其效应比较悲观
Cohen	1979 年	*Rethinking the Sociology of Tourism*	通过景观分析,提出了"旅游空间与舞台猜疑"(Suspicion of Staging)理论,推动了"舞台理论"的发展
Cohen	1979 年	*A Phenomenology of Tourist Experiences*	在旅游本质的认识上提出了自己的"新体验说",认为具有五大典型体验——Recreational, Diversionary, Experiential, Experimental Eixs, Tential
R. W. Bulter	1980 年	*The Concept of a Tourist Area Cycle of Evolution: Implications For the Management of Resources*	创建了"旅游发展阶段理论或模型",对民族地区旅游业发展效应分析具有指导价值

续表

研究者	年份	代表性论著	主要观点
Nelson Graburn	1983 年	*The Anthropology of Tourism*	通过比较，详细分析了民族地区旅游和朝圣之间的关系，提出"神圣旅程说"，认为民族地区旅游属于 Sacred Journey（"世俗的仪式"）+ Secular Ritual（"神圣的旅程"），包括"世俗—神圣—世俗"三个阶段
Urry	1990 年	*The Tourist Gaze*	提出了"凝视"概念，认为游客的眼光是旅游效应的中心，并把凝视归纳为五大类别（集体的、浪漫的、观望的、环境的、人类学的）
Humans	1992 年		创建了"社会交换理论"，认为居民对民族地区旅游业发展的态度和从中得到的收益有关
Lankford，Howard	1994 年	*Developing a Tourism Impact Attitude Scale*	提出包含 27 个变量、2 大因子的"旅游影响态度尺度"（TIAS：Tourism Impact Attitude Scale）
John AP，L. Crompton	1998 年	*Developing and Testing a Tourism Impact Scale*	提出包含 35 个项目的评估指标体系，同时在研究方法、成果综述方面反映了此方面研究的最前沿进展
Valene Smith	2001 年	*Hosts and Guests Revisited: Tourism Issues in the 21st Century*	全面地总结了旅游人类学的研究成果，提出了新的理论建构，是旅游效应研究的新里程碑

资料来源：作者参阅众多相关资料整理而得。

4. 研究观点：百花齐放，百家争鸣

（1）对民族地区旅游总体效应的观点和评价各不相同。国外出现了截然对立的两大学派或主义："批判学派"和"经验学派"（"乐观"学派），第一类认为民族地区旅游制约甚至阻碍民族地区的社会发展，是新时代的"帝国主义行为"——touristic imperialism（旅游帝国主义），在经济、文化、社会方面均处于强势地位的旅游者对东道主文化会形成干扰、歧视甚至侵犯，同时使居民收入和发展差距由此加剧；民族地区旅游是在制造 pseudo - event

（"伪事件"）；另外，在族际关系不和谐的情况下，旅游者有时会受到伤害（如遭抢劫、殴打），因此民族地区旅游的效应不值得高度颂扬和四处张扬。此派学者的代表人物是 Boorstin（1964），Lind（1986），Nash（1989）等。第二类学者主张应该理性对待，区别分析，认为民族地区旅游在某方面具有正面效应，而在其他方面具有负面效应，不可一概而论。此派学者代表人物有 MacCannell（1973），Mathieson（1982）等，他们认为：民族地区旅游能满足旅游者对真实的追求；民族地区旅游的经济效应值得肯定，社会文化效应需要谨慎对待，环境效应则只能否定。

（2）对某方面效应的评价各不相同。不论是社会、文化或经济方面还是某个具体指标方面，许多学者因为选择目的地及其旅游业发展状况不同而持对立观点。如民族地区旅游与文化流失方面，有学者（Ryan，1997；D. Greenwood，Hottola，2004）认为民族地区旅游会导致文化变异等现象，而反对者（Dower，1974；McKean，1976）则认为民族地区旅游恰好使传统文化得以保留。

（3）社区居民旅游效应感知及影响因素分析各不相同。部分学者（Kieselbach，1988）认为决定因素是社区旅游业发展的生命周期，部分学者认为决定因素在于根据旅游动机等因素划分的外来游客性质（V Smith，1989；Paul Courtney，1999），部分学者（Sheldon，1984）认为取决于居民在本地工作和生活的时间，部分学者（Stabler，1979；Milman，1988；Keogh，1990）则认为关键变量在于从开发中所得利益关系的大小，等等。

5. 研究视角：多维透析，立体研讨

（1）"两角度说"。[①]即从目的地社区居民和旅游者角度对民族地区旅游的效应进行分析。前者重点在探讨民族地区旅游业后果，也就是研究异质文化之间的互动而导致的文化嬗变，实际在分析现代化和全球化背景下文化的发展前景和趋势；后者探讨为什么要进行民族地区旅游，主要分析旅游者的内心感受、感悟和体验，多采用符号学方法进行分析，他们实际上已经开始深入探讨民族地区旅游的本质和性质。

（2）"三角度说"。[②]国外旅游效应研究（或可以扩大为旅游社会学、旅

---

① 赵红梅：《旅游人类学理论概谈》，《广西民族研究》2008 年第 1 期，第 5—9 页。
② 龚锐：《从异域到本土——旅游人类学的西学东渐述评》，《贵州民族学院学报（哲学社会科学版）》2006 年第 4 期，第 5—9 页。

游人类学）主要从旅游目的地群体（主人、东道主、目的地社区）、游客个体（客人）、旅游客源地三大角度对民族地区旅游效应进行分析。从目的地角度分析，学者把旅游现象视为文化涵化、文化变迁和文化发展的过程，代表人物是史密斯（V. Smith）和格林伍德（Greenwood）；从旅游者角度分析，学者把民族地区旅游现象视为"神圣旅程"、"仪式"、"新殖民主义"，强调的是旅游者身份、经历的转变和转化，并且根据出游动机、目的等特征把旅游者分门别类，代表人物是格雷布纳（Graburn）与纳什（Nash）；从客源地角度分析，学者把民族地区旅游视为"上层建筑"、"商业社会对真实的追逐"，同时分析旅游需求和市场特征，代表人物是马康纳（MacCanell）和科恩（Cohen）等。

（3）"六角度说"。① 实际上是"三角度说"的扩展化和细化。一是从"他者"角度作分析，主要探讨民族地区旅游对东道主社区社会文化和环境各个方面的冲击；二是从目的地文化角度分析，探讨民族地区旅游引发的民族传统文化变迁现象，尤其对"文化真实"作深入探讨；三是从社区角度分析民族地区旅游对传统社区人际关系模式、组织结构、组织管理等的影响；四是从"我者"角度研究游客行为和心理模式；五是从族群角度研究民族地区旅游和族群文化认知、认同关系；六是从地方性和全球化背景视角分析民族传统文化的发展前景。

二　国内相关研究综述

（一）研究热点

1. 民族地区旅游效应基础理论研究

（1）界定民族地区旅游概念。国内学者首先界定了相关概念，其中代表性观点是：陈兴贵在《人类学在民族旅游开发中的作用》（《贵州民族研究》2007 年第 3 期）中提出的"旅游方式论"；彭兆荣在《旅游人类学》（民族出版社 2004 年版）中提出的"旅游项目论"；陶思炎在《略论民俗旅游》（《旅游学刊》1997 年第 2 期）中提出的"旅游产品论"；巴兆祥在《中国民俗旅游》（福建人民出版社 1999 年版）中提出的"文化生活方式论"；光映炯在《旅游人类学再认识——兼论旅游人类学理论研究现状》（《思想战

---

① 路幸福、陆林：《国外旅游人类学研究回顾与展望》，《安徽师范大学学报（人文社会科学版）》2007 年第 1 期，第 93—99 页。

线》2002 年第 6 期）中提出的"旅游过程论"；邓敏在《民族旅游目的地社会文化影响因素研究》（西北大学学位论文，2007 年）中提出的"旅游形式论"；扶蓉在《少数民族民俗旅游深度开发研究》（中南林业大学硕士学位论文，2008 年）中提出的"总和论"；刘丽华、何军在《"真实性"与辽宁满族民族旅游发展——一种游客的视角》（《沈阳师范大学学报》2009 年第 5 期）中提出的"旅游类型论"；高婕、田敏在《民族旅游的困惑与选择——中国民族旅游与少数民族传统文化保护能否双赢的思考》（《西南民族大学学报》2009 年第 6 期）中提出的"经济活动论"等。

（2）探讨民族地区旅游的特征。其中，刘晖在《旅游民族学》（民族出版社 2006 年版）中认为民族地区旅游具有五大特征（民族性、神秘性、乡土性、原则性和参与性）；窦开龙在《典型后发型民族旅游区旅游开发效应感知与态度实证研究——以甘南拉卜楞景区为案例》（《北方民族大学学报》2009 年第 4 期）中认为民族地区旅游具有五大基本特点（民族性、文化性、参与性、互动性和对禁忌的宽容性）；等等。

（3）研究民族地区旅游效应基础理论。宗晓莲在《国外旅游的社会文化影响研究进展》（《旅游社会学研究》，南开大学出版社 2006 年版）中总结了国外相关理论；陈昕在《纳西文化变迁的旅游效应与调适研究》（《思想战线》2008 年第 5 期）中分析认为民族地区旅游效应调试对策在于采取三种特殊模式——政府模式、精英模式和社区模式；王宁在《旅游、现代性与"好恶交织"》（《社会学研究》1999 年第 6 期）中从社会学角度分析了民族地区旅游效益形成的机理——旅游和现代性出现联系；张文在《旅游影响下的旅游目的地社会文化变迁机制研究》（《旅游社会学研究》，南开大学出版社 2006 年版）中从系统论视角构建了运行机制，认为在于政治、文化、经济、环境几大变量的先后作用和不同力度之间的互动；曹国新在《旅游的社会效应及其机制》（《旅游社会学研究》，南开大学出版社 2006 年版）中认为影响因素在于社区隔离、文化资本和"圈子"等；张晓娟在《邮轮旅游经济效应及其传导机制研究》（厦门大学硕士学位论文，2008 年）中以北美地区为个案分析认为经济效应传导机制由政府（政策）、旅游市场（需求）、旅游者（产品）和开发者（评价）四者形成；余凤龙在《制度变迁的旅游发展效应研究》（安徽师范大学硕士学位论文，2008 年）中分析了产权制度和管理体制与旅游效应机制的关系；欧阳军在《旅游主客交往模式、影响因子及效应评判研究——以云南大理、丽江为例》（华南师范大学硕士学位论文，2003 年）中分析认为游客和社区互动效应机制构成因素是就业率、人际关系、生活水平和服务态度及其他；王浪在《民族社区参与旅游发展的动力机制研究》（湘潭大学硕士学位论文，2009 年）中认为机制由经济动机和发展动机形成；等等。

2. 民族地区旅游效应实证研究

（1）民族地区旅游效应表现方面

李力、郭潇在《旅游地传统文化变迁与社会发展的矛盾解读——以广东乳源瑶族旅游发展为例》（《未来与发展》2009 年第 3 期）中认为民族地区旅游的最大效应是使本地对外开放度加大，传统文化受到外部力量冲击；余丹在《民族节庆旅游开发与非物质文化遗产保护互动模式研究》（《西南民族大学学报》2009 年第 9 期）中认为民族地区旅游发展的效应是非物质文化的保护模式得以创新；龙梅在《人类学视野下的民族旅游开发》（《求索》2009 年第 9 期）中认为民族地区旅游的正面效应在于加强了民族文化自信和民族自豪，使传统文化得到保护和挽救，负面效应在于使民族传统文化"三化"（商品化、庸俗化、变迁加速化）；韦婷婷在《民俗旅游冲击下的少数民族节日庆典——以广西融水苗族自治县苗族坡会为例》（《广西社会科学》2009 年第 S1 期）中认为民族节日出现了"三个倾向"（表演化倾向、政策贯彻倾向和促进经济发展倾向）；张金玲在《灾害与重建语境中的羌族村寨文化保护与旅游重振——以汶川雁门乡萝卜镇为例》中认为民族地区旅游使濒临灭绝的羌文化得到展示和保护；王汝辉、刘旺在《民族村寨旅游开发的内生困境及治理路径——基于资源系统特殊性的深层次考察》（《旅游科学》2009 年第 3 期）中认为民族旅游使社区"抢客"之风盛行，文化的民族性减弱；吕达、唐卫东在《论旅游对民俗的影响——以泸沽湖摩梭族文化为例》（《知识经济》2009 年第 10 期）中认为民族地区旅游使民族文化复兴、少数民族生活水平提高、贫富差距缩小；吴其付在《中心与边缘互动中的文化认同——以羌族旅游为例》（《广西民族研究》2009 年第 2 期）中认为民族地区旅游使民族本土文化得以重构，形成了次生文化；张晓萍等在《从经济资本到文化资本和社会资本——对民族旅游文化商品化的再认识》（《旅游研究》2009 年第 1 期）中以大理鹤庆白族新华村民间艺人寸发标为案例，认为民族地区旅游使传统艺人发展出现了资本转化过程；李应斌在《论旅游开发与民族文化的变迁——以罗平多依村布依族节日文化变迁为例》（《曲靖师范学院学报》2009 年第 2 期）中认为社区居民主动参与民族地区旅游使社会人际关系和价值模式发生变迁，但是没有出现特大不良效应；保继刚在《旅游地理学》（高等教育出版社 1999 年版）中举例分析了民族地区旅游的社会、文化、经济和环境影响；徐昕在《民族文化旅游与红瑶女性传统服饰的复兴——以广西龙胜和平乡大寨村为例》（广西民族大学硕士学位论文，2008 年）中发现民族地区旅游语境下传统服饰文化出现复兴希望；邹烽在《旅游对少数民族传统道德的影响——以湘西苗寨为例》（湖南师范大学硕士学位论文，2008 年）中发现民族地区旅游对社区居民传统道德发生了影响，根本原因在于旅游引发的利益变化；陈巧妹在《旅游开发对丹巴县女童教育的影响研究》（西南大学硕士学位论文，2008 年）中发现民族地区旅游开发的女童教育效应值得研究，正面表现是教育教学质量有所提高、教育观念变化，负面表现是教育和旅游脱节、学源短缺等；周丹在《民族旅游与村寨文化变迁——以四川理县桃萍羌寨为例》（四川大学硕士学位论文，2007 年）中发现少数民族地区旅游使制度层次、精神层次和心理层次的民族文化均发生变迁；伍锦昌在《旅游开发与民族文化变迁——以广西龙胜壮族自治县龙脊平安壮寨为个案》（广西师范大学硕士学位论文，2005 年）中从表层和深层两个层面分析了旅游引发的文化变迁；李娜在《新疆旅游开发中民族传统文化保护问题研究》（新疆师范大学硕士学位论文，2007 年）中以麻扎村为例进行田野考察后发现民族地区旅游开发有积极效应也有消极效应，积极效应主要是增加了居民收入、改善了生活条件、增强了学习外语的积极性等，消极效应主要是环境恶化、传统失落、人际关系复杂化等；哈斯其其格在《旅游对民族地区的影响及可持续发展——以克什克腾旗旅游业为例》（内蒙古师范大学硕士学位论文，2007 年）发现民族地区旅游发展了民族经济、改善了基础设施、提供了就业机会，但是同时也出现了负面效应（民族传统文化变味）；覃许学在《壮傣民族文化与旅游开发》（广西师范大学硕士学位论文，2007 年）中分析民族文化旅游开发提升了广西旅游竞争力、促进了中泰政治关系、推动了区域联合开发旅游；白莲在《历史记忆与民族旅游——满族身份重新建构的个案研究》（《旅游、人类学与中国社会》，云南大学出版社 2001 年版）中认为民族地区旅游有助于提升民族认同感；李丽梅在《民族旅游与文化变迁——对 2000 年以来街津口乡赫哲族音乐文化的实地调查与个案研究》（中央音乐学院硕士学位论文，2008 年）中分析了民族文化旅游发展对赫哲族艺术文化产生的效应，认为正面效应在于提升了文化知名度和居民生活质量，负面效应在于民族传统文化由于过度商品化、利益化而迅速发生嬗变；彭延炼、张琰飞在《民族地区非物质文化遗产保护的重要途径：旅游开发——以湘西苗族鼓舞为例》(《资源开发与市场》2009 年第 3 期) 中发现民族文化旅游示范效应模式促进了传统的传承；吕白羽在《大湘西乡村旅游与劳动力就地转移互动研究——以湘西自治州为例》(《市场论坛》2009 年第 2 期) 中通过调查发现民族文化旅游具有巨大的正面就业效应；孙丽在《旅游开发背景下夏河藏族的社会文化变迁》(兰州大学硕士学位论文，2006 年) 中分析认为藏族文化旅游对妇女就业和地位具有提升效应；吕俊彪在《民间庆典与跨国民族文化网络的建构——以广西东兴市江平镇京族人为例》(《中南民族大学学报》2009 年第 4 期) 中发现民族庆典强化了族群文化整合与传承；王晞在《论"大众化旅游"对旅游地社会文化的负面影响》(《社会科学家》2002 年第 6 期) 中发现民族文化旅游使居民出现了仆从化倾向；戴凡在《旅游社会影响研究——以大理古城居民学英语态度为例》(《人文地理》1996 年第 2 期) 中分析发现民族地区旅游使少数民族由于经济利益而改变语言使用态度；包广静、杨子生在《水电开发对生态脆弱区旅游发展影响分析——以云南怒江为例》(《安徽农业科学》2008 年第 4 期) 中发现民族地区生态旅游破坏生态；对此进行过相关研究的还有杨振之 (2005) 等。

(2) 民族地区旅游效应感知方面

余勇、钟永德在《少数民族居民对旅游影响的感知与态度研究——以武陵源风景名胜区为例》(《乐山师范学院学报》2009 年第 6 期) 中发现社区居民对旅游感知类别存在差异，对正面经济效应认可，对环境破坏现象有警觉，社会文化效应尚不强烈和明确；李志飞在《少数民族山区居民对旅游影响的感知和态度——以柴埠溪国家森林公园为例》(《旅游学刊》2006 年第 2 期) 中发现经济效益感知最强烈，其次为文化和社会效应；王挺之、李林在《旅游开发对小族群传统文化的影响——对四川平武白马藏族的个案研究》(《西南民族大学学报》2009 年第 5 期) 中发现居民旅游效应感知呈现积极特点，不良效应感知较弱；向明在《基于社区居民感知与态度的民族村寨旅游发展研究——以德昂苗寨为例》(陕西师范大学硕士学位论文，2008 年) 中发现本地少数民族居民的旅游经济与环境效应感知最明显，而社会文化负面效应感知并不强烈，影响因素主要是年龄和对旅游业的"二度"(亲近度、依靠度)；高燕在《旅游者的真实性建知与民族文化旅游开发——以广西那坡黑衣壮为例》(广西大学硕士学位论文，2007 年) 中分析了游客旅游文化感知，发现旅游者对真实性感知明显，文化旅游满意度很高，但是对不同类别的真实性感知存在差异（客体性真实感知比较高，构建性真实感知一般，存在性真实感知很弱）；李旭东在《民族旅游的真实性探究》（四川师范大学硕士学位论文，2005 年）中通过调查发现游客预期是真实性满意度的主要影响因子；李佳、钟林生、成升魁在《民族贫困地区居民对旅游扶贫效应的感知和参与行为研究——以青海省三江源地区为例》（《旅游学刊》2009 年第 8 期）中发现少数民族社区旅游负面影响感知弱，影响因素主要是人口学统计特征、对旅游开发的支持度与其参与旅游的意愿；良警宇在《旅游开发与民族文化和生态环境的保护：水满村的事例》（《广西民族学院学报》2005 年第 1 期）中发现民族地区旅游对生态环境具有负面效应；常慧丽在《生态经济脆弱区旅游开发扶贫效应感知分析——以甘肃甘南藏族自治州为例》（《干旱区资源与环境》2007 年第 10 期）中发现民族地区旅游反贫困效应特别明显，其感知影响因素和民族文化素质关系很大；李偲在《新疆民族歌舞旅游产品真实性体验研究》（《新疆大学学报》2009 年第 1 期）中发现旅游歌舞真实性感知的主要影响因子不是外部特征和外部环境，而是表演方式和内容等；杨春和在《丽江少数民族地区旅游业发展的"二元化"现象初步研究》（云南师范大学硕士学位论文，2005 年）中发现民族地区旅游使不同民族之间、不同从业者之间的收入和发展出现极化负面效应；另外进行相关研究的还有刘晖对互助土族文化旅游效应感知的分析（《旅游民族学》，民族出版社 2006 年版），苗红对甘肃马蹄寺景区裕固族居民旅游效应感知的差异分析（《旅游科学》2007 年第 5 期），张乃利对西安回民街旅游影响感知的分析（《西北第二民族学院学报》2008 年第 1 期），黄燕玲与罗盛锋对贵州巴拉河旅游区居民农业旅游效应感知的研究（《贵州民族研究》2008 年第 3 期），窦开龙对甘南藏文化旅游效应感知的分析（《北方民族大学学报》2009 年第 5 期）等。

（3）民族地区旅游效应调适方面

曾秀芳、马瑞在《旅游开发对黔东南侗族民俗文化的影响》（《重庆科技学院学报》2009 年第 7 期）中提出的对策是明确主体义务与责任、政府发挥主导职能，加大宣传和推出特色产品；伍锦昌在《旅游开发与民族文化变迁——以广西龙胜各族自治县龙脊平安壮寨为个案》（广西师范大学硕士学位论文，2005 年）中提出的对策是对民族心理给予一定关注，对民族传统文化给予合理保护，使传统文化实现现代化转型；姜爱、李永诚在《旅游开发与民族社区文化的变迁——以恩施自治州芭蕉枫香坡社区为个案》

（《市场论坛》2009 年第 10 期）中认为关键在于提高少数民族对本民族或族群传统文化的自觉意识和抗外部性能力；郭凌、王志章在《论民族地区旅游社区参与主体的培育——以泸沽湖里格岛为例》（《广西师范大学学报》2009 年第 3 期）中认为在于通过教育和培训来提高社区居民参与旅游开发能力；王亚欣在《生态脆弱民族地区旅游开发思考——以内蒙古额济纳旗旅游开发为例》（《中央民族大学学报》2008 年第 1 期）中认为在于采用新的开发模式——收入导向模式和品牌开发模式；吴磊在《漓江流域民俗旅游资源开发及其文化变迁——基于广西阳朔县木山村和兴坪渔村的比较研究》（广西师范大学硕士学位论文，2008 年）中提出的对策是强化旅游文化特色、构建文化与旅游互动和保护发展机制；谢金林、陈刚在《民间组织、经济组织与民族旅游的可持续发展——以泸沽湖地区为例》（《云南社会科学》2009 年第 5 期）中提出的对策是积极发挥民族文化旅游组织效用；赵黎明、邢雅楠在《边疆少数民族地区国际旅游产业结构的分析及优化——以内蒙古自治区为例》（《社会科学家》2009 年第 9 期）中提出四大对策（完善基础设施、巩固食宿消费、加大购物销售、强化游娱项目）；郭颖在《民族文化旅游资源保护性开发的理论与实践——以泸沽湖为例》（四川大学硕士学位论文，2002 年）中提出对策是采取合适保护模式、加大市场促销和合理规划；杨振之在《前台、帷幕、后台——民族文化保护与旅游开发的新模式探索》（《民族研究》2006 年第 2 期）中提出的对策是采取"前台—帷幕—后台"的保护发展模式；贾玎在《西部民族地区旅游开发与文化保护互动模式研究》（华东师范大学硕士学位论文，2007 年）中以云南泸沽湖为例作了分析，认为对策在于采取分层次开发与保护文化模式；金颖若在《试论贵州民族文化村寨旅游》（《贵州民族研究》2002 年第 1 期）中提出的对策是完善产品要素谱系；李伟在《文化边缘地带旅游业的发展选择》（《民族研究》2004 年第 2 期）中提出的对策是对文化旅游区进行分类保护；吴铀生、程玲俐在《西部民族地区旅游开发战略选择》（《西南民族大学学报》2005 年第 4 期）中提出应该转变发展方式、发展生态之旅；等等。

（二）研究特点

1. 研究成就：大家、新秀层出，发展势头迅猛，已有进展喜人

（1）"三名"（名著、名作、名家）和"三新"（新作、新秀、新观点）相继出现

一方面，随着改革开放之初民族地区旅游业的初始开发，国内学者除广

泛介绍和借鉴国外研究成果和经验外，还开始结合国内民族旅游目的地旅游
实践状况进行实证研究和理论探讨，相继出现了在国内外具有一定影响的作
者和论著（见表1—3），夯实了学术研究的基石；另一方面，新人新作不断
出现，学术创新局面可喜。如对文化效应的研究，许多学者在开始之初采取
极端态度，主张只开发不保护，认为旅游业发展的终极目标就是实现民族地
区现代化；而在21世纪初由于环境恶化、可持续发展理论流行、科学发展
观地位确立，学者们开始反思传统开发模式和效应应对思维，认为应该有所
为而有所不为，四方奔走积极呼吁政府和民间保持文化多样性。至于保护模
式也相继增多，可操作性日渐完善。

表1—3　　　　　国内民族地区旅游效应研究有影响学者及其著述

作者	代表性成果	成果简介
张晓萍 （云南大学）	《主人与客人——旅游人类学研究》（云南大学出版社2002年版）、《民族旅游的人类学透析——中西旅游人类学研究论丛》（云南大学出版社2005年版）	翻译介绍了国外学者Smith专著，并应用人类学理论结合西南民族地区旅游开发研究了民族地区旅游影响
杨慧 （云南大学）	《旅游、人类学与中国社会》（云南大学出版社2002年版）、《丽江古城命运的思考》（《中央民族大学学报》2002年第1期）、《民族旅游与族群认同、传统文化复兴及重建》（《思想战线》2003年第1期）、《马康纳及其现代旅游理论》（《思想战线》2005年第1期）	其中的《旅游、人类学与中国社会》是我国第一本专门研究民族地区旅游影响的论文集，研究视阈为中国西南地区以及东南亚毗邻国家地区，研究焦点为民族地区旅游与社会文化变迁，标志着国内相关研究取得巨大成就
宗晓莲 （中央民族大学）	《旅游人类学》（云南大学出版社2004年版）、《西方旅游人类学研究述评》（《民族研究》2001年第3期）、《旅游开发与文化变迁——以云南省丽江纳西族自治县纳西族文化为例》（中央民族大学博士学位论文，2002年）	对民族地区旅游效应分析的西方理论（丹尼逊·纳什理论）和中国实践作了结合分析
李伟 （云南师范大学）	《民族旅游地文化变迁与发展研究》（兰州大学博士学位论文，2005年；民族出版社2005年版）	在提出假设后建构了效应模型，并通过丽江、大理、香格里拉等案例进行了验证和民族学的文化变迁现象分析

续表

作者	代表性成果	成果简介
刘晖 （浙江旅游职业技术学院）	《旅游民族学》（民族出版社 2006 年版）	应用旅游民族学理论，结合八个代表性目的地案例（青海互助土族、西双版纳曼春村、夏河拉卜楞寺、丽江古城、泸沽湖等），分析了民族地区旅游效应
彭兆荣 （厦门大学）	《旅游人类学》（民族出版社 2004 年版）	我国第一本旅游人类学著作，对国外民族地区旅游效应的理论和经典案例进行了介绍与分析
王筑生 （云南大学）	《人类学与西南民族》（云南大学出版社 1998 年版）	以人类学视角探讨了西南地区民族旅游业发展效应
尹德涛 （沈阳航空工业学院）	《旅游社会学研究》（南开大学出版社 2006 年版）	从社会学角度结合国内外案例分析了民族地区旅游效应
申葆嘉 （南开大学）	《国外旅游研究进展》（《旅游学刊》1996 年第 1—5 期）、《旅游学原理》（学林出版社 1999 年版）	对国外旅游效应研究的理论和态势进行了分析和总结，对相关理论体系做了建构
王宁 （中山大学）	《旅游与现代化》（*Tourism and Modernity: A Sociological Analysis*, Oxford: Bergamon, 2000）	从社会学视角应用现代性理论分析了民族地区旅游效应；该书已被译为韩文
潘盛之 （贵州民族学院）	《旅游民族学》（贵州民族出版社 1997 年版）	我国第一本旅游民族学著作，从民族学视角分析了民族地区旅游和民族的互动影响
肖洪根 （香港理工大学）	《对旅游社会学理论体系研究的认识——兼评国外旅游社会学研究动态（上、下）》（《旅游学刊》2002 年第 12 期）	介绍了国外旅游效应动态、趋势和特点，并试图建构相关理论体系
孙九霞 （中山大学）	《旅游人类学的社区旅游与社区参与》（商务印书馆 2009 年版）	通过云南和广西民族地区田野调查分析了社区参与和民族地区旅游效应关系模式
段超 （中南民族大学）	《湘鄂豫民族地区旅游经济发展与社会文化变迁》（国家社会科学重点项目，2004 年）	通过实地调查和访谈，分析了中南民族地区旅游效应
杨振之 （四川大学）	《青藏高原东缘藏区旅游业发展及其社会文化影响研究》（四川大学博士学位论文，2005 年；教育部"十五"人文社会科学研究项目）	通过田野调查分析了藏文化旅游效应表现和对策

（2）专门性科学研究机构已经成立

目前，我国已经出现专门进行旅游效应或旅游影响研究的科研机构，如中国旅游局旅游研究院设置了"旅游效应研究基地"，桂林理工大学旅游学院成为中国旅游人类学研究基地，桂林金钟山成立了民族旅游研究院，标志着我国民族地区旅游效应研究拥有了正规研究机构，为科研创新和突破发展提供了一定的学术平台和发展条件。

（3）研究成果规模和质量大幅提升

首先，作者利用学术期刊网站，对2002—2009年相关论文数量变化进行查询和分析。当关键词选择"民族地区旅游效应"时，查询到论文19篇，其中2009年有1篇，2008年有3篇，2007年有0篇，2006年有5篇，2005年有5篇，2004年有1篇，2003年有2篇，2002年有2篇；当关键词选择"民族地区旅游影响"时，查询到论文35篇，其中2009年有7篇，2008年有7篇，2007年有2篇，2006年有6篇，2005年有0篇，2004年有3篇，2003年有5篇，2002年有5篇；当关键词选择"民族旅游效应"时，查询到论文30篇，其中2009年有3篇，2008年有5篇，2007年有0篇，2006年有6篇，2005年有11篇，2004年有1篇，2003年有2篇，2002年有2篇；当关键词选择"民族旅游影响"时，查询到论文103篇，其中2009年有21篇，2008年有31篇，2007年有10篇，2006年有12篇，2005年有7篇，2004年有9篇，2003年有8篇，2002年有5篇；当关键词选择"民族文化旅游效应"时，查询到论文18篇，其中2009年有3篇，2008年有3篇，2007年有0篇，2006年有2篇，2005年有7篇，2004年有0篇，2003年有2篇，2002年有1篇；当关键词选择"民族文化旅游影响"时，查询到论文78篇，其中2009年有16篇，2008年有25篇，2007年有6篇，2006年有9篇，2005年有7篇，2004年有7篇，2003年有4篇，2002年有4篇（见图1—1）。

其次，作者将时段限定在2002—2009年，利用硕士学位论文网站进行相关论文查询，并进行分析。当关键词选择"民族地区旅游效应"时，查询到论文0篇；当关键词选择"民族地区旅游影响"时，查询到论文2篇，其中2008年有1篇，2005年有1篇；当关键词选择"民族旅游影响"时，查询到论文7篇，其中2009年有1篇，2008年有3篇，2007年有1篇，2006年有0篇，2005年有1篇，2004年有0篇，2003年有1篇，2002年有0篇；当关键词选择"民族文化旅游效应"时，查询到论文0篇；当关键词选择

"民族文化旅游影响"时，查询到论文5篇，其中2008年有2篇，2007年有1篇，2006年有0篇，2005年有1篇，2004年有0篇，2003年有1篇，2002年有0篇。

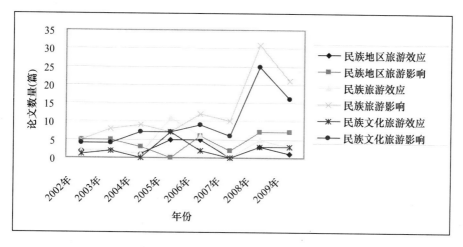

图1—1　民族地区旅游影响研究期刊论文数量变化表

（4）研究逐步深入

第一阶段，民族地区旅游效应研究的主要工作是介绍和翻译国外尤其是西方人类学研究成果，对主要理论流派（如符号互动主义、民族学方法学派、新迪尔凯姆学说、韦伯主义学说、功能—冲突学派等）、主要学者（如Smith，MacCannell，Turner，Cohen等）、主要论著（如《旅游人类学》、《旅游者：休闲阶层的新理论》等）进行评介；第二阶段，民族地区旅游效应研究与我国民族地区旅游目的地结合，学者们开展了大量的田野调查，进行了许多案例分析，同时研究广度扩大，定量研究特点突出；第三阶段，学术界开始进行理论总结，从研究方法、理论建构、机制分析方面试图有所提升，并进行了专题研究：不同类别民族地区文化旅游效应研究，包括体育文化旅游效应（如刘少英《透视西部地区民族体育旅游业的社会经济效应》，《北京体育大学学报》2006年第1期）、城市文化旅游效应（如张群《旅游开发对历史文化名城的影响评价》，《商业时代》2009年第7期）、婚俗文化旅游效应（如贺喜焱《民族旅游与非物质文化遗产保护研究——土族婚礼文化的例子》，《内蒙古财经学院学报》2008年第3期）；不同影响对象研究，如对民族关系的影响（如孙丽《少数民族地区发展旅游业对我国民族关系的影响》，《乌鲁木齐职业大学学报》2006年第2期）、对女性的影响（如王兰《民族旅游对少数民族妇女的影响——以云南为例》，《经济师》2006年第3期）、对生活方式的影响（如和占琼《旅游业对纳西族传统观念及生活方式的影响分析》，《昆明理工大学学报》2004年第3期）等。

2. 研究方法：多元倾向凸显，学科特色明显，方法各有千秋

（1）出现了多样性研究方法。由于人类学、民族学、社会学、旅游学、地理学、历史学、管理学和经济学各类学科都对民族地区旅游效应有所涉及，使研究方法从单一趋于多元，规范分析和实证分析同在，归纳分析和演绎分析并存，观察法、访谈法、实验法、问卷法等都有所使用，增强了研究的科学性和可靠性。

（2）研究方法和学科背景关系密切。不同学科背景研究者采用的方法大相径庭，例如民族学出身者多采用田野调查法，人文地理学出身者多采用问卷调查法和统计法，经济学出身者多采用模型测算法；等等。可谓"八仙过海，各显神通"、"烙印鲜明"。

（3）不同领域效应研究方法各不相同。经济效应领域，学者多采用模型分析法；社会和文化效应领域，学者多采用调查法；环境效应领域，学者多采用实验法。

3. 研究不足：本土理论薄弱，规范分析过多，视阈出现偏重

（1）基础理论建设滞后。国内学者依旧停留在介绍国外流行理论阶段，或对其做简单验证，本土化理论尚未出现。

（2）研究方法存在不足。国内学者采用的研究方法依旧相对单一，缺少综合性分析方法，对不同类别（不同民族、不同文化、不同省区等）旅游目的地社会文化变迁现象应用多样方法作长期比较（开发前、开发中、开发后）、全面归纳、生动记录（如民族志电影、纪录片等）和理论提升分析的标志性著述尚未出现。

（3）研究视阈存在缺陷。学者多关注西南民族地区旅游效应，对西北民族地区缺少研究；多关注成熟型、先发型民族地区旅游目的地旅游效应，忽视后发型目的地旅游效应；多关注高级别、高知名度典型景区旅游效应，忽视不知名景区旅游效应；多关注牧区、农村和市镇旅游目的地旅游效应，忽视城市旅游区旅游效应；多关注西南民族地区旅游效应，忽视沿海发达地区和西北民族地区旅游效应。

第三节　研究设计

一　研究思路

首先，应用文献法收集相关研究资料，以把握民族地区旅游民生效应实践和学术研究进展，进行对比分析、归纳分析；其次，选取两大典型社区（拉卜楞宗教文化类旅游社区、冶力关自然景观类旅游社区）进行田野调查，对居民进行问卷调查，对相关部门、经营者和居民进行深度访谈，了解旅游产业发展的社会文化效应概况，同时采用人类学影视法拍摄影片，对民族地区文化旅游发展效应进行直观透视；再次，采用 EXCEL、SPSS 软件和统计分析法，对问卷数据和文献数据进行处理，对社区居民旅游效应认知展开动态分析、定量分析，以找出存在问题和原因；第四，在以上研究的基础上，提出效应优化模式和具体对策；最后，撰写研究报告，录制民族志影片。

二　调查点说明

本书选取甘肃甘南两大典型旅游社区为样本点，一是文化类景区拉卜楞社区，二是自然类景区冶力关社区。

（一）拉卜楞社区

拉卜楞包含两层意思，广义的拉卜楞指的是拉卜楞寺所辖教区，包括甘肃南部、青海东部、四川北部的一大片区域，现在一般认为是以夏河县为主，包括碌曲县、玛曲县、卓尼县、迭部县、临潭县和合作市的一片区域；狭义的拉卜楞仅指夏河县县城及周边地区。[①] 本书使用狭义概念。拉卜楞社区由于一座藏传佛教格鲁派寺院——拉卜楞寺而世界闻名。该社区主要旅游景区包括拉卜楞寺、桑科草原、商业一条街等。其中，拉卜楞寺修建于 1709 年，于 1982 年被国务院确定为"国家重点文物保护单位"，并对外开放开发；经过 30 年的持续发展，该景区已成为 AAAA 级景区和甘肃品牌旅游景区；桑科草原位于县城之东南，牧场优质，面积辽阔，夏季时节气候宜人，风光秀丽，多次举办盛大旅游活动，便于游客观光休闲以及体验藏区牧业文化和藏族风情。但是，由于甘南旅游发展战略格局调整和受到"3·14"事件影响，该社区旅游业发展态势趋于放缓。

---

① 贡保草：《拉卜楞"塔哇"的社会文化变迁》，民族出版社 2009 年版，第 16 页。

（二）冶力关社区

该社区位于临潭县冶力关镇，距离县城 110 公里，距离兰州市 160 公里，由于自然景观和"莲花山花儿会"、"拔河赛"等而声名远扬。该社区主要旅游景区包括森林公园、天池冶海、莲花山、东西二峡、香子沟、赤壁幽谷等。该社区旅游开发虽然相对较晚，但发展势头极为迅猛，每到夏季游人如织，目前已经后来居上，在甘南大放异彩，于 2005 年成为 4A 级景区，被称为"生态大观园，兰州后花园"，是甘肃品牌旅游景区。

三　研究方法

民族地区旅游发展引发的经济、社会和文化变迁现象是一个复杂的系统，需要借助跨学科交叉研究才能取得高质量研究成果，而方法的综合性是保证。因此，本研究报告综合运用多学科（人类学、历史学、文化学、旅游学、民族学、统计学、经济学、地理学等）研究方法，使规范分析和实证分析相结合，定性分析和定量分析相结合。具体方法如下：

（一）田野调查法

田野调查法也被称为实地调查法，是民族学或文化人类学特有的研究方法，是指研究者深入被研究区域，和少数民族或族群建立友好信任关系，长期共同生活，做到"三同"（同吃、同住、同劳动），进行深入交流，从而对研究问题获得感性体验和理性认识。使用该方法的著名学者是英国的 Rivers（里弗斯），Franz Boas（博厄斯），Malinowski（马凌诺斯基）和我国的费孝通等，其中 Rivers（里弗斯）倡议开展"小范围"深入调查，主张民族学、人类学研究者应该至少在一个社区内生活一年或更长时间才能对社区获得足够了解；Franz Boas（博厄斯）带领和指导学生在北太平洋沿岸对土著部落进行了大面积田野调查，要求学生学会土著部落语言，他自己就掌握 12 种土著语言，为田野调查方法的规范化发展奠定了基石；Malinowski（马凌诺斯基）在南太平洋沿岸做了长达两年的田野调查，提出的民族志模式和参与观察模式被称为"马氏革命"；费孝通是 Malinowski（马凌诺斯基）的学生，在中国开展了本土化研究，撰写的《江村经济》等著述被认为是民族学、人类学研究的经典著作。①

本书也采取了此研究方法。在 2008—2010 年间，作者 4 次（2008 年 10

① 杨圣敏：《中国民族志》，中央民族大学出版社 2004 年版，第 5—9 页。

月—2009 年 1 月；2009 年 5—7 月；2009 年 10 月；2010 年7—8 月）前去甘南，在藏族社区就民族地区旅游效应问题做了田野调查。表现一是深度访谈法。在设计好访谈提纲后，利用各种机会，以各类方式对政府部门管理人员、企业负责人、本地居民、商业服务人员、寺院喇嘛、科研人员等（见图1—2 和表 1—4）进行多次深度访谈，以掌握该地区旅游开发后发生的变迁现象。为保证谈话内容不被很快遗忘，作者专门在兰州大学电脑城购买了录音笔（"锐族"牌，型号为 RC158，深圳市中天衡科技有限公司制造），在征得访谈对象同意后边交流边录音，回到住宿地后马上整理谈话内容，尽量保持原来风貌，哪怕出现明显语言和知识错误也不作改动，形成"民族志日记"。表现二是观察法。在本地相关领导和热心朋友的大力帮助下，以"主位"和"客位"视角观察社区居民和寺院喇嘛等不同群体的生产、生活和工作情况，以获得问卷调查和深度访谈法无法获得的细节问题和隐藏在表象背后的真实内涵。表现三是社区调查法。社区研究来源于民族学对原始民族的调查，后为人类学、社会学和民族学界广泛采用。所谓"社区"，就是一个基本单位，可以是家族，可以是聚落，也可以是聚居区，具有居民、文化、地域三大要素。① 本书采用此方法，在甘南两大典型社区展开了调查，目的是通过微观分析来了解民族地区社会整体民生效应特征。表现四是个案研究法。本书对众多个案作了分析，目的是以个体（个人、家庭等）为对象来透视整体特性。

图 1—2　作者在拉卜楞寺前对夏河县县委副书记曹永忠进行深度访谈

---

① 宋蜀华、陈克进：《民族学理论与方法》，中央民族大学出版社 1998 年版，第 184—186 页。

表 1—4　　　　　　　　　　作者深度访谈对象简表

序号	性别	年龄段	职业	学历	交谈内容
A	男	50—60 岁	夏河县县委副书记	大学	女性地位变迁
B	男	30—40 岁	夏河县文体局局长	硕士	旅游开发中的文化保护
C	男	30—40 岁	夏河县旅游局工作人员	大学	旅游开发中的文化变迁
D	女	20—30 岁	夏河县公安局工作人员	大学	旅游开发中的社会治安问题
E	男	30—40 岁	拉卜楞寺寺院导游	小学	旅游开发中的寺院喇嘛生活变迁
F	男	30—40 岁	拉卜楞寺寺管会成员		旅游开发中的寺院管理
G	女	20—30 岁	中山大学在读博士	博士	旅游开发中的夏河社会变迁
H	男	50—60 岁	兰州大学西北少数民族研究中心研究员	博士	旅游开发中的藏民族文化变迁
I	男	40—50 岁	拉卜楞社区房东	小学	旅游开发中的社会变迁
J	男	30—40 岁	拉卜楞寺喇嘛		旅游开发中的喇嘛生活变迁
K	男	20—30 岁	夏河县统战部工作人员	大学	旅游开发中的夏河居民生活变迁
L	男	30—40 岁	夏河县统计局副局长	大学	旅游开发中的夏河居民生活变迁
M	男	30—40 岁	眼镜店老板	中学	旅游开发中的夏河社会文化变迁
N	男	40—50 岁	电信部门工作人员	大学	旅游开发中的夏河治安问题
O	男	20—30 岁	夏河县统战部工作人员	大学	旅游开发中的夏河文化变迁
P	女	30—40 岁	夏河县某旅游纪念品商品店经营者	初中	夏河旅游业发展效应问题
Q	男	40—50 岁	夏河县文化馆馆长	大学	旅游开发中的夏河文化保护问题
R	男	40—50 岁	藏学研究所研究人员	大学	旅游开发中的夏河文化保护问题
S	男	40—50 岁	唐卡制作中心董事		旅游开发中的夏河文化艺术传承问题
T	男	40—50 岁	甘南州旅游局办公室主任	大学	甘南旅游发展规划和具体措施
U	女	30—40 岁	临潭县冶力关镇农家乐协会负责人	大学	冶力关农家乐发展现状、问题和对策
V	男	40—50 岁	临潭县洮州文化博物馆馆长	大学	冶力关旅游业发展效应调适对策
W	男	20—30 岁	冶力关风景区管理中心办公室工作人员	大学	冶力关旅游发展思路
X	男	30—40 岁	冶力关镇村民	初中	冶力关旅游业发展问题
Y	女	10—20 岁	冶力关镇村民	初中	冶力关农家乐发展现状

（二）问卷调查法

问卷调查法是社会学特有的研究方法，指的是研究者根据研究目的特意设计问卷，发放给被调查者，其根据自身实际状况回答问题，然后对信息进行归纳总结。本书采取了此方法——作者设计了《甘南旅游民生效应调查问卷》（中文和藏文两个版本），选取不同人群分发了200张问卷。为了保证质量，作者给填写问卷者分发了纪念品（成人赠送绿茶1瓶，学生等赠送中性笔1支）。对部分未按照要求完成的问卷，作者立即要求填写者重新填写或改正，然后当场收回。

图1—3　作者在夏河县某餐馆做问卷调查

（三）影视法

人类学影视法就是应用电视、电影、图像、录像、照片等手段和形式对研究对象和民族学原理进行诠释。相对于语言文字，声音和视屏具有独特的诠释优点和表现效果，能以动态方式给读者迅速留下无法忘却的记忆，因此民族志影像研究方式在西方比较流行，出现了一批代表性作品，如弗来贺提（Bobert Flaherty）1922年拍摄的反映爱斯基摩人情感和生活的《北方的那努克》（*Nanook of the North*）、马歇尔（John Marshall）1958年拍摄的反映非洲卡拉哈里沙漠中人与自然抗争的《猎人》（*The Hunters*）等，[1] 而在国内由于

---

① 宋蜀华：《民族学理论与方法》，中央民族大学出版社1998年版，第344—352页。

各种因素限制，人类学电影比较少见，发展处于起步阶段。本书采取了此方法——在田野工作开始前，作者在兰州大学电脑城购买了数码 HD 摄录一体机（索尼牌，型号为 HDR_ XR150E，上海市索广电子有限公司生产）；在田野调查时，作者根据研究主题设计了拍摄内容，对民生现象用电影和照片方式做了记录，使其和文字记录互相补充、互相呼应，以加深对旅游业发展民生效应的理解和认识；拍摄工作结束后，作者撰写了影片解说词，专门邀请甘肃电视台节目主持人为 DVD 影片《香巴拉的变迁》配音，并请专业人士完成了剪辑工作（见图1—4），提升了影片质量。

图1—4　作者在甘肃广电总局录制旅游人类学影片

（四）模型测算法

模型测算法就是通过建构数理模型来分析问题的方法，能简练地概括反映研究对象的实质。本书在分析民族旅游业经济效应时采取了此研究方法，通过数学模型测算了旅游业对民族地区 GDP 的贡献。

（五）统计分析法

统计分析法就是利用各类统计软件和手段对数据进行处理的方法。本书也使用了此方法——在问卷调查工作结束后，作者首先将相关数据输入 SPSS 和 EXCEL 软件，然后进行了相关分析、聚类分析、因子分析、回归分析等，绘制了图表，对社区居民效应认知做了研究，使本书的量化分析程度大大提高，增强了分析的科学性。

（六）文献分析法

为提升研究成果的准确性，作者引经据典，参考了各类文献（包括期刊论文、学位论文、专著、论文集、内部资料、年鉴、县志、文件、讲话稿、会议记录、导游词等），以了解甘南社会文化历史和现状，并对部分被调查者的说法进行验证，形成科学、合理和正确的认识。

四 主要内容

本书的主要内容是：选择西北民族地区典型藏文化旅游区甘南为视阈，以该地区著名 AAAA 级旅游景区——夏河县拉卜楞景区和临潭县冶力关景区为个案，分析民族地区旅游业发展的社会文化效应、社区不同群体旅游效应认知异同规律，然后据此对民族地区旅游发展效应进行调适，为和谐藏区、和谐甘肃与和谐西北建设提供对策。本书具体内容如下：

（一）研究概述

首先，从五个方面归纳民族地区旅游民生效应研究的社会背景，然后简练提出研究目的和意义；其次，分析评价相关研究热点和特点；最后，建构本书研究思路、研究框架结构、创新点等，使读者对本书有大致了解和认知。

（二）理论基础分析

本书属于实证研究，但理论基础的阐述必不可少。首先具体分析两大基本概念——民族地区旅游和旅游效应，界定其概念，总结其内涵，分析其一般特点，抽象其形成机制；然后介绍八大相关理论（文化变迁理论、社会交换理论、舞台理论、旅游阶段理论等），目的是为实证研究奠定基础，以认识和比较区域旅游业发展的民生效应及感知趋势和规律。

（三）研究区域概述

通过阅读文献和实地调研，利用 SWOT 模型分析影响该地区旅游业发展民生效应的多元因素：宏观环境条件（政治、经济、技术、社会文化条件）、微观市场条件（竞争环境、市场特征）、资源赋存条件（自然、宗教、历史、民俗等）、区位条件，以此入手构建区域旅游业发展民生效应形成的动力机制，为效应表现分析、效应认知异同比较和优化模式选择奠定基础。

（四）研究区域旅游业发展民生效应表现分析

结合已有文献、问卷调查、深度访谈和实地调查，从经济、社会和文化三个方面详细分析甘南旅游产生的各类民生效应。

（五）研究区域旅游业发展民生效应认知分析

采用统计软件，利用聚类分析法、因子分析法、方差分析法等，对问卷数据进行系统处理，比较不同群体居民认知差异，综合测量和评价民族地区旅游发展的影响；然后应用民族学、经济学和旅游学相关理论进行科学、深入解释。

（六）研究区域旅游业发展民生效应回应和调适分析

首先在"刺激—反应"理论的指导下，对不同利益主体（包括政府、社区、寺院、企业、文化传承人）的旅游民生效应回应进行调查和总结，找出成就和不足；然后结合全球旅游民生效应调适案例经验进行分析，提出优化模式和具体措施，以进一步总结规律，提升民族地区旅游业发展民生效应研究层次和价值。

具体研究内容和框架见图1—5：

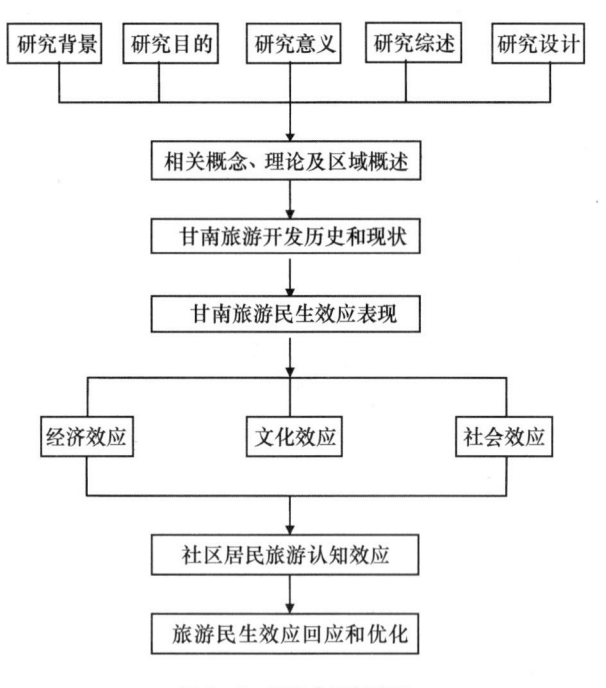

图1—5　研究内容示意图

五 创新之处

（一）研究内容有创新

目前，学术界对民族地区旅游效应的研究视阈主要集中在西南地区，而对西北民族地区旅游业发展的民生效应缺少关注，更无专门论述。在此学术背景下，本书选择西北民族地区典型旅游目的地——甘南进行了系统性、专题性、个案性研究，将极大地丰富、完善和深化民族学、旅游学研究，拓宽学科研究视野，具有重要的理论价值和现实意义。

（二）研究方法有创新

（1）使用田野调查法，对民族地区社区居民旅游民生效应进行实地调查与分析，使研究具有深入性。

（2）使用深度访谈法，对民族地区社区居民旅游民生效应表现、认知等进行个案访谈，使研究具有生动性。

（3）使用统计分析法，对民族地区社区居民旅游民生效应认知等进行数理分析，使研究具有准确性和科学性。

（4）大胆采用人类学影视法，拍摄影视专题片，对典型社区旅游业发展民生效应进行反映，使研究具有直观性。

（三）理论分析有创新

民族地区旅游业发展的民生效应机制是一个复杂的系统，仅采用传统的旅游学理论进行分析显然不够。本书将综合运用旅游人类学、民族学、区域经济学等理论，综合性和跨学科性是本书的独到之处。

六 研究重点和难点

（一）研究重点

（1）应用民族学田野调查法，对研究地区旅游发展的民生效应表现展开全面调查与深入分析。

（2）应用软件和统计学方法，科学论述和比较分析不同群体居民对该区域旅游产业发展民生效应认知的差异及其影响因素。

（3）应用人类学影视法，高质量直观反映该区域旅游业发展民生效应表现和特色。

（二）研究难点

（1）研究地区——甘南属于文化边缘区，民族文化和自然景观独特多样，海拔较高，许多居民不会使用汉语，同时旅游景区分布分散，因此对民族地区旅游业发展民生效应进行调研、访谈和拍摄影片工作量大，具有一定难度。

（2）区域旅游发展民生效应及社区认知机理把握和应对本身并非易事，而如何在模式范式研究中对甘南典型地区藏文化旅游业发展的民生效应进行研究，并体现区域、民族和文化特色，更有难度。

第二章

理论基础及甘南旅游业发展概述

第一节　相关概念和理论

一　相关概念

（一）民族地区旅游

1. 民族地区旅游的内涵

何谓"民族地区旅游"？其本质究竟如何？具有什么特点？对这些疑问和基本问题，国内外学术界已经做了大量工作，可是学者之间争议很大，认识无法得到统一，呈现出两大研究特点：一是说法众多。对于概念界定，目前有一定影响的是"过程说"、"形式说"、"产品说"、"行为说"、"活动说"、"经历说"、"开发模式说"、"旅游类别说"、"综合说"等；对于本质确定，主要是"朝圣说"、"仪式说"、"经济活动说"、"社会文化现象说"、"休闲娱乐说"、"策略说"等（见表2—1）。二是互相混淆。部分学者对它和"民族旅游"、"民族景观旅游"、"民俗旅游"、"民族风情旅游"、"少数民族旅游"、"民族文化旅游"、"民族地区文化旅游"等相关概念无法区别，致使后续研究者陷入理论和认识误区。

表2—1　　　"民族地区旅游"概念界定及本质认识一览表

项目	代表性观点	主要内容
民族	"形式说"	民族地区旅游是以某土著居民文化为主要吸引物的特殊旅游
	"过程说"	民族地区旅游是指通过对某民族独特文化或生活方式的参与、观察、体验来实现审美需求的过程，是旅游目的地文化与客源地文化的互异过程，是不同民族和文化之间相互沟通的服务与接受服务的过程

续表

项目	代表性观点	主要内容
地区旅游概念	"产品说"	民族地区旅游是旅游商品组合,包括本民族氛围或意境、宾馆饭店以及其他民族设施、手工艺品等
	"行为说"	民族地区旅游是把古雅的土著奇特风俗和土著居民包装成旅游商品以满足旅游者的消费需求和吸引游客的行为
	"活动说"	民族地区旅游是以一个国家或地区民俗事象和民俗活动为资源、为国内外游客提供服务的一种文化活动,是以民族文化为特色的观赏、商业以及服务活动
	"经历说"	民族地区旅游是指游客被异域独特自然生态和"异文化"人群所吸引,从而前去体验异域风情的短暂旅游经历
	"开发模式说"	民族地区旅游是建立在民族文化及其赖以存在的社会文化环境基础之上的旅游开发模式
	"旅游类别说"	民族地区旅游属于观光旅游,目标群体是在文化上、社会上或政治上不完全属于旅游者居住国的主体民族
民族地区旅游本质	"朝圣说"	民族地区旅游属于现代朝圣,具有深刻的精神含义和现代社会的宗教功能
	"经济活动说"	民族地区旅游是外来民族进入多民族聚居地引起的经济活动的总和
	"社会文化现象说"	民族地区旅游是主客文化互动的过程,是旅游者、产业从事者和旅游地居民三者之间通过"社会交换"给民族地区带来综合影响的一种社会文化现象
	"仪式说"	民族地区旅游既是"神圣的旅程",也是"世俗的仪式",旅游者的目的不但在于休闲和娱乐,也在于从一种状态转到另一种状态,如同生命仪式
	"策略说"	民族地区旅游是以经济发展为表象和载体,实现"政治一体化"和"文化大同"理想的策略
	"休闲娱乐说"	民族地区旅游不是对过去或历史的神圣追求,而是寻求快乐和愉悦

作者认为,民族地区旅游是一种通过开发多民族国家或地区独特自然景观、历史文化和居民习俗,使游客认知和体验民族地区遗产和当代活态文化,进而实现主—客需求的旅游类别;或简而言之,民族地区旅游是以"异域"、"异邦"、"异文化"和"异地"为吸引物的旅游形式,属于"特色旅游"、"专项旅游",具有鲜明的个性和特色(民族特色、区域特色、设计特

色、科技特色、时代特色、历史特色、文化特色、服务特色、销售特色），与单纯的自然景观旅游、文化旅游、宗教朝圣、民俗旅游等截然不同，相互之间既有一定联系又有明显区别。具体表现是：和自然景观旅游相比，它虽然开发民族地区瑰丽奇异的自然景观，但却把其中蕴涵的少数民族或族群文化作为核心，少数民族或族群生活方式、价值观念是其唯一的灵魂；和文化旅游相比，它强调异质文化之间发生的互动、内在精神的外化演示、民族文化承载者的身份区别；和民俗风情旅游相比，它主要强调少数民族或族群的特殊民俗风情；和宗教"朝圣"相比，它强调的是给世俗消费者或大众旅游者带来心理上和身体上的享受；和民族旅游相比，它还关注少数民族文化之外的其他文化景观，同时开发地区必须限定在多民族聚居区而非以移植方式在非民族地区开发。

关于民族地区旅游的本质，从不同学科视角分析各不相同。从人类学视角看，民族地区旅游属于文化交流；从经济学视角看，民族地区旅游属于经济活动；从美学视角看，民族地区旅游属于休闲、娱乐、享受活动；从政治学、社会学视角看，民族地区旅游属于典型的现代化、全球化和城市化模式。

关于民族地区旅游的特点，作者认为主要表现如下：参与性特点，"主人"（社区居民）必须亲自展示文化，"客人"（外来游客）必须亲自感悟、体验，双方只有进行友好和深层次互动才能达到目的；民族性特点，主—客双方分别归属于不同的民族与文化圈，是不同文化符号的代表者，简单的旅游行为必然影响民族关系、民族感情；文化性特点，民族地区旅游属于不同文化模式之间的交流，互动必然引发文化变迁甚至文化冲突；多样性特点，可表现为历史文化游、科学考察游、宗教文化游、自然观光游、生态休闲游、民族商贸游、民族风俗游等。

2. 民族地区旅游的一般模式

（1）自然风光模式

以民族地区自然景观或风景区为主要吸引物的旅游发展模式，如贵州的黄果树瀑布模式、西藏阿里的雪域高原模式、内蒙古鄂尔多斯的草原模式、广西桂林的山水模式等。此模式能满足游客求新求异和简单游山玩水、休闲度假的旅游需求，但是需要挖掘山水文化和民族文化内涵，使山水风光有神有韵。

（2）文化村模式

选择条件较好的地区以村寨形式展示民族或族群文化的开发模式。此模式诞生于1891年的瑞典首都斯德哥尔摩。目前，作为一种旅游发展模式，文化村已经在全球各地非常流行。它有两大亚类型，一是原生态型或实地原始村寨，优点是真实性强，缺点是长期开发会导致文化异化；二是模拟集中或移植集锦型村寨，按照科学比例和结构以缩影形式展示文化，优点是能大规模集中展示多元民族文化，缺点是远离真实的生活场景，生命周期面临市场考验（见表2—2）。

表2—2　　　　　　　民族地区文化村模式特点分析简表

亚类型	优点	缺点	代表性村寨
实地原始型或原生态型	a方便游客体验民族文化；b投资少，见效快，经济效益比较明显；c和少数民族面对面接触，文化真实性很强	a区域经济落后，基础设施不完善，旅游发展难度大；b大量客流到来，使本地居民生产生活变得不方便；c村寨面积小，接待量有限；d部分民族文化掺有虚假表演现象	喀纳斯地区图佤人村落（新疆）
模拟集中或移植集锦型	a方便游客集中观赏某个民族或多个民族的文化生活；b一般地处发达地区，基础设施完善，客流量大	a开发成本很高；b文化远离少数民族生活场景；c生命周期短，需要随时研究和关注市场需求发展趋势，推出新项目	"中华民族园"（北京）、"中国民俗文化村"（深圳）、"云南民族村"（昆明）、"中华民族文化村"（海南）

（3）博物馆模式

通过修建展览馆而展示所藏珍贵文物的旅游发展模式。特点是所收集文物极具历史和科研价值，受到文化程度较高的旅游者的青睐；缺点是多采取静态展览模式，与旅游者之间缺少互动，游客满意度往往不高。另外，由于收集文物需要投入大量人力、物力，许多博物馆亟需资金支持。

（4）文化生态博物馆模式

文化生态博物馆源自法国，最早出现在20世纪70年代。国内典型的如新疆喀纳斯模式。核心理念是整体保护文化和自然生态，主张社区居民积极参与保护，强调少数民族在发展中处于主人公地位。优点是能防止文化和生态遭到破坏；缺点是保护和发展双赢问题难以得到很好处理，少数民族经济发展的巨大需求往往难以得到满足。

（5）民族或文化街区模式

包括历史文化街区和商贸街区等模式，典型的如西安回民街、新疆二道桥、北京牛街等。此模式能将文化场景、旅游景观、餐饮购物有效组合与结合，但存在娱乐活动少等缺点。

（6）"农家乐"模式

在著名风景区或文化旅游区，通过开办"农家乐"、"牧家乐"、"渔家乐"等形式参与旅游业发展，为游客提供住宿、餐饮等服务项目，在满足游客需求的同时，使社区居民增加经济收入和增强文化意识。

（7）节庆模式

通过策划在特定时间举办大型节庆活动以增加客流的旅游发展模式。此模式有两大类型：一是历史上世世代代举办的传统节庆活动，如"那达慕大会"（蒙古族）、"雪顿节"（藏族）、"古尔邦节"（信仰伊斯兰教的民族）等；二是为了迎合市场需求而新策划的现代旅游节庆活动，如甘肃的"香巴拉旅游文化艺术节"、"格萨尔赛马文化旅游节"等。

（二）旅游效应

1. 旅游效应的表现和内容

所谓"旅游效应"，也就是"旅游影响"，指的是旅游业的发展对旅游客源地、旅游目的地和旅游产业带来的各类变化（隐性的和显性的、即时的和滞后的、正面的和负面的、直接的和间接的、宏观的和微观的、巨大的和细微的等）。依据发生的对象，可具体划分为以下四类：

（1）经济效应

指的是旅游活动对旅游目的地国民经济或区域经济发展方面形成的系列作用和影响。主要表现如下：一是就业效应，作为新兴服务行业，旅游业的就业门槛相对较低，能缓解就业压力。测算可用就业弹性系数评估，具体模型是 E = 产业就业变化率（$\triangle E/E$）/产业产值变化率（$\triangle Y/Y$）。二是旅游需求效应，即旅游业对内需和外需的拉动效应。测算模型是 E = 旅游需求增加率（$\triangle Q/Q$）/人均国民收入增加率（$\triangle I/I$）。三是 GDP 效应，即旅游业发展对目的地 GDP 的贡献，可划分为旅游总收入、旅游业增加值等对 GDP 的贡献，也可划分为直接贡献与间接贡献。四是旅游创汇效应，包括旅游创汇总量、创汇增长对国家或区域出口创汇的影响。五是产业关联效应，指的是旅游业与其他产业之间的关联度与和谐度，可用灰色关联度模型进行测算和分析。

（2）社会效应

指的是旅游业发展对国家和区域生产关系、就业结构、婚姻家庭结构、人口结构、社会分层、城市化、犯罪率、居民生产生活方式、人际关系模式等方面产生的影响。其主要表现：一是就业结构效应，旅游使从业者行业结构发生变化，第三产业就业者数量大幅增加；二是人口结构效应，外来游客、本地居民和移民"三分天下"的格局开始形成；三是婚姻家庭结构效应，旅游业发展使目的地居民婚姻家庭观念、婚姻家庭关系模式发生嬗变，通婚圈扩大，婚姻纠纷和离婚率上升；四是社会分化效应，旅游使目的地出现贫富分化，原来的等级结构被打破；五是城市化效应，旅游业发展使产业、人口和技术要素聚集，传统乡村或小城镇城市化进程加快；六是生活方式效应，使传统社区居民从农民、牧民转化为市民，生活节奏变化，生产方式转型。

（3）文化效应

指的是旅游业发展对目的地居民的器物文化、精神文化和思想观念产生的影响，具体有两大类别：一是正面效应，旅游业发展使文化保护行为复兴、民族认同感加强、文化交流增多、文明意识出现；二是负面效应，旅游业发展使文化同化现象严重、文化遗产遭到破坏、居民价值观念扭曲等。

（4）环境效应

旅游业发展对自然环境和生态系统及其承载力所产生的影响，具体表现有：一是自然环境效应，旅游业对植被、生物、土壤、地质等子系统带来的变化；二是大气环境效应，旅游业发展使空气质量发生变化；三是水环境效应，旅游业发展使水体质量、水域景观发生变化。

2. 旅游效应的主要影响因素

基于宏观的旅游系统视角，旅游效应的影响因素包括旅游客源地因素、旅游目的地因素和交通因素；基于微观视角，旅游效应影响因素具体包括旅游资源、旅游管理水平、旅游目的地形象、旅游市场特征、旅游区域环境、区位条件、旅游产业发展等。下面对主要影响因素进行分析。

（1）旅游资源

旅游资源是旅游效应形成的基本条件和依托。一是旅游资源的丰富度。如果某国或某地旅游资源类别众多、规模总量很大，旅游资源主类或亚类拥有率很高，该国或该地区资源—产品转化就具备了基本的物质条件，产业经济效益有可能形成；二是资源的组合度，若自然旅游资源与人文景观资源相得益彰，该国或该地区就能有效地避免产品单一缺陷，对游客形成较强吸引力；三是资源品质，若优良级尤其是极品级旅游资源稀缺，该国或该地区整体旅游吸引力和竞争力将不强，经济效应势必受到一定影响；四是资源的空间分布格局，依据"非均衡发展模式"，优质资源密集的地区有可能率先得到开发，而周边地区将处于边缘地位，出现的将是旅游负效应——收入和区域发展差距拉大。

（2）旅游管理水平

一是产业管理，包括文化产业和文化事业的管理。如果政府不转换职能，集开发和管理于一身，旅游业的经济效益和社会效益将受到制约；二是景区管理，在适度开发开放、保证景区客流承载力的同时，要理顺管理体制，改变传统国有资产管理模式，消除景区多头管理弊端，最大限度地增大客流量；三是市场管理，如果旅游市场监管乏力、竞争无序、秩序混乱、缺乏规范，将出现以次充好、欺客宰客等恶劣现象，经济效益和社会效益将直接受到影响；四是危机管理，旅游业具有脆弱性，一旦外界出现自然和社会事件，将形成旅游危机，陷于萧条状态，因此应建立危机预警和应对机制，未雨绸缪，或科学处置，及时化解，使旅游效应处于良性运行之中。

（3）旅游目的地形象

目前，旅游目的地开发已从资源竞争、市场竞争时代转化为形象竞争时代，旅游目的地形象是优化旅游业发展效应的核心要素。所谓旅游目的地形象，是指游客对某目的地旅游服务和产业发展状况的总体印象。好的、特色鲜明的旅游形象能提升目的地知名度、美誉度和竞争力，使其迅速占领市场，在众多竞争者中脱颖而出，甚至鹤立鸡群，形成"先入为主"和"既成事实"的效应；相反，不佳的目的地形象只能使目的地处于形象遮蔽区或阴影区，形成屏蔽效应，屈居其他旅游区盛誉覆盖之下，哪怕该地区资源密集、品质绝佳。因此，科学合理定位旅游形象，通过多样模式大力推广旅游形象，是提升旅游效应的关键。

（4）旅游市场特征

旅游客源市场特征是影响旅游业发展效应的重要因子。一是人口学基本特征，包括性别结构、年龄结构、职业结构、文化教育结构、阶层结构等，不同性别、职业、年龄和文化程度者旅游消费模式（认知模式、决策模式、出游模式、偏好模式、时空模式、消费模式、评价模式）各不相同，因此产生的目的地旅游效应也各不相同。二是客源市场变化特征，和国家政策（消费政策、假日政策）等外部因素密切相关。目前，居民旅游需求日益多样化，传统的旅游观光项目不再受游客青睐，代之而起的是休闲度假等旅游活动,居民将更加关注生态旅游、文化旅游、探险旅游,以求获得身心愉悦;再如黄金周制度改革前,居民远程出游动机强烈,远程旅游目的地旅游业发展经济效应趋良;假日制度改革后("五一"黄金周被取消,中秋和清明节放假),居民出游受到时间限制,致使远程出游模式逐步改变为近程出游模式,家庭游、自驾车游、休闲度假游等兴起,近程客源市场崛起,旅游经济效益趋好。

(5) 旅游环境

一是生态环境。从整体看,旅游业效应和生态互相作用、互相依赖,某地生态环境优美(如气候适宜、植被茂盛、山清水秀等),旅游流势必增大,但是如果在自然生态系统过于脆弱的背景下一味追求收入增加而不考虑承载力,旅游效应尤其是生态效应将日趋恶化。二是社会环境。如果某地犯罪事件频发,治安欠佳,流行病肆虐,或居民以不外出为正向价值取向、时代风尚和生活方式,很少发生旅游行为,该地区旅游消费将受到抑制。三是经济环境。如果某国或某地区经济实力弱、对外开放度小、城市化进程缓慢、交通不畅通,旅游业发展将出现投资短缺、景区不上档次、服务不佳、游客难以进入等问题。四是政治环境。如果目的地政局动荡,战争爆发,炮火纷飞,地区冲突不断,恐怖主义泛滥成灾,旅游业发展将无从谈起,旅游业效应优化更是无稽之谈;只有政治清明,周边局势稳定,国际关系和谐,旅游效应才可得到优化。五是人文环境。如果目的地居民思维保守,缺少市场意识、竞争意识,对旅游业发展和外地游客到来持消极态度,旅游效应受到的限制将不言而喻。

3. 旅游效应形成机理和演化模式

由于客流的大量涌入和相关产业的集聚,资金流、信息流和文化流随之到来,目的地经济、社会和文化各个系统发生连锁反应或"多米诺牌效应":首先,在"推力—拉力—约束力—中转力"等机制的作用下,产业开始集聚,客流大量集散,旅游消费行为发生,目的地经济收入增加;同时,由于管理和旅游者道德约束问题,环境问题逐步出现。其次,由于目的地和客源地文化经济模式的差异,以及目的地系统原有的封闭和低速运行状态被打破,目的地社会文化在客源地高位文化的辐射和示范效应下发生变迁。最后,各参与群体(管理者、社区居民、从业者和旅游者)产生不同心理认知,进而采取不同态度倾向和回应措施,促使目的地系统发生两大趋向,面临两大命运:旅游业与目的地社会文化形成耦合机制,互相协调有序,步入繁荣；或者不协调因素大量出现，客流减少，目的地系统面临生命周期危机（见图2—1）。

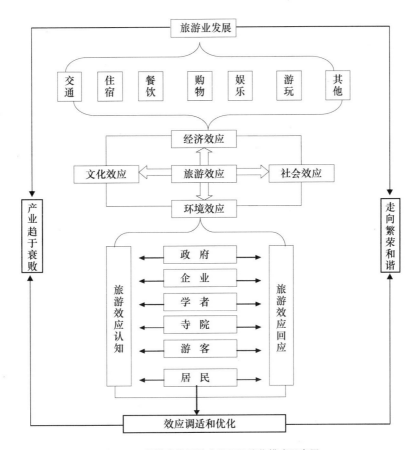

图2—1　旅游业发展效应机理及演化模式示意图

二　相关理论

（一）文化变迁理论

要分析文化变迁理论，首先要对文化有所了解。所谓"文化"，指的是人类创造的一切物质和精神财富，而文化变迁也叫文化过程，指的是内外部各类要素的综合作用使文化内容、结构和模式发生的变化。文化变迁现象的基本特点有三：其一，普遍性和永恒性，文化的发展变化无处不在、无时不在，文化的稳定状态始终是相对的；其二，文化变迁具有整体性和结构性，文化变迁不仅是饮食、歌舞、宗教、建筑、科技等方面量的变化，更是质的变化，最核心的价值体系结构的变化是本质；其三，文化变迁具有复杂性。指的是文化变迁原因、变迁过程、变迁结果极其复杂。

文化变迁的特殊形式是"文化涵化"，指不同文化由于文化传播或文化接触而使其中一方或双方在风格模式等方面发生大规模持续变迁的现象。文化涵化可能产生以下三种结果：一是文化同化，文化在接触、接受异文化的过程中失去特性被他文化所取代；二是文化整合，不同文化体系在接触中相互融合成为新的文化；三是文化抗拒，因为变迁过程极其迅速，文化差异度过大，或文化压力很大，以致一方排斥或抗拒另外一方。①

关于文化变迁的过程和原因，学术界形成了不同的认识和理论流派，具有较大影响的是文化进化论学派、文化传播学派、结构—功能主义学派、心理学派、文化相对论学派等。文化进化论学派借鉴达尔文生物进化论观点，认为文化也具有进化规律，随着人类知识的积累从低级走向高级；文化传播学派从空间视角分析文化变迁现象，认为世界文明具有中心，形成"文化圈"，然后随着中心区域人类活动半径的扩大而逐渐对外传播和扩散；结构—功能学派认为文化内部具有一定结构和功能，即文化是为了满足人类生存和发展需要而产生的，任何民族或族群都将从异民族中吸收部分文化元素；心理学派认为文化决定民族或族群的人格，而人格又决定文化发展前途，只有改变人格才能改变文化发展方向；文化相对论学派认为文化没有进步和落后之分，都是适应环境的产物，不同文化的价值体系无法比较，应该对各类文化及其持有者给予尊重。

文化变迁理论可用于分析旅游效应。目的地旅游业的发展，将使文化流随客流的到来而传播到目的地地区，形成"主—客"文化互动、交流甚至冲突，对旅游业发展影响深远，因此应用文化变迁理论分析、调适旅游效应具有现实意义。

（二）利益相关者理论

"利益相关者理论"经历了半个多世纪的发展。其标志性事件是：1932年，哈佛大学学者 E. MerriCkDodd（杜德）提出利益相关者思想；1959年，Penrose（潘罗斯）首次提出相关概念；1963年，美国斯坦福研究院部分学者从企业依存视角首次正式提出此理论；1965年，Ansoff（安索夫）首次把此理论应用于企业管理；1984年，Freeman（弗里曼）从企业战略管理视角

---

① 林耀华：《民族学通论》，中央民族大学出版社 2003 年版，第 397—398 页。

对利益相关者给出权威性界定；目前，该理论的应用范围得到拓展，被用来分析审计、环境等重大现实问题。

一般认为，"利益相关者"指的是影响某机构或企业目标实现的主体和客体，不但包括经济效应相关者，也包括社会效应、文化效应和环境效应相关者。因此无论是投资者、生产者、经营者、消费者、社区、政府，还是环境等外部因素，都应该被包括在内。此理论的贡献在于创新了传统管理理念和模式，有助于统筹兼顾各方利益，实现和谐发展。

在民族地区，旅游业发展对各利益主体产生了不同影响，旅游效应牵扯甚多，因此利益相关者理论有助于从整体考虑利益主体权利、义务和责任（经济的、伦理的、社会的、法律的），进而通过博弈采取协作治理模式实现旅游区效应优化。

（三）旅游阶段理论

旅游阶段理论主要分析旅游目的地、旅游产业或参与者态度及其演化规律。其中，最著名的理论首推巴特勒的"旅游地生命周期理论"，该学者于1980年分析认为：一般而言，旅游地要经历探索、起步、发展、稳固、停滞、衰落、复兴等演化阶段；随着不同演化阶段的出现，居民感知和态度也具有极强相关性变化；开发伊始，态度为热情支持；开发中期，态度由于收益变化而变化；开发后期，多趋于保守消极。对此旅游阶段演化模型是否符合实际，学者（刘振礼，1992；Akis，1996；刘赵平，1998；Ryan，1998；Lawson，1998）进行了验证，结果是部分案例显示支持而部分则显示未必。

旅游发展阶段理论中另一著名理论是居民"愤怒指数模型理论"，该模型提出者为 Doxey（多克西），他于1975年结合自己尼亚加拉湖区实地考察分析认为居民态度也具有不断演化态势，一般为融洽（起步阶段）、冷漠（发展阶段）、恼怒（成熟阶段）和对抗（停滞阶段）四大阶段。

尽管旅游阶段理论尚未成熟，但是对旅游产业和目的地发展具有较强的应用价值，有助于依据居民和游客态度的演化确定旅游发展模式，使旅游业成为支柱产业和战略产业，从而实现区域经济社会和谐发展。

（四）社会交换理论

社会交换理论的正式创建时间是1958年，提出者是著名学者 Homans（霍曼斯），他针对"功能主义"过于关注宏观结构而忽视微观和个体的缺陷，结合古典政治经济学"经济人"假设，把交换关系演化归结为著名的命题模式，分析认为：任何经济主体都是理性的"经济人"，都试图以最小的成本获取最大的收益；任何主体行为包括社会行为都属于交换行为；交换的对象包括物品也包括爱情、友谊、尊重、服务等精神资源；一旦交换后果不理想，或出现非正向收益，个体交换关系就会发生变化乃至结束；因此应该及时分析交换各方的满意度，以防止交换终结。①

对社会交换理论进行完善的是 Peter Michael Blau（彼得·迈克尔·布劳），时间是 1961 年，他认为：社会交换不等同于人类行为；社会交换行为发生的条件是只有互动才能实现个体利益最大化和采取相应策略；社会交换行为和社会结构、社会关系有联系。

目前，社会交换理论也被用于旅游影响领域研究。由于主客双方或参与各方动机和收益等各不相同，对旅游业发展的态度也有区别和改变，如果利益大于成本，对旅游业态度呈现良性，交换关系继续发生；否则，将对旅游业持消极甚至对抗态度，交换行为便不再发生，因此旅游行为属于特殊的交换行为，该理论有助于为旅游效应分析提供理论依据和实践指导。

（五）乘数理论

乘数，又被称为倍数，英语表达方式是 Multiplier，指的是国民经济各部门中某一要素量的变动与由此引起的经济总量变动的比值。旅游乘数理论发展的标志性事件是：19 世纪 20—30 年代，瑞典的 K. Wicksell（威克塞尔）和俄国的 Tugan - Baranowski（图干巴拉诺夫斯基）最早提出相关概念；1931年，此理论开始出现——率先提出乘数理论的是 R. F. Khan（卡恩），他在论文 *The Relation of Home Investment to Unemployment*（《国内投资与失业的关系》）中分析了投资增加的就业效应；20 世纪 30 年代，面对经济危机，著名经济学家 J. M. Keynes（凯恩斯）认为边际支出倾向越大，所产生的乘数效应就越大，由此建立了投资乘数模型；1982 年，Mathieson（马西森）和 Wall（沃尔）最早提出旅游乘数概念；Archer 最早提出旅游乘数理论。此后，Lunberg、M. Brownrigg、M. A. Creig 等学者做了完善和进一步发展。

依据内容，可把旅游乘数划分为就业乘数、政府收入乘数、产出乘数、销售收入乘数、资本乘数等。依据产生的时间，可把效应阶段划分为三个阶段：直接效应阶段、间接效应阶段和诱导效应阶段。

（六）可持续发展理论

可持续发展理论的兴起和流行与传统经济发展模式的弊端出现有关。在

---

① 尹德涛：《旅游社会学研究》，南开大学出版社 2006 年版，第 186 页。

工业化进程中，部分地区为片面追求国内生产总值的增加采取了粗放式开发模式，使区域发展出现资源消耗高、环境污染大等现象，生态恶化趋势明显，环境问题层出不穷。在此大背景下，保护和改善环境以寻求资源、环境和人口和谐可持续发展的理念和思想出现：1972 年，联合国第一次人类环境研讨会在瑞典首都斯德哥尔摩举行，通过《人类环境宣言》，呼吁人类在发展时不能损害甚至牺牲后代利益；1987 年，WCED（世界环境与发展委员会）举行会议，发表《我们共同的未来》，提出可持续发展的概念性定义——"既满足当代人的需要，又不损害子孙后代满足其需要之能力的发展"。与此适应，旅游业可持续发展思想随之而生：1980 年，WTO（世界旅游组织）举行世界旅游会议，在《马尼拉世界旅游宣言》中最早提出旅游业可持续发展思想；1990 年，全球可持续发展旅游分会在美洲加拿大首都温哥华举行，在《旅游可持续发展宪章（草案）》中对旅游业可持续发展概念作了界定。目前，旅游可持续发展得到人们的重视，逐渐成为区域旅游业发展的主流思潮。

民族地区旅游业发展也必须坚持可持续发展道路，核心理念是：必须使旅游业取得发展，以旅游为动力点燃区域经济发展之火，以旅游开发为现代化路径，使目的地摆脱贫困，实现社会文化和经济快速发展；必须使发展具有和谐性和永久性，在规划和开发中注意环境保护、文化保护和资源保护，防止发展差距拉大，保持人类发展（代际发展、代内发展）的公平性、协调性。

（七）真实理论

"真实"或"真实性"，英语表达方式为 Authenticity，由 Author（作者）和 Authority（权威）演化而来。最初，该词仅适用于博物馆界，目的是鉴定展品是否为真品，说明展览物品价值和价格是否相符。该词语被移植到旅游界的时间是 1973 年，当时的美国社会学家 MacCannell（马康耐）在 *Stage Authenticity: Arrangements of Social Space in Tourism Settings*（《舞台真实性》）中借鉴 Goffman（戈夫曼）的"社会拟剧理论"，提出舞台真实理论，认为游客实际上无法观察到旅游目的地的真实文化，只能体验到真实。此后，学术界开始运用此理论分析旅游效应，出现了若干流派：客观主义，认为真实就是原始，强调旅游客体的原生性和原始属性；存在主义，认为游客观看的指向可以虚假，游客只要能体验到真实即可，游客只要能摆脱日常烦恼就等于追求到了真实；后现代主义，认为模拟可以超越原始的真实，比原生性真实更真实；建构主义，认为真实具有相对性，是主客体互相作用的产物，旅游“客体”具有“象征意义”。

目前，全球各地区由于利益诉求，都在尽力打造旅游产品，将文化遗产舞台化，部分地区甚至出现所谓“伪造、虚假民俗”现象，因此真实性受到高度关注。但是，无论是游客、学者、政府或居民，对真实性的认识和观点都不相同，因此，对舞台真实的争论还将继续下去。

（八）冲突理论

所谓“社会冲突”，是人类互动和社会运行的一种基本形式，指的是各类利益主体之间出现的、对社会运行具有一定乃至重要影响的对抗或矛盾。其产生与资源分配、制度安排、利益表达、价值模式等有关。19—20 世纪，社会冲突受到学术界关注，出现了许多冲突理论流派。20 世纪 40 年代，结构功能学派产生，背景是西方社会稳定繁荣、人民生活和谐，代表人物是 T·帕森斯，他认为社会冲突是“社会病态反应”；此后，由于社会冲突扩大，学术界开始对结构功能理论进行深刻反思和批判，如刘易斯·科塞在《社会冲突的功能》中认为社会冲突也具有“社会安全阀”的正功能，而达伦多夫等学者则进一步指出社会冲突是历史发展的推动力。

在不同历史时期和不同地域中，社会冲突的表现形式、特点和机制各不相同，但是作为社会发展的必然现象，其在转型时期的存在具有一定规律。从全球视野看，主要表现是生态恶化、气候变暖、资源枯竭、核扩散、战争、恐怖主义、贫富差距扩大、文化多样性、艾滋病等问题；从我国看，自 1978 年以来的现代化转型中，社会冲突的主要表现是现代化与传统性、全球化与中国性、主流性与边缘性、神圣性与世俗化等社会矛盾和冲突，其总体特点是互相交织、错综复杂、趋于多元、频繁发生、危险日盛。

社会冲突论也被应用于分析旅游效应问题，其诞生时间可上溯至 20 世纪 50 年代。由于矛盾与冲突的发生，西方人类学家、社会学家开始认为旅游导致东道主与游客之间、东道主与经营者之间、社区居民与本地政府之间、社区居民之间出现了“大冲突”、“大冲撞”，尤其是文明模式的大冲突（生活方式差异、价值观念不同），加剧了目的地社会的变迁和转型。因此，及时分析旅游背景下的社会文化冲突，把握其演化模式、机理和未来趋势，并探求疏导对策，对建立社会良性运行机制非常必要和重要。

第二节　甘南旅游业发展现状和条件分析

一　甘南旅游业发展环境

（一）自然环境

1. 地理位置

甘南，全称为"甘南藏族自治州"，是我国 31 个少数民族自治州和 10 个藏族自治州之一，位于北纬 33°—35°和东经 100°—104°之间。《中华人民共和国行政区划简册（2006）》统计数据显示，截至 2004 年年底，甘南总面积为 40201 平方公里（也有统计数据为 4.57 万平方公里），和甘肃省总面积之 1/10 大小规模相当。甘南与四川、青海和甘肃部分县市接壤，其中，甘南之东，为武都、漳县、渭源和岷县；甘南之西，是果洛、黄南两州的同仁县、泽库县、河南蒙古族自治县、玛沁县、甘德县和久治县；甘南之南，是阿坝州的九寨沟县、若尔盖县和阿坝县；甘南之北，是临夏州的和政县、康乐县和临夏县。另外，甘南北与内蒙古高原和黄土高原连接，东南与甘肃著名的陇南山地相交，因此，从宏观自然地理位置看，甘南位于甘肃之西南部，属于青藏高原东北边缘，为甘、青、川交界之地，是两大高原（青藏高原、黄土高原）和一大山地（陇南山地）之交界或过渡的边缘地带，也是内地进入藏区或西部民族地区的黄金通道。

2. 地形地貌

甘南地形地貌明显特点有四：第一，复杂多样。境内草原辽阔，高原纵横，群山连绵，峡谷幽深。第二，处于过渡地带，地势呈阶梯状分布，东低西高，南低北高。第三，海拔较高。境内平均海拔在 3000 米以上，最高处将近 5000 米（最高处为扎伊克山，海拔为 4920 米），最低处为 1172 米（舟曲瓜子沟口）。第四，全州代表性地形可划分为三大板块：高原草原板块（西部）、峡谷高山森林板块（南部）、丘陵山地板块（东部）。

3. 气候条件

甘南气候明显特点有四：第一，温差较大。由于地处高原和内陆，大陆性季风气候特点极其明显，温差悬殊，日温差方面，"早穿皮袄午穿纱"的现象常见；年温差方面，温差一般在 20℃—22℃。第二，高寒低温。冬季时气温经常在零下 10℃左右。第三，夏日短促，秋冬连接。第四，气候湿润，降水量大。年均降雨量较大，最高可达 800 毫米。

4. 生态环境

由于地理位置独特、地质地形复杂、气候条件差异很大，甘南属于典型的生态边缘区，生态环境极其脆弱，水土流失、冰雹、洪水、泥石流、大风雪、地震等自然灾害频繁发生。主要表现如下：第一，森林资源锐减。根据史书记载，甘南地区森林覆盖率在秦汉时期超过90%，而到了20世纪80年代下降为20%，锐减速度和数量令人心惊。第二，草原草地资源因遭到人为破坏而导致荒漠化现象日趋严重。有学者应用统计数据显示，目前黄河上游沙化线前进速度极快，达到了3—5米/年。第三，水土流失加剧。20世纪80年代至今，水土流失扩大面积将近增加了45%，目前总面积已达1.2万平方公里。第四，灾害发生次数不断增多，发生频率不断增大。

（二）人文环境

1. 行政区划

历史上，甘南地区先后被少数民族政权所统治。据考证，先秦时期，氐羌部落活跃于此，甘南河曲等地区为羌人发祥地、居住区；秦朝时期，甘南西南和南部等地区为羌人居住区，被称为羌中；魏晋南北朝时期，鲜卑先祖在此建立过割据政权；其后，吐谷浑实力强大，于4世纪初占领甘南地区；隋唐时期，吐蕃兴起，占领甘南地区。元明清时期，甘南归属中央王朝管辖，蒙古族在此占据重要地位；1953年，甘南藏族自治区宣告成立；1955年，自治区改为自治州。现辖1市——合作市，7县——夏河县、卓尼县、舟曲县、临潭县、碌曲县、玛曲县、迭部县，共108个乡。

2. 人口状况

（1）人口数量

在古代，甘南人口稀少，增长缓慢。近现代以来，由于边疆开发、科技进步、经济发展、人口迁移等因素影响；甘南人口数量增加很快。《甘南藏族自治州志·人口志》和全国五次人口普查人口数据显示，甘南人口已由第一次人口普查时的314684人（1953年）逐次增加为323095人（1964年）、515454人（1982年）、580706人（1990年）、640106人（2000年），目前（2006年数据）人口接近70万人，为692736人[①]（见图2—2）。

---

① 郎雪霞：《甘南藏族自治州民族关系现状及发展研究》，西北民族大学硕士学位论文，2008年，第1—6页。

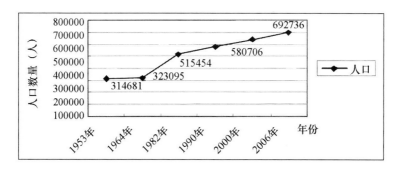

图2—2 甘南人口数量变化图

数据来源:郎雪霞:《甘南藏族自治州民族关系现状及发展研究》,西北民族大学硕士学位论文,2008年,第1—6页。

尽管如此,甘南人口密度依旧很小,约为13人/平方公里,仅占全国数值的1/8。[1]

(2)人口分布

甘南区域人口分布特征有四:第一,东多西少。70%的人口集中居住在东部几个县,具体分布是:临潭(14.8万人)、卓尼(10.0万人)、合作(8.05万人)、夏河(7.8万人)、迭部(5.6万人)、玛曲(4.3万人)、舟曲(4.0万人)和碌曲(3.0万人)。第二,城少乡多,农牧业人口所占比例高达81%,城市人口比例少。第三,谷密山疏,在地势相对平坦的河谷和盆地地区人口比较集中,而居住在高原大山深处的人口较少。[2]

(3)人口素质

新中国成立后,党和国家大力发展民族教育、文化和医疗卫生事业,甘南州人口素质有所提高,文盲率、半文盲率和新中国成立前相比有所降低,其中甘南藏族文盲率从1982年的72.56%降低到2000年的43.05%;[3] 但是,和全国其他地区相比,人口文化素质依旧很低,《甘南五十年·历次人口普查重要数据》显示,2006年,甘南文盲率为18.34%,高素质、高学历或大专以上文化程度者总量较小,所占比例很低,仅为1.15%。

---

① 何效祖:《寻梦香巴拉》,甘肃人民出版社2005年版,第1页。

② 同上书,第2—10页。

③ 马宁:《甘南州人口文化素质的特点》,《西北人口》2007年第6期,第127页。

3. 民族概况

（1）主要民族

甘南自古就属于多民族聚居区。在古代，活跃在这里的少数民族主要是氐、羌、吐谷浑、吐蕃等。目前生活在这里的少数民族主要有藏、回、蒙古、满、土、撒拉、保安、东乡、朝鲜等 23 个民族，其中藏、回两个少数民族人口超过百万。

（2）藏族

藏族在甘南所占比例最大，为主体民族。关于其渊源，和古代氐羌部落、鲜卑部落、吐谷浑部落和吐蕃部落等有关。先秦时期，羌人（包括发羌、西羌、唐羌、苏毗羌等）和氐人部落在此以游牧为生，因为联系紧密，被统称为氐羌部落；后氐族居住和生活在白龙江等流域，而羌族则迁移到今日西藏、陇南、临夏等地区；"他们或与安多藏族关系异常紧密，或与安多藏族有直接的渊源关系，因此，他们也是安多藏族来源的一部分"。① 鲜卑部落本是辽东地区少数民族，居住于鲜卑山（今大兴安岭山脉）一带，由于匈奴等少数民族的迁移而逐渐南下西迁；后由于内部纷争而迁移至此，并建立了政权，势力扩大至青海河湟地区，后来的吐谷浑就是其后裔。吐蕃在隋唐时期迅速崛起，实力大增，不断派兵北进，开疆扩土，相继灭吐谷浑和党项族，逐步占领了包括甘南在内的甘、青、康、藏、陕西、四川之广大区域，在此驻扎了许多军队，迁移若干部落随军行动。吐蕃王朝崩溃后，军队和迁移部落无法南返，不得不继续与汉族、党项族和羌族等一起杂居生活。史料记载：仪凤元年（676 年），吐蕃大军攻入鄯（今青海乐都县）、芳（今甘肃甘南迭部东南）等地，并迁移居民来此和其他民族杂居。② 因此，安多地区藏族有一部是吐蕃军士后裔，如卓尼县藏巴哇乡一带的群众自称"藏巴哇"，意为后藏人。③ 这些民族或部落在历史的长河中互相通婚、互相融合，逐渐成为藏族先民。④

---

① 贡保草：《拉卜楞"塔哇"的社会文化变迁》，民族出版社 2009 年版，第 25 页。

② 李吉和：《先秦至隋唐时期西北少数民族迁徙研究》，民族出版社 2003 年版，第 127—129 页。

③ 尕藏才丹：《甘肃甘南风物志》，甘肃人民出版社 2002 年版，第 8 页。

④ 吐谷浑灭亡以后，大部分融入吐蕃，但是居住在一些地处偏远的部落依旧保持其传统生活方式，发展成为今日之土族。

（3）回族

回族的形成和宗教信仰、商业生活、蒙古西征有密切关系。早在隋唐时期，出于经济利益的追求，大批波斯、阿拉伯等穆斯林商人在东南沿海等地区从事商业贸易，并建立清真寺围寺而居，被称为"蕃客"、"胡商"，为回族先民。蒙元时期，蒙古大军西征，战争胜利后，大批西亚和中亚信仰伊斯兰教的匠人、商人等随军东来，成为"探马赤军"的一部分，在和汉、蒙古等民族的长期生活中逐渐成为一个新的民族。明代时，为平息边疆叛乱，朱元璋命令士兵就地屯田生活，于是一批江浙回族驻留于此，娶妻生子，繁衍生息至今，形成了回族聚居区，巩固了"大分散、小集中"的民族居住格局。[①] 回族大规模进入甘南的时间是在清中后期，当时河湟回族不堪压迫迁移至拉卜楞地区，以商业、农业和手工业等为谋生手段。1928年，马仲英率部进入拉卜楞，欲烧毁寺院，经过本地回族上层人士求情后保留了寺院，于是回族从此得以携带家属进入拉卜楞经商、生活，人口剧增。[②] 不过，由于政治等原因，历史上也出现了回族人口锐减的现象。

（4）蒙古族

蒙古族本为北方草原游牧民族。13世纪时期，蒙古崛起，成吉思汗及其继承者不断西征南下，发动战争，以统一中国。1227年，蒙古军占领甘南地区。此后，为最终统一中国，部分蒙古族士兵继续前进参加战争，部分蒙古族士兵则驻扎于此，负责镇守。元朝灭亡后，部分蒙古族依附新建立的大明王朝。明末，西蒙古和硕特部占领甘南，并筹建了拉卜楞寺。

（5）汉族

汉族进入甘南地区与边疆军事斗争有关。西汉时期，羌人起事，大将赵充国受朝廷派遣前去平息叛乱。赵充国在事件平息后奏请军队驻扎屯田，据传今日夏河八角城遗址存有遗物。隋唐时期，中原王朝继承汉朝治边策略，继续屯田、实边，大量移民进入甘南，至今留有"石堡城"、"洮州古城"等遗址，留下了李道宗、李晟等李氏名将镇守边塞的传奇故事。明朝时期，为保持边疆安定，政府在甘南设洮州指挥使司，实行军屯（派遣江南士兵来此驻扎）、犯屯（迁徙罪犯至洮州屯田）和"流屯"（发配流人至此屯田）

---

① 郎维伟、马俊峰：《明代对回政策与回族民族特征的形成》，《贵州民族研究》2008年第6期，第163页。

② 贡保草：《拉卜楞"塔哇"的社会文化变迁》，民族出版社2009年版，第33页。

等形式，汉族人口激增。大量江南移民的到来，使甘南出现了江南民风，带来了先进的生产力，但是同时也使生态环境遭到了一定程度的破坏。①

4. 民族关系特征

民族关系是最重要的社会关系之一，它是某国或某区域相关民族互动的关系。影响甘南民族关系的变量主要如下：自然条件，由于环境恶劣，生存艰难，民族和族群之间由于经济资源产生各类纠纷和冲突；宗教文化，甘南属多民族聚居区，不同民族之间信仰不同，民族和族群之间容易由于信仰差异发生文化冲突；语言文字，语言交流有时往往和民族感情关系密切，如藏族认话不认人，会讲藏语会使民族关系得到加深，而不懂少数民族语言则使族际交流出现障碍；经济发展，由于不同民族经济水平差距逐步加大，少数民族容易出现"被剥夺感"，致使民族关系出现变化；另外还有决策阶层的政策、境内外敌对势力的挑唆和支持等，如同治年间回民起义导致的甘南民族仇杀主要是因为清政府采取了挑唆政策，2008 年发生的"3·14 事件"和境内外达赖集团等势力有关。

在以上因素和合力的作用下，甘南民族关系具有以下两大特点：第一，总体的和谐和局部地区与个别时期的不和谐同时存在。总体的和谐指的是无论从历史视角还是现实视角看，民族关系基本和谐：从历史视角看，各民族频繁往来，互通有无，你来我往，友好共处；从现实视角看，平等、团结、互助、和谐的新型民族关系格局已经形成并得到深化。同时，在个别时期、个别地区、个别范围内，不和谐现象难以避免：从历史视角看，曾经出现清朝同治年间"回民起义"后左宗棠对回族的报复性杀害与迁移，使民族关系恶化、复杂化，至今都有一定的负面影响；从现实视角看，不同类型聚居区（少数民族聚居区、汉族聚居区与少数民族聚居区）之间不和谐现象始终存在，有时甚至演化为剧烈冲突。第二，民族关系极其复杂。由于历史的、宗教的、经济的、习俗的原因，尤其是我国目前处于转型时期，社会各阶层利益格局和价值观念处于变动之中，加之国际国内敌对势力的介入，民族关系问题和宗教问题、犯罪问题、经济问题、文化问题等牵扯在一起，互相交织，民族矛盾很有可能因为一件极不起眼的小事而一触即发，民族关系特别敏感，如果处理不当，小问题有可能转化为大危机，小事情有可能升级为大

---

① 陈改玲：《汉族移民与藏区古代经济发展——以甘肃甘南藏区为例》，《辽宁行政学院学报》2008 年第 3 期，第 84—85 页。

事件。因此，在对待和处理涉及少数民族的问题时，各方都需要特别谨慎。

5. 区域文化特征

文化是各民族在长期历史过程中创造的物质和精神财富的综合。文化具有以下特点：普遍性，文化是人类社会普遍具有的现象，体现了人类的智慧；特殊性，由于地理环境等因素的影响，区域文化各不相同；后天性，文化和生理现象不同，不具有先天性，是后天习得的结果；适应性，文化随时间和环境的变化而发生变迁，形成文化整合或分化等现象。

甘南区域文化具有以下两大典型特征：第一，多样性。民族文化方面，由于居住有藏、汉、回、土、蒙古等民族，各民族服饰、饮食、建筑、歌舞习俗千差万别，大相径庭。生产生活方式方面，甘南有一望无际的草原、相对平坦的盆地，也有海拔较高的高原和大山，与此环境相适应，族群生活方式也各不相同，或从事农业，或"逐水草而居"从事牧业，或半农半牧，农耕文化和游牧文化源远流长，而回族则擅长贸易和经商，在回藏生活中扮演着不可缺少的角色。宗教文化方面，甘南属于多元宗教文化圈（伊斯兰文化圈、佛教文化圈、儒道文化圈、基督教文化圈）的交汇之地，世界几大宗教在此长期和谐共处，其中佛教传入西藏后在与苯教的不断斗争中演化为藏传佛教，其后于弘法元成宗元贞元年（1295 年）传入卓尼，目前有格鲁派、萨迦派、宁玛派、噶举派等，其中拉卜楞寺属于格鲁派最大寺院，被称为世界上唯一一座六大寺院皆全的藏传佛教高等学府；伊斯兰教随回族的形成和蒙古势力的扩张而传入甘南，并于 1936 年得到嘉木样五世批准使清真寺得以扩建，目前有众多教派（如西道堂、格底目、依赫瓦尼）；儒家和道教文化随汉族的进入而得到传播；近代以来基督教开始进入甘南，主要集中在临潭县。第二，边缘性。文化是环境的产物，几千年来，由于地理环境的相对封闭、交通运输的极度落后，居住于斯的各民族、各族群保持了传统文化的特色，尤其是宗教文化已经渗透到心灵深处，深刻地影响着信教群众的心理和生活模式。但是，当封闭的大门被打开，现代化和全球化的浪潮扑面而来时，传统文化很容易发生嬗变，也很容易在互动过程中由于巨大异质性而出现各种文化碰撞甚至文化冲突。

二　甘南旅游业发展成就

（一）发展历程

1. 起步时期（20 世纪 80 年代初期至 20 世纪 80 年代末期）

改革开放之初，由于国门打开，甘南也逐渐对外开放，世界各地的旅游者出于对东方文明的极度好奇前来甘肃甘南旅游观光。但是，此时期的旅游开发存在很大的局限性，尚未形成支柱产业。

2. 趋热时期（20 世纪 90 年代初期至 2008 年）

此期间，国家开始把旅游作为产业进行培育，出台了系列政策推动旅游业发展；同时，甘肃省也调整发展战略，把旅游业从事业转化为产业和新型支柱产业，变传统丝绸之路"一条线"模式为"X"空间模式，开发民族文化、红色文化、自然景观文化、黄河文化等，甘南由此成为旅游业发展的重点地区，于 1992 年成立"甘南州外事侨务旅游局"，旅游业开发趋热，旅游者迅速增多，人数从 2001 年的 30 万人增加到 2007 年的 188 万人。

3. 转折时期（2008 年至 2009 年）

"3·14 事件"发生后，藏区旅游业受到巨大冲击，客流锐减，景区闲置。之后，中国发生"5·12 汶川地震"，甘肃甘南也受到影响。在此背景下，甘南旅游业遭受巨大损失，游客人数从 2007 年的 188 万人下降到 2008 年的 60 万人，从趋热时期转化为转折时期。

4. 调整时期（2009 年至今）

"3·14 事件"和"5·12 地震"发生后，党和政府及时调整政策，使旅游业逐步恢复开放开发，目前甘南各市县旅游景区已正常营业；同时，甘南决定实施旅游"二次创业"战略，转化原来单纯开发夏河的"单极增长模式"为开发迭部、临潭等县的"多极增长模式"和"点—轴增长模式"，客流量逐步增加。

（二）旅游成就

1. 旅游品牌：数量激增，影响渐大

从甘肃乃至西部地区看，甘南已经成为民族地区的一大旅游品牌，九色甘南香巴拉形象日渐为市场认知和认可，甘南旅游目的地已经被评选为"让生命感受自由的世界 50 个户外天堂"（美国《视野》（OUTSIDE）杂志和《探险》（ADVENTURE）杂志，2005）、"西部最具魅力的景区"（中国社会科学院西部发展研究中心）等。从州域看，品牌旅游景区相继增加，目前市场知名度、满意度相对较高的 AAAA 级旅游景区有拉卜楞寺（夏河县）、冶力关（临潭县）和大峪沟（卓尼县），AAA 级旅游景区有腊子口（迭部县），AA 级旅游景区有郎木寺（碌曲县）、则岔石林（碌曲县）、翠峰山（舟曲县）、米拉日巴佛阁（合作市）、当周草原（合作市）、天下黄河第一弯（玛曲县），著名节庆活动有香巴拉旅游文化艺术节、香浪节、正月大法会等，国家级重点文物保护单位有拉卜楞寺、八角古城和俄界会址，著名名镇有中国魅力名镇郎木寺，等等。甘南以"九色甘南香巴拉"和"青藏高原的缩影"的形象得到了游客的青睐和向往。

2. 旅游格局：开始转化，多极发展

旅游产品格局方面，甘南目前推出的旅游产品主要是宗教文化游、草原风光游、藏族民俗游和旅游节庆游，从最初的自然景观游和藏传佛教游转化为多样文化旅游产品同时存在的格局。

空间格局分布方面，甘南目前依托品牌景区景点和主要交通线路，推出的省级旅游线路和州际旅游线路（见表2—3）逐渐增多，目前已形成以国道213线为主线，以省道210线、313线、306线、312线、204线、311线为辅线的精品旅游线路，旅游空间布局逐步得到优化，从最初局限于夏河县扩展到其他县域，从开发之初的局限于拉卜楞寺和桑科草原扩展到腊子口、大峪沟等众多景区，点—线—面格局雏形开始具备，南部和东部受到忽视的态势有所改变。

表2—3　　　　　　　　　　　甘南主要旅游线路

类别	具体线路	主要景区景点或项目
甘南精华游	兰州—夏河	临夏大拱北清真寺（或南关清真大寺）——全国六大黄教宗主寺之一拉卜楞寺——桑科草原——篝火晚会
	夏河—玛曲	拉卜楞寺——高原明珠尕海——黄河首曲——亚洲第一号天然大草原——格萨尔王发祥地——格萨尔王广场
休闲度假游	玛曲—兰州	合作米拉日巴佛阁——临夏南关清真大寺——兰州黄河风情线
	兰州—临潭	省级地质公园赤壁幽谷——天池冶海——农家乐——千年睡佛——黄捻子国家级森林公园——莲花山
	兰州—卓尼	大峪沟——阿角沟度假村——禅定寺——杨土司纪念馆
	兰州—碌曲	则岔石林——则岔度假村——尕海湖——朗木寺——白龙江源头
	兰州—玛曲	米拉日巴佛阁——尕海湖——玛曲大草原——歌舞晚会——天下黄河第一弯——格萨尔民歌弹唱——郎木寺
朝圣观光游	兰州—夏河	拉卜楞寺——达尔宗湖——桑科草原——歌舞晚会
	兰州—夏河—合作—碌曲	拉卜楞寺——桑科草原——藏族歌舞——则岔石林——郎木寺——白龙江源头——尕海湖——合作米拉日巴佛阁

类别	具体线路	主要景区景点或项目
革命圣地游	兰州—临潭—卓尼—迭部—宕昌	冶力关肋巴佛纪念馆——新城苏维埃旧址——卓尼杨土司纪念馆——迭部天险腊子口——俄界会议遗址——茨日那毛泽东故居——腊子口度假村——哈达铺
回藏文化游	兰州—夏河	兰州黄河风情线——松鸣岩——大拱北——临夏博物馆——夏河拉卜楞寺——桑科草原
	兰州—玛曲	玛曲天下黄河第一弯——郎木寺——则岔石林——合作米拉日巴佛阁
	夏河—临夏	夏河桑科草原——拉卜楞寺——松鸣岩——临夏州博物馆——炳灵寺——太极岛
区域特色游	宗教朝圣游	西藏布达拉宫——甘南拉卜楞寺——青海塔尔寺
	高原生态游	则岔石林——桑科草原——拉卜楞寺——尕海湖——黄河首曲——四川九寨沟
区域合作游	西部藏区游	西藏布达拉宫——四川九寨沟——甘南拉卜楞寺、桑科草原——青海塔尔寺、青海湖
	红色文化游	四川大渡河、松潘草地——甘肃甘南腊子口——宁夏六盘山——陕北延安、西安

资料来源：根据九色甘南香巴拉旅游政务网整理而得。

3. 基础设施：趋于完善，项目增多

为促进旅游业发展，甘南州近年致力于旅游基础设施的完善，并且取得了很大突破。其中，从事旅游服务业的旅游企业数量从2005年的71家增加到目前的123家，旅游景区（点）基础设施开发项目总投资超过3亿元（3.426亿元），其中旅游道路建设项目有24个，总投资超过1亿元（1.287亿元），改造和新建公路202条，公路总里程达3500多公里；旅游定点接待宾馆53家，旅游星级宾馆14家，旅游从业人员3590人。

4. 旅游收入：逐步增长，间有波动

官方统计数据显示：2000年，甘南接待游客62.83万人次，同期增长率为35.61%；旅游收入为5195万元，同期增长率为124.26%；而2005年，甘南接待游客139.7万人次，同期增长率为41.71%；国内游客为133.16万人次，同期增长率为41.84%；入境游客为6.54万人次，同期增长率为39.15%；旅游总收入为2.51亿元，同期增长率为68.46%；国内旅游收入为2.09亿元，同期增长率为74.2%；入境旅游收入为0.42亿元，同期增长率为44.8%。2009年，经历了"3·14事件"后的旅游业逐步恢复活力，客流接待量恢复为165.57万人次，旅游收入大幅增加，为6.03亿元（见表2—4）。

表2—4　　　　　近五年（2005—2009年）甘南旅游统计数据

年份	旅游总人数（万人）	国内旅游人数（万人）	入境旅游人数（万人）	旅游总收入（亿元）	国内旅游收入（亿元）	旅游外汇收入（亿元）
2005年	139.70	133.16	6.54	2.51	2.09	0.42
2006年	165.90	157.59	8.34	2.94	2.40	0.54
2007年	188.80	172.55	16.27	3.70	2.60	0.13
2008年	88.00	79.49	0.15	1.40	1.35	0.05
2009年	165.57	161.20	4.37	6.03	5.56	0.47

数据来源：根据九色甘南香巴拉旅游政务网整理而得。

表2—5　　　　　近五年（2005—2009年）旅游业统计数据变化示意表

年份	总接待人次同期比（%）	入境游客同期比（%）	国内游客同期比（%）	总收入同期比（%）	入境收入同期比（%）	国内收入同期比（%）
2005年	41.71	39.15	41.84	68.46	44.80	74.20
2006年	19.00	28.13	16.81	17.13	28.66	14.29
2007年	13.80	95.00	9.50	25.85	94.57	10.00
2008年	−57.63	−53.93	−96.87	−62.16	−95.52	−49.20
2009年	107.00	757.00	90.00	331.00	315.00	8501.00

三　甘南旅游业发展条件

（一）旅游资源概述

1. 宗教文化：并行不悖，神秘神圣

宗教格局方面，甘南居民主要信仰藏传佛教、汉传佛教、道教、伊斯兰教和基督教等。这些宗教及其众多教派由于政府政策、利益互动、经济文化条件、地理位置、传播时间、信仰群众规模大小等因素作用，在长期历史发展中经过不断博弈而得以和谐共处，使甘南成为著名的多元宗教和谐共存地区，宗教格局十分独特而具有典型性，放眼全球也不多见。

宗教教规方面，各宗教互不相同，各有特色。其中，藏传佛教与汉传佛教不同，主张兼修显密，兼容并蓄，而又格外偏重于密宗，提倡"三密相应"（口密、身密、意密，口、身、意三者统一），主要制度是寺院组织管理制度（喇吉、札仓、康村三级）、学经学位晋升制度（先进入预备班后进入正式班，最高一级经过辩论考试后授予格西学位）、活佛转世制度（活佛为四大类：达赖班禅、次于达赖喇嘛的"甲波朱古"、大寺院活佛、札仓内的活佛；认为活佛灵魂不灭，可以转世，最高级转世活佛要经过严格程序认定）；教徒和群众要经常烧香、磕头、施舍等。① 伊斯兰教有六大信仰——信安拉、信经典、信天使、信使者、信末日和信前定，主要制度是"五功"——念（诵读经文）、礼（做礼拜）、斋（斋戒）、课（交纳天课）、朝（朝觐，一生至少去麦加朝觐一次）。道教信奉老子，理论基础是黄老无为思想、神仙观念和方术之说，以《道德经》、《正一经》等为经典，主要制度是道教教育、施诊慈善，主张内外修炼（吐纳、导引、行气）和炼丹。基督教信仰耶稣，以《圣经》为基本经典，认为上帝创世、人有灵魂、人有原罪、若信教可在完成救赎后进入天堂。

宗教禁忌方面，藏传佛教大的禁忌包括身业（禁杀生、禁偷盗、禁邪淫）、语业（禁谎语、禁两舌、禁恶语、禁绮语）和意业（禁贪婪、禁嗔恚、禁邪见），其他常见禁忌很多，如不可在"黑日"（每月初二、初四、初六等日）外出等。伊斯兰教禁忌也很多，如不许妇女参与社交，禁止妇女服饰过于暴露而不能遮住"羞体"等。

2. 自然景观：奇特秀丽，山原特征

甘南自然景观的特点有三：其一，风光优美，既有西北雄伟也有江南秀丽。这里，山高，水清，草绿，洞幽，河急，谷险。其二，自然景观资源总量丰富。资源普查数据显示，甘南目前具备一定级别的、开发价值高的自然景观类旅游景点已经超过 60 多处。其三，典型类别主要是草原（大面积草地连片分布，面积占甘南总面积比例达 70%）、河流（母亲河——黄河、白龙江、洮河、大夏河等河流流经甘南）、森林（森林覆盖率为 21%）、石林

---

① 杨建新：《中国少数民族通论》，民族出版社 2005 年版，第 338—340 页。

（如则岔石林）四大类别。

3. 历史文化：底蕴深厚，遗迹众多

甘南历史悠久，文化底蕴深厚。现留有众多历史文化遗迹、遗址（有111处，著名的有马家窑文化遗址、齐家文化遗址等）、古城址（22处，如夏河县甘加八角城址、夏河县桑科古城遗址、华年古城址、舟曲县牛头城址、迭部县古叠州城址等）、革命遗址（如腊子口战役遗址、俄界会议遗址、临潭苏维埃旧址、卓尼土司历史陈列馆）和古墓葬（16处，典型的有李家坟墓群、藏王坟、吐蕃青布墓葬遗址）等，可激发游客的历史幽思和遐想。

4. 艺术资源：级别较高，堪称瑰宝

各民族、各宗教派别的建筑风格、绘画艺术、歌曲乐舞异彩纷呈。其中，藏传佛教寺院壁画、佛像、"唐卡"、刺绣、堆绣、酥油花等工艺精湛、制造精良，艺术价值极高，属于人类艺术宝库中璀璨的明珠。伊斯兰教清真寺由礼拜堂、门楼和其他一些附属建筑组成，寺院内外的图案和花草砖雕的宗教艺术气息十分浓郁。

5. 民族风俗：绚丽多姿，特色鲜明

由于自然环境的封闭和差异，甘南各民族民俗习惯不但与周边地区其他民族大不相同，而且区域内部同一民族之间的风俗习惯也大相径庭，在起居、饮食、建筑、节日、庆典、丧葬、礼仪、嫁娶、服饰、歌舞等方面各具特色。以民族服饰为例，为适应高原严酷的自然环境，藏族传统服饰宽大厚重；迭部县、舟曲县部分藏族保留了古代羌族和氐族服饰文化特色。回族、保安族等由于信仰伊斯兰教的缘故，服饰宗教气息浓郁，男子多戴白色小帽，女子多戴盖头。而古洮州（今临潭县）汉族保留了明代江南服饰文化特色。

（二）旅游市场概述

为了解甘南旅游客源市场特点，作者在拉卜楞社区和冶力关社区进行了问卷调查。调查地点主要是拉卜楞寺附近、夏河县城、桑科草原、冶力关广场、赤壁幽谷景区、天池冶海景区、洮州文化博物馆。调查时间是2009年10月、2010年7月、2010年8月。共发放问卷200份，回收有效问卷187份，其中有效率达93.5%。根据此调查，甘南旅游客源市场的基本特点可归纳如下（见表2—6）：

表 2—6　　　　　　　　　　　　甘南客源市场基本特点

项目	因子	具体数值
人口学特征	性别	男（123 人，65.8%） 女（64 人，34.2%）
	年龄	<18 岁（12 人，6.4%） 18—30 岁（77 人，41.2%） 31—40 岁（51 人，27.3%） 41—50 岁（25 人，13.4%） 51—60 岁（14 人，7.4%） >61 岁（8 人，4.3%）
	职业	学生（44 人，23.6%） 企事业管理人员（33 人，17.6%） 专业技术人员（27 人，14.4%） 工人或职员（22 人，11.8%） 公务员（21 人，11.2%） 商业服务人员（17 人，9.1%） 农牧民（15 人，8.0%） 其他（8 人，4.3%）
	家庭结构	独身（78 人，41.7%） 夫妻二人（56 人，30.0%） 两代人（33 人，17.6%） 三代人（20 人，10.7%）
	来源地	国外（8 人，4.3%） 省内（142 人，75.9%） 　甘南（34 人，18.2%） 　临夏（16 人，8.6%） 　兰州（71 人，37.9%） 　甘肃其他地区（21 人，11.2%） 省外（37 人，19.8%） 　陕西（3 人，1.6%） 　四川（9 人，4.8%） 　宁夏（2 人，1.1%） 　青海（10 人，5.3%） 　其他省市（13 人，7.0%）
	个人收入	<1000 元（42 人，22.5%） 1001—2000 元（48 人，25.7%） 2001—3000 元（64 人，34.2%） >3001 元（33 人，17.6%）
	文化程度	小学及以下（22 人，11.8%） 初中（18 人，9.6%） 高中（9 人，4.8%） 大学（126 人，67.4%） 研究生（12 人，6.4%）

续表

项目	因子	具体数值
旅游行为	旅游动机	观光游览（74人，39.6%） 休闲度假（59人，31.6%） 旅游节庆（25人，13.4%） 宗教朝圣（17人，9.0%） 商务会议（9人，4.8%） 其他（3人，1.6%）
	偏好行为	宗教文化（56人，30.0%） 自然景观（43人，23.0%） 藏族风俗（42人，22.5%） 旅游节庆（37人，19.8%） 旅游购物（7人，3.7%） 其他（2人，1.0%）
	认知行为	熟人介绍（76人，40.6%） 广播电视（39人，20.9%） 网络宣传（24人，12.8%） 旅行社推介（18人，9.6%） 旅游书籍（19人，10.2%） 其他（11人，5.9%）
	评价行为	交通（4.0） 购物（3.9） 住宿（3.8） 游玩（3.7） 餐饮（3.5） 娱乐（3.3）

由此可见，甘南客源市场具有"十多"特征：兰州及周边地区游客多；男性多；中青年游客多；文化程度高者多；学术和企事业单位工作人员多；中等收入者多；观光游览和休闲度假者多；最受旅游市场青睐的资源是藏文化及其生境；旅游者认知方式中人际模式占据主要地位；旅游市场评价指数低。因此，旅游效应优化需要依据和结合市场特征科学展开。

（三）旅游效应优化条件概述

1. 优势

（1）资源优势：资源特色鲜明区，可观可赏兼体验，九色魅力闻天下

其一，资源的原生性特征突出。由于地处"三边地区"（边疆、边缘、边远），加之由于国家实施"非均衡发展战略模式"，甘南处于后发展地区，工业化程度低，因此自然景观和人文资源原始神秘，原生态强，未遭到人为破坏和过度开发，区域特色极其鲜明，在一些地方还保留了西藏也难以找到

的苯教文化遗存。

其二,甘南地区自然景观资源可以满足现代游客的多样需求。现代人不但需要游山玩水,更需要放松身心、休闲度假、寻求刺激,而甘南特色旅游资源众多,有学者形象地以颜色概括:红——高原丹霞地貌、红教(宁玛派);黄——散发芳香的正宗酥油、黄教(格鲁派);紫——高原厥麻、藏族贵族服饰;黑——高原牦牛、煤炭;蓝——一望无际、一尘不染的天空,数量众多的河流湖泊;白——敬献给客人的哈达、悠悠的云朵、耀眼的雪山、到处可见的羊群、回族的白色小帽等。因此,"九色甘南"对游客极具魅力和诱惑。

(2)区位优势:多元文化汇聚区,黄金线路必经处,周边都市临近地

其一,甘南是多样文化和谐共处之地。历史上,甘南地处黄土高原和青藏高原的过渡地带,是中原地区和西域、西藏等边疆地区进行经济文化联系的战略通道,是古代丝绸之路、唐蕃古道、茶马古道的黄金要道,被称为"汉藏走廊",是佛家文化、道家文化、儒家文化和伊斯兰文化的汇聚之地,是回、藏、汉等民族文化融合之地,是中华文明、阿拉伯文明和印度文明的交汇之地。其中,具有世界级影响力的有藏传佛教寺院拉卜楞寺、卓尼县和临潭县的"觉乃藏族民俗"、临潭县伊斯兰教西道堂及其回族社区文化。

其二,甘南属于西部黄金旅游线路的主要节点。甘南舟曲博裕乡毗连四川九寨沟等知名旅游景区和文化遗产地,与其仅一山之隔,可内连敦煌、兰州,外连四川、青海、西藏和陕西,便于构建区域合作旅游线路和联合开发藏文化旅游。

其三,甘南周边地区多大都市和城市群。从省域方面看,甘南距离省会兰州大约260公里,距离甘南州首府合作市大约70公里,距离临夏回族自治州首府临夏市大约90公里;从省外视阈看,甘南距离陕西省会西安大约800公里,距离青海省会西宁大约400公里,距离四川省会成都大约800公里,和周边经济发达和人口密集地区距离适中,加之交通相对便利,因此具有一定的区位优势,便于开发周边大都市客源市场。

(3)后发优势:旅游发展滞后区,可鉴他地之经验,后来居上避误区

后发优势理论由美国学者格申克龙于1962年率先提出,他在分析西方部分国家国民经济迅速赶超发达国家的现象时认为,一国一地区经济的落后有助于其取得爆发性增长,从而实现经济跨越式发展和赶超。此后,其他学者如Nelson(纳尔逊)、Levy(列维)、Krugman(克鲁格曼)等做了进一步

探讨，形成了"后发优势理论"。该理论认为落后国家的后发优势属于潜在优势，存在于各个方面，但是要成为现实优势却需要转化。此理论也适用于分析甘南旅游业发展。从理论上分析，甘南旅游业的"后发优势"主要有三：第一，先发展民族地区旅游业在发展中出现许多弊端，也积累了好的经验、技术和模式，因此甘南可以借鉴之，避免学习型失误而节约成本；第二，甘南各级政府、相关部门和民众对旅游业发展差距和战略意义已达成共识，决定大力培育旅游业为区域支柱产业，这使甘南旅游业实现跨越发展具有心理上的后发优势；第三，甘南和周边藏区知名旅游景区距离不远，可借助区域旅游合作出现的时代潮流，与旅游业先发展地区共享市场，实施捆绑宣传促销战略。

2. 劣势

（1）经济劣势：后发展地区，缺少旅游投资

旅游业要发展，需要大投资。而甘南由于工业基础薄弱、市场化和产业化建设缓慢、科技落后等因素，区域经济不发达，并且内部存在很大差距，因此缺少旅游投资，不少旅游资源因资金短缺而不得不闲置。

（2）市场劣势：多为临近区，远离发达地区

从国内看，甘南60%以上的旅游客源市场属于本省客源市场，局限在兰州、合作、临夏等周边城市和地区，而经济收入高、消费水平高、旅游支出大的沿海发达地区居民由于路途遥远，来甘南者少，客源所占比例低。因此，省外远程市场的开拓存在天然的难度。

（3）气候劣势：高原高寒区，旅游旺季短促

尽管甘南旅游资源品位高、规模大、特色浓，但是由于属于高寒地区，气候条件对旅游业发展存在一定障碍，除舟曲南部外，大部分地区冬季漫长，夏季短促，客流量在10月后由于舒适度降低而减少，旅游者游览的最佳时间被局限在5—10月，极大地增加了客源市场开发难度。

3. 机遇

（1）国家层面：制度受惠区，高层高度重视

其一，西藏会议召开。2010年1月18—20日，党中央召开第五次西藏工作座谈会议（简称"西藏会议"），就构建国家安全屏障和实现藏区可持续发展等迫切问题进行了研究，同时决定加快甘青川滇等藏区经济社会发展。此次会议的召开，可以使甘南在资金、项目、技术和人才等方面获得国家层面的大力支持，对旅游业发展来说是一次难得的机遇。

其二，关中—天水区划通过。2009年，国家发展改革委员会通过《关中—天水经济区发展规划》，新的区域经济格局开始出现。关中—天水经济区的开发和规划，对甘南旅游业具有一定积极影响，甘南虽然未被纳入其中，但是也可利用经济中心辐射和扩散功能联合推出精品旅游线路（如宗教朝圣游、山水生态游等），协作挖掘丝路文化、红色文化、宗教文化等文化遗产旅游价值，提升旅游发展水平和品质。

其三，假日制度改革。1999年，我国对假日制度做了改革，形成了"五一"、"十一"和春节三大"旅游黄金周"，刺激了假日旅游消费经济。2008年，增加了中秋、端午、清明三大节日，取消了"五一"黄金周，小长假模式取代了传统黄金周模式。这将有助于启动短途旅游市场和开发休闲度假游、自驾游。而甘南距离兰州等城市较近，无疑成为这些改革的受益者。

其四，国务院办公厅扶持甘肃。国务院办公厅29号文件《关于支持甘肃经济社会发展的实施意见》出台，甘肃发展战略定位是连接欧亚大陆桥的战略通道和沟通西南、西北的交通枢纽，西北乃至全国的重要生态安全屏障、全国重要的新能源基地和有色冶金新材料基地、特色农产品生产与加工基地，中华民族重要的文化资源宝库，促进各民族共同团结奋斗、共同繁荣发展的示范区，其战略目标是使甘肃成为工业强省、文化大省和生态文明省，目的是加速甘肃发展以构筑国家新安全战略空间，这标志着甘肃发展从区域战略上升为国家战略。随着国家47条支持措施的逐步落实，甘肃将出现新的投资热、建设热、项目热。而甘南作为典型民族地区、贫困地区和旅游业后发地区，将得到急需的政策支持、资金支持和项目支持，在其中具有重要地位。

其五，循环经济试点。以2009年国务院批准首个地方性循环经济发展规划——《甘肃省循环经济总体规划》为标志，甘肃被确定为国家级循环经济试点。发展循环经济有助于打造以林业、草业和中药材等生态经济为主的"甘临陇"循环经济基地，有助于甘南加快调整旅游经济增长结构，转变旅游发展模式。

（2）区域层面：抓文化旅游，甘南地位突出

为建设文化旅游大省，甘肃出台《关于加快发展旅游业的意见》。而甘南作为主要旅游目的地和知名旅游区，在打造丝绸之路旅游线、华夏文明黄河旅游线、大香格里拉旅游线等国家精品线路，积极培育红色旅游、休闲度

假旅游圈，新建机场（甘南规划修建夏河机场）、演艺活动（如冶力关万人拔河）、专业旅游村、"旅游创业援助计划"和"旅游扶贫行动"等项目中战略地位均十分突出。

4. 威胁

（1）旅游竞争劣势：旅游阴影区，替代效应明显，市场遭遇分割

游客对旅游目的地的认知具有一定规律，即高级别目的地替代低级别目的地，先发展目的地替代后发展目的地，熟知目的地替代陌生目的地。甘南作为青藏高原旅游目的地，强劲竞争对手众多，几乎被周边其他品牌目的地遮蔽，存在形象替代现象和效应，市场竞争力被大大弱化。从省域竞争看，宗教文化旅游方面，甘南拉卜楞寺、郎木寺等不及西藏布达拉宫和青海塔尔寺等；藏文化旅游方面，甘南不及云南香格里拉和四川九寨沟等地区；生态旅游方面，甘南不及青海鸟岛、新疆天池和喀纳斯、宁夏沙坡头等景区；红色文化旅游方面，甘南不及四川和陕西。从区域竞争看，甘肃临夏主打史前古生物遗存文化、回族民俗文化和伊斯兰宗教文化，同时推出休闲项目，对甘南客流堵截效应特别明显；陇南也挖掘山地和森林生态文化、三国文化，旅游业开始升温，对甘南形成一定压力。

（2）旅游安全威胁：边疆脆弱区，民族关系敏感，自然灾害频发

旅游业对外部环境特别敏感，社会不稳定、战争爆发、灾害突发、疾病流行、政局动荡等问题对旅游安全形成威胁。纵观近年世界旅游业发展，曾经先后遭遇不少安全危机，如泰国"五月事件"、亚洲金融危机、"9·11"事件、世界金融危机等；我国也是如此，先后出现1998年长江特大洪水、2003年"非典"疫情、2008年冰雪灾害等事件，使旅游业发展面临困境。可以说，旅游安全危机使旅游者出游时心怀忧虑，也对旅游目的地的形象产生阴影。而甘南旅游恰好存在旅游安全问题。生态方面看，多泥石流、冰雪、地震等灾害，如2008年的汶川地震和2010年的舟曲泥石流，都使甘南旅游受到打击。社会方面看，甘南社会稳定欠佳，仅"3·14事件"就需甘南花费很长时间才能恢复元气。

第三章

甘南旅游开发的民生效应

　　作为一种经济、社会和文化现象，或作为一种旅行方式、休闲观光方式、生活方式，旅游在各个方面都对旅游目的地具有深远影响。作为典型后发型旅游目的地和文化生态边缘区，民族地区旅游业发展的民生效应如何？作者选取处于不同旅游生命周期的甘南拉卜楞和冶力关旅游区为研究区域，应用旅游人类学田野调查等方法，分析旅游开发造成的民生效应，为实现旅游可持续发展与构建旅游业和民生效应互动机制提供案例和思考。

第一节　经济效应

一　区域经济效应

（一）旅游发展对区域民族经济具有强劲拉动效应

　　国内外旅游实践早已证明，旅游业发展对区域经济发展具有极大的乘数效应，能在短期内带动区域经济实现跨越式发展。国内外学者对此已经有很多实证分析。下面是近年来通过发展旅游业使区域经济和民族经济崛起的几个典型案例：

　　案例一：旅游发展和广西漓江流域农民脱贫致富。

　　广西是西部典型民族地区，也是欠发达地区，贫困率高，其中漓江流域共有3个国家级贫困县（龙胜县、恭城县和资源县）、211个贫困村，农民人均纯收入比较低。近年来，广西利用该地区山水和民族文化旅游资源优势以及国家发展旅游的机遇发展旅游业，经济效益十分明显：区域GDP上升，地方财政收入大幅增加，统计数据显示：2004年不变区域地税总额为43亿元，而旅游对地方税收的贡献率则达8.8%，旅游专项税收数额将近4亿元。这是以前从来未有的数据；就业人数也同时增多，仅全国旅游名城——桂林一市，在旅游业直接就业者就有24536人，占广西壮族自治区就业总人数比例高达34%。① 农民收入增加，如恭城县和资源县红岩村居民在旅游开发前人均年收入仅300—800元，2003年以后参与旅游者人均年收入大增，达到了8500元。②

案例二：旅游发展与宁夏六盘山区农民脱贫致富。

六盘山区位于西部宁夏南部，包括固原、径源等地区。由于生态恶劣、区位偏远、文化教育落后、科技信息不发达等因素制约，该地区也属于典型落后民族地区。但是，该地区却属于旅游资源密集区，有高级别红色文化、伊斯兰宗教文化、回族民族文化、历史文化资源，因此国家于2000年把六盘山区确定为国家级旅游扶贫试验区，极大地解决了居民就业难和致富难的大问题。统计数据显示，仅径源县旅游就业人员人数就超过了3000人，其中的羊槽村居民早已摆脱贫困，靠救济和借债生活的时代自2001年胭脂峡景区的开发开放一去不复返。开发式扶贫模式取得了巨大成功。③

案例三：旅游开发与内蒙古呼伦贝尔民族经济发展。

呼伦贝尔地处内蒙古高原，是一个包括39个民族的多民族聚居区，被乌兰夫称为"民族展览馆"。2001年该地区开始发展旅游业，开发历史文化、草原文化和民俗文化，旅游收入持续增长，2006年旅游综合收入达到了53亿元，2000—2006年旅游业累计收入达188.18亿元，直接在旅游行业从业者数量超过8000人，间接就业者超过3万人，促进了民族经济的飞速发展，实现了以旅游业富民、兴边、安疆、睦民的战略目标。④

（二）甘南旅游发展的经济效应

一般认为，旅游业发展对国民经济的效应或贡献主要表现在两个方面，一是旅游业对GDP的直接效应，即旅游业对区域经济和产业收入的贡献；二是旅游业对GDP的间接效应，即每增加1元的旅游业经济收入将导致区域经济的增长数。前者属于显性贡献率，后者属于隐性贡献率。本书试对两者

---

① 王军军：《漓江流域生态旅游扶贫开发研究》，广西师范大学硕士学位论文，2008年，第25—32页。

② 胡钧清：《广西旅游扶贫开发及效应分析——以恭城县红岩村为例》，广西大学硕士学位论文，2008年，第20—22页。

③ 马冬梅：《宁夏六盘山区旅游扶贫开发思路及对策研究》，西安建筑科技大学硕士学位论文，2006年，第32—55页。

④ 苏雅拉图：《呼伦贝尔市旅游业发展研究》，内蒙古师范大学硕士学位论文，2008年，第8—10页。

做分析。

1. 直接效应

按照目前学术界流行的"旅游业综合收入占 GDP 比例"就旅游业对 GDP 和第三产业的贡献率做分析。计算结果显示:第一,旅游业对甘南 GDP 的贡献率很大,2000—2009 年的均值为 7.24%,远高于甘肃其他地区。第二,旅游业对甘南 GDP 的贡献率总体在不断增大。2000 年,甘南旅游总收入为 0.5159 亿元,其 GDP 总量为 13.8484 亿元,旅游业对 GDP 的贡献率为 3.73%;而到了 2009 年,甘南旅游综合收入为 6.03 亿元,GDP 为 57.6457 亿元,贡献率为 10.46%。这说明旅游业地位在不断提升,对甘南的影响力在逐渐增大,正在成为甘肃乃至西部民族地区重要支柱产业和战略产业。第三,其间也出现了一定的波动,如 2002 年 GDP 贡献率下降为 3.14%,2008 年下降为 2.83%。其原因和外部稳定性等因素有关(见表 3—1)。

表 3—1   2000 —2009 年甘南旅游综合收入对 GDP 贡献率

年份	甘南旅游总收入(亿元)	甘南 GDP(亿元)	旅游对 GDP 贡献率(%)
2000 年	0.5159	13.8484	3.73
2001 年	0.8300	15.4954	5.36
2002 年	0.5464	17.2452	3.14
2003 年	0.8793	19.3615	4.54
2004 年	1.49	22.5847	6.58
2005 年	2.51	26.0993	9.62
2006 年	2.94	29.9537	9.82
2007 年	3.70	35.3661	10.46
2008 年	1.40	49.4407	2.83
2009 年	6.03	57.6457	10.46
均值	2.08	28.71	7.24

数据来源:根据九色甘南香巴拉旅游政务网统计数据整理而得。

再从旅游业对第三产业的贡献率角度进行分析。统计数据显示:2000—2009 年,甘南第三产业总值依次为 5.3910 亿元、6.6060 亿元、7.7873 亿元、8.8119 亿元、10.7600 亿元、12.4301 亿元、14.2701 亿元、16.6747 亿元、25.5500 亿元和 29.8506 亿元,均值为 13.81 亿元,10 年来增长了约 5.54 倍(见表 3—2)。从以上数据可知，甘南旅游业对第三产业贡献率基本呈现增大趋势（2008年等特殊年份除外），从2000年的9.57%增大到2009年的20.20%，均值为15.06%，旅游业在甘南第三产业中占据突出地位（见图3—1）。

表3—2　　　　　　　　　2000—2009年甘南旅游对第三产业贡献率

年份	旅游总收入（亿元）	第三产业总值（亿元）	旅游对第三产业贡献率（%）
2000年	0.5195	5.3910	9.57
2001年	0.8300	6.6060	12.56
2002年	0.5464	7.7873	7.02
2003年	0.8793	8.8119	9.98
2004年	1.49	10.7600	13.85
2005年	2.51	12.4301	20.19
2006年	2.94	14.2701	20.60
2007年	3.70	16.6747	22.19
2008年	1.40	25.5500	5.48
2009年	6.03	29.8506	20.20
均值	2.08	13.81	15.06

数据来源：根据九色甘南香巴拉旅游政务网统计数据整理而得。

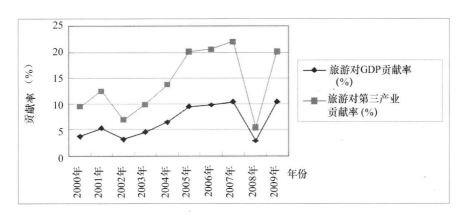

图3—1　旅游业对甘南GDP和第三产业贡献率变化示意图

2. 间接效应

旅游业发展对区域经济的效应，除直接增加GDP和第三产业收入外，还存在间接的"诱致效应"。对此，学术界多使用回归分析做测算。

　　本书亦采纳此方法分析旅游业间接的经济效应。首先，在 SPSS 软件中输入甘南 2000—2009 年历年旅游业综合收入和 GDP 总值（特殊年份数值除外），然后依照回归方程 Y = A + BX（Y = 历年 GDP 总值，X = 历年旅游业的综合收入），进行相关计算，绘制出散点图（X 轴表示历年旅游业的总收入，Y 轴表示历年区域第三产业总值）。

表 3—3　　　　　　　　　　模型检测统计量汇总（一）

Model	R	R Square	Adjusted R Square	Std. Error of the Estimate	Durbin – Watson
1	.983（a）	.966	.960	1.55194	1.688

　　a Predictors：（Constant）旅游业总收入。

　　b Dependent Variable 第三产业总值。

　　从表 3—3 可知，R，R^2 与得到调整之后 R^2 的数值分别为 0.983，0.966 和 0.960，说明模型的拟合度非常高；Durbin—Watson 数值接近于 2，可以用回归分析。

　　从表 3—4 可知，回归分析部分的 F 值为 168.649，P 值为 0.000，小于显著性水平 0.05，由此可以认为旅游业总收入对第三产业总值解释的部分很显著。

表 3—4　　　　　　　　　　模型检测统计量汇总（二）

Model		Sum of Squares	df	Mean Square	F	Sig.
1	Regression	406.192	1	406.192	168.649	.000（a）
	Residual	14.451	6	2.409		
	Total	420.643	7			

　　a Predictors：（Constant）旅游业总收入。

　　b Dependent Variable 第三产业总值。

　　表 3—5 是关于回归方程的一些具体数据。其中，常数为 3.441，第三产业的系数为 4.088，回归方程为 Y = 3.441 + 4.088X，该方程的含义是：每增加 1 元的旅游业收入，第三产业总值可以增加 4 元多。另外，T 值分别为 3.723 和 12.986，通过了检验；P 值为 0.010 和 0.000，小于显著性水平 0.05，说明系数显著性很强。

表 3—5　　　　　　　　　　模型检测统计量汇总（三）

Model		Unstandardized Coefficients		StandardizedCoefficients	T	Sig.
		B	Std. Error	Beta		
1	常数	3.441	.924		3.723	.010
	第三产业总值	4.088	.315	.983	12.986	.000

a Dependent Variable 第三产业总值。

表 3—6　　　　　　　　　　模型检测统计量汇总（四）

	Minimum	Maximum	Mean	Std. Deviation	N
Predicted Value	5.5650	28.0941	13.0993	7.61757	8
Residual	-1.8934	1.7759	.0000	1.43681	8
Std. Predicted Value	-.989	1.968	.000	1.000	8
Std. Residual	-1.220	1.144	.000	.926	8

a Dependent Variable 第三产业总值。

由表 3—6 中数据可知，残差的最大值为 28.0941，最小值为 -1.8934，但是平均值为 0.000，基本满足正态分布。另外，散点图的观测结果也是如此。由此可以判定：旅游业的经济效应非常明显。

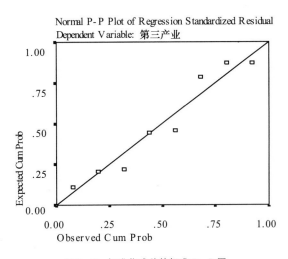

Normal P-P Plot of Regression Standardized Residual
Dependent Variable: 第三产业

图 3—2　标准化残差的标准 P—P 图

最后，分析旅游业收入和区域国内生产总值的关系。同理，在 SPSS 软件中输入相关数值总值（特殊年份数值除外），也依照回归方程做相关计算，得出以下具体数据（见表 3—7），回归方程为 $Y = 9.830 + 7.499X$，该方程的含义是：每增加 1 元的旅游业收入，第三产业总值可以增加 7.499 元。

表 3—7　　　　　　　　　　　回归模型检测统计相关数据

Model		Unstandardized Coefficients		Standardized Coefficients	T	Sig.
		B	Std. Error	Beta		
1	（Constant）	9.830	1.404		7.001	.000
	旅游业收入	7.499	.478	.988	15.680	.000

a Dependent Variable 国内生产总值。

二　社区经济效应

（一）旅游发展与生计方式

人类的一切生产生活行为都和生存环境息息相关，因此有人提出"环境决定论"，认为环境决定经济方式。此论断固然存在值得商榷之处，但是经济活动与生计方式和环境、生态关系密切却是不争的事实。在传统社会，在被调查社区——拉卜楞和冶力关，青藏高原特殊的地理环境决定了其必然出现三大类经济活动。

1. "三元一体"：传统生计方式

（1）游牧——和青藏高原牧区相适应的经济活动

青藏高原东部边缘地区，草原面积广大，牧场草质优良，非常适合游牧经济发展。因此，世世代代的居民尤其是氐、羌、吐谷浑、吐蕃等民族都以畜群为最大、最珍贵的财富，规定凡是盗窃马匹者必须处死，依靠放牧为生，主要产品是马、牛、羊、酥油、奶茶、牲畜皮毛等，通过"马绢交易"、"茶马互市"等形式获得其他生活用品，催生了制作毯、牛筋、皮制衣服等产品的次生产业。[①] 另外，由于草原的季节变化而四处迁徙，分散居住，"逐水草而食"，游牧业自然成为藏区草原少数民族的主要经营产业，并且顺应自然规律逐渐在历史发展中形成一种典型经济文化类型。近年来，拉卜楞地区在发展牧业经济中做到了"三注意"：注意改良畜种，从外地引进特色品

---

① 尹伟先：《隋唐时期西北地区畜牧业研究》，《西北民族大学学报（哲学社会科学版）》2009 年第 3 期，第 47 页。

种，使牧群劣质品种率减小；注意转化放养方式，从天然牧养转化为放圈结合；注意生产市场需求产品，积极牧养优质奶牛、肉牛等。不过，拉卜楞牧业经济有两大局限性：第一，草原天气无常，高原气候严寒，游牧经济形态具有很大的脆弱性，若遇到自然灾害难免损失惨重。第二，甘南草场质量日趋恶化。为了经济利益，牧民放养牲畜大幅增多，草原超载。

（2）商业——久远的经济传统

谈到边疆商业和贸易，不能不首先言及"茶马互市"。由于边疆民族地区缺少茶叶等生活用品，而内地和中原王朝缺少马匹，茶马等产品存在市场需求，加之政治形势需要，自唐以降，中原王朝就特别重视内地汉族和边疆少数民族之间进行的"茶马互市"，成立专门机构，制定系列政策，对茶马贸易进行严格的规范管理。明朝政府在边疆治理模式中突出了"茶马互市"的政治意义，在今临潭（洮州）和临夏（河州）等地设茶马司，修建治所，专事茶马贸易管理。"茶马互市"在维护西北边疆政局稳定、促进民族文化交流方面意义极其重大而深远。但是，明后期由于制度安排缺陷（如价格不合理）、农民起义不断、边患出现、资本主义萌芽等原因，茶马交换盛况大不如前，官营"茶马互市"逐渐趋于消亡。[1]

另外，在拉卜楞地区善于经商者除汉族和藏族商人外，不可不言及回族商人。自民族形成之日起，回族就具有经商传统，多亦农亦商，"回回善盈利"、"天下回回乐经商"之说由来已久。其形成机制在于崇尚商业的伊斯兰教教义和价值观念、历史时期经营农业的极大风险、讲究诚信和公平的商业伦理等。回商群体在拉卜楞地区更是如此，活动具有鲜明的民族特点：涉足产业主要是清真文化产业，包括餐馆业、牛羊肉加工业、药材（藏红花、虫草、麝香）和生活用品（布匹、粮食、酥油、蕨麻、器具等）贩卖业等；善于处理社会关系，和宗教界人士、普通藏族群众关系融洽，友好相处；以拉卜楞、洮州和临夏为中转站、据点，收购和销售各类物资；积极对外发展，生意远达西安、包头、天津、北京等大城市；经济实力很强大，在藏区具有重要影响。史料记载：拉卜楞地区13%的屠宰生意由回族垄断，[2] 资产总额小于10万元的商号达130多家，且经营者多为回商，[3] 而民国时期当地

①　况腊生：《古代茶马贸易制度》，《理论界》2008年第4期，第128—129页。

②　刘斌、胡铁球：《失之东隅收之桑榆——近代以来中国西北地区回族商业发展述略》，《青海民族研究》2008年第1期，第122页。

③　马鹤天：《甘青藏边区考察记》，甘肃人民出版社2003年版，第278页。

80％的羊毛贸易被回商垄断；① 出现了商人集团或商帮，可和历史时期省外其他商业集团（如徽商等）相提并论，其中临潭回商最为著名，或以西道堂②为组织，成立商队，经营商号，或私人搭帮，活跃在藏区，至今仍然具有一定的影响力。

（3）农业——高原的特色产业

甘南藏族主要从事牧业，回族主要从事商业，汉族主要以特色农业为生计。由于海拔高，高原气候寒冷、气温低、热量不足，特别适宜耐寒耐旱的优势农作物生长，加之毗邻中原地区，农业文明对安多藏区影响很大，因此，居民多在河谷等地种植青稞、油菜、大麦、小麦、豌豆等农作物，农业生产景况"宛如荆楚"。③但是，新中国成立后一段时期内，由于人口压力增大，大规模开垦草原，结果违背自然规律，导致生态恶化。

2. 社区参与旅游：新的生计方式

模式之一：从事住宿业。两社区各有特色。在夏河拉卜楞主要是开办宾馆（主要有白海螺宾馆、宝马宾馆、地税宾馆、金轮宾馆、华侨饭店、鸿雁宾馆、长城宾馆、水晶宾馆、华夏宾馆、夏兴宾馆、龙盛宾馆等）、旅社（拉卜楞国际青年旅社、卓玛旅社）、招待所（兴隆招待所、木器招待所、彦沛招待所、颐青阁招待所、县党校招待所、信用招待所）、酒店（岗坚龙珠酒店、西羚大酒店）、私人小宾馆、"藏家乐"（如格桑花旅游点、更藏度假村、尼玛度假村等）、"帐篷旅馆"，目前个体小宾馆已经有20多家，"藏家乐"则更多，在桑科草原上到处都是，向游客提供骑马、餐饮（酸奶、奶茶、牛羊肉、青稞酒、藏包、厥麻米饭）、歌舞和篝火晚会等项目。由于客流较多，在旅游旺季时房间爆满，生意兴隆。在冶力关，居民参与旅游的模式则主要是开办"农家乐"。2003年，临潭县出台《"农家乐"发展的意见》，组织冶力关部分人员外出九寨沟、兰州、西安等地考察学习，并给予资金和政策扶持，如：2004年给每户补助4000元；2005年风景管理局帮扶农家乐42户，每户发放3000元补助金；2006年为300户提供专项贷款，每

　　①　马学贤：《青海传统民族贸易中回族商贸经济的形成与发展》，《青海社会科学》2004年第6期，第140页。

　　②　西道堂诞生于1901年，由马启西所创建，为中国著名伊斯兰教教派，也是以集体经济模式参与市场活动的经济组织，其中的"天兴隆"商号最为著名。

　　③　杨惠玲：《论宋元时期藏区经济发展的特点》，《西北师大学报（社会科学版）》2009年第4期，第75页。

户1—3万元。政府的扶持使居民参与旅游的积极性提高，农家乐参与者人数和收入都增多，2004年有"农家乐"经营户68户，户均收入不超过万元；2005年发展为150户，总收入120万元，户均收入约1万元；2006年，经营户达到300户，总收入680万元，户均收入超过2万元；2007年有360户，截至9月份时农家乐总收入625万元，户均收入将近2万元，景区部分条件较好的农家乐年收入达7万元左右，有几家还超过20万元。目前，冶力关镇庙沟、池沟、堡子、草滩新村等都有农家乐接待点，是名副其实的农家乐专业村，旅游业带动农民脱贫致富的效益十分明显（见图3—3）。

图3—3　冶力关农家乐一瞥

个案一：李进，冶力关镇居民。为从事农家乐修建了新的住房，盖了二层小楼，同时提供餐饮服务。一年下来收入可达4—5万元，感觉比原来种地的时候好得多。

个案二：桑白，藏族，在桑科草原开设"格桑花"旅游接待点，以藏式帐篷和新式玻璃房接待游客。除提供住宿（内部有各类床位300多张）、餐饮（供应藏餐、汉餐、风味小吃），还设有卡拉OK歌舞厅、赛马场、牦牛场、会议厅，提供民族歌舞、藏服出租、骑马比赛、射击、民族工艺品等服务。由于和县城距离较近，设施先进，环境幽雅、服务周到，价格合理，加之已经小有名气，很多游客慕名前来，收入不菲。夏河县文体局局长贡保南杰就在此处和作者见面后做了交流，同时和兰州交通大学的几位老师就文体局体育项目进行洽谈。

个案三：邓云山，投资 230 多万元在桑科草原新建旅游接待点——"拉卜楞云汇避暑山庄"旅游度假村，建设了演艺厅、帐篷旅社、藏式凉棚，提供民族特色旅游项目，其中的篝火晚会加烤全羊收费约 800 元。接待点还吸纳了部分藏族群众就业。

个案四：李唤女，女，汉族。原来是地地道道的农家妇女，冶力关开发以后于 2007 年上半年盖了二层小楼，开办了农家乐，有 7 间房共 19 张床。2008 年被评为二星级农家乐。2009 年，又盖了 3 间房屋，有 6 张床。作者进入她家进行了解时，她正在和游客商量住宿价格。问到一年收入时，旁边的儿媳妇小声说："说少点，说少点"，于是她保守地回答："一年纯收入也就 6000 多元。"

个案五：杨建国，50 多岁。在甘肃武威黄羊镇做过工人，在藏区做过生意，现为农民。现在开办了"风水情"农家乐和商店，收入很好。为了发展农家乐，新修了二层小楼，有 10 多间房屋。作者前来住宿时，部分房间还在装修之中。主人告诉作者："拔河赛期间来的人多，我们的价钱也就相对高点。一间房子一晚上 30 元，比较便宜，其他地方都涨到 50 元了。还不一定住得下，都提前预订了。"作者问道："平时也是这样吗？"他的回答是："实际上赚钱的时间主要是夏季，五一节到十月期间人多，尤其是周末和假期来的客人更多。一车一车的人往这边拉，我们的房间都住得满满的。"

个案六：王老板，藏族，50 岁。作者在夏河第二次调查时就住在他的私人宾馆内。王老板原来就是商人，走南闯北，积累了不少经验。后来感觉住宿业利润不错，就买了邻居的住房开了宾馆（邻居搬迁去了大城市）。一共有房屋 13 间，普通房间摆放 2—3 张床，每晚 20 元/人，包月 200 元；标准间每室摆放 1—2 张床，每晚 30 元/人，提供热水，包月 300 元。顾客主要是学生、外地前来学习的喇嘛、商人，有的长期租住。作者调查期间，就遇到了中山大学人类学一位博士研究生（她是我师妹，也毕业于兰州大学西北少数民族研究中心），她已经在此居住 1 年，就拉卜楞寺院教育变迁做调查。她告诉作者，王老板这里生意很好，因为安全措施到位，在顾客中评价很好，许多人在旺季时被介绍到这里（作者就是通过师妹介绍来此），老板每月收入在 3000 元以上。

资料来源：作者田野调查记录和每日甘肃网、新华网、甘南旅游网新闻报道。

模式之二：提供骑乘服务。此项服务在桑科草原和天池冶海景区都有，使居民增收不少。以冶力关为例，官方统计数据显示，目前该景区有冶海和庙花山两大马队，共有马匹 100 多只，马匹年均收入约 1.2 万元。作者在冶海游览上山时，遇到了池沟村居民组建的马队，牵马者除老人外还有孩子，有些是学生，利用假期过来帮忙。作者对一位牵马者做了深度访谈：

> 问：你们是哪个村庄的？
> 答：池沟的。
> 问：这里一共有多少匹马？
> 答：大约 60 多匹吧。
> 问：刚开始这里有多少匹马？
> 答：不是特别清楚。好像也就几匹，大家见客人多，有钱赚，便都把马牵过来。
> 问：骑马上山需要多少钱？
> 答：一匹马 35 块钱。比较便宜。
> 问：一天收入大概有多少？
> 答：现在人多，骑马的也很多，一天下来能赚 100 多块，有时候多些。
> 问：需要给管理部门交钱吗？
> 答：要交的。每匹马 5 块钱。
> 问：这些马受过专门训练吗？
> 答：没有。就是自家的马。闲的时候拉到这里赚点钱，忙的时候还得干活。

在天池附近，也有许多马匹和驴。马队由八角乡藏民组建，主要是驮游客过河去观看瀑布和草原。外地没有骑马经历的游客普遍反映具有刺激感，满意度很高。

模式之三：出售旅游商品。拉卜楞人民东街为商业街，本地居民和外来商人开办了很多旅游商品店和专卖店，主要出售法器、藏饰（首饰、项链等）、藏戏面具、藏药、藏刀（鸳鸯刀、子母刀等）、刺绣、"唐卡"、角雕、佛珠、古玩、酥油灯、马具、服饰等藏文化特色名优旅游纪念品和外地纪念品如油画等。兰州大学研究生孙丽在 2006 年的统计数据是：纪念品店铺数量为 49 家，4 家为定点专卖店。[①] 作者于 2008 年在田野调查时做了更详细的统计，对其名称作了记录，主要有天黎皮具专卖店、拉卜楞藏民族用品商店增禄如意殿、扎西夹吉商店、拉萨琶琶经销部、古玩银器艺术店、拉卜楞经幡经销店、民族纪念品唐卡专卖店、护身轮专卖店、拉卜楞佛教工艺艺术品专卖店、源洋民族艺术品批发、极地圣音拉卜楞僧侣绸缎藏衣批发店、宝瓶纪念品护身轮专卖等。而在冶力关，旅游纪念品店相对较少，规模较大的有 3 家，大多数居民在景区附近出售民族服饰、洮绣（民间手工刺绣）、洮砚、城关铜器铸造工艺品、木耳、狼肚菌、蘑菇、燕麦等商品。

个案一：杨老板，50 多岁。拉卜楞社区居民。汉族。2003 年开办商品店。2008 年作者在调查时与其认识，从他那里购买了唐卡、梳子等，花费大约 70 元。2010 年再次做调查时又去交谈，顺便给爱人买了饰品，花费大约 100 元左右。他告诉作者："2008、2009 两年生意不是很好，因为来的人比较少。以前，我的东西卖得特别好，其他人的也一样。外地人不了解行情，也有钱，于是一些人就胡乱要价，不识货的就高价购买了。钱好挣。今年情况好点，来的人逐渐多了，到我这里买东西，生意又可以了。好的一天吧，可以卖 300 多元。不过，我的位置不好，在商场门口，客人的心理是要到里面去看看，看有没有更好的、更便宜的，结果转到里面就买到东西了。回到我这里时即使价格合适，也已经买上了。"

个案二：王老板，女，50 多岁。藏族。拉卜楞社区居民。开办旅游商品店。主要销售各类披肩、皮包、首饰、唐卡等。作者于 2008 年调查时曾到其商品店调查。由于善于交流，店内顾客较多。据作者估算，仅当日下午作者在场的很短时间，就卖了披肩 3 条、首饰 3 件、唐卡 1 幅，毛收入约 200 多元。

---

① 孙丽：《旅游开发背景下夏河藏族的社会文化变迁》，兰州大学硕士学位论文，2007 年，第 35 页。

个案三：某男，40 多岁（不愿意透露姓名）。原是冶力关农民，以种庄稼为生。旅游开发后出售本地特产，如豆子、厥麻等。另外，还租用政府修建的木房子加工出售石头。每月也可以赚到 700 多元。作者采访摄像时，他很紧张，后逐渐放松，侃侃而谈，他的感受是："比种地的好，打工的话即使你出了力赚了钱，也不一定能及时从老板手中使上（即'拿到工资'的意思），并且要看别人脸色，很累。现在的活就轻松很多。"

个案四：王吉魁，30 多岁，藏族。在拉卜楞开办了一家商品店——"拉卜楞民族刀店"（见图 3—4）。作者进入刀店后，他就马上迎了上来，热情地介绍货物类别和价格，说"价格上绝对合理，不会欺骗顾客，欺骗了你的话，你会回来找我麻烦，耽误我的时间，划不来"，聊了一会儿，他告诉作者："店是我爷爷手里开的，后来爹爹经营。现在我是掌柜的。都三代人了，属于老字号。"谈到生意如何，他说不错，"我自己还在网上开店呢，不信去问问别人，都知道的"。作者看到，商店门口墙壁上贴有奖状，上写"优秀个体户"。

图 3—4 王吉魁经营的民族刀店

模式之四：从事旅游餐饮服务。部分人开办餐馆、酒家，在街道和景区摆摊设点，销售特色食品；部分人为餐饮业提供原料。在拉卜楞社区，在各类餐饮场所中从业者人数较多，主要餐馆有拉卜楞旅游餐厅、曲登餐厅、陇上渔家、清真小肥羊，主要饭店有王府饭店、扎考饭店、新华饭店、华侨饭店、牧民齐全饭店等，主要面馆有兰州大碗王牛肉面、海香牛肉面馆、岷县面片，其他有杭州小笼包、明月小笼包、星月香小吃、婷婷烧烤麻辣烫、天天见大众小吃、天府大排档、建国小排档、红灯笼麻辣烫，排档店有雅聚排档、阿祥哥大排档、大众排档、欣欣家常排档等。统计资料显示，由于客流增多，临潭县冶力关大力发展养鸡产业，近年投放珍珠鸡50000只，绵羊、牦牛等600多头（只），增加了社区居民收入。夏河县县城周边牧区也是如此，由于外地旅游者的大量到来，牛奶、酸奶、酥油的需求量相应增加，对牛羊的需求量也增加，部分商家不但要提高价钱才能买到牛羊，还需要主动上门收购，阿木去乎等镇的牧民再也不用自己赶牛羊去县城销售的。

模式之五：从事车辆服务。拉卜楞和冶力关都有汽车公司。拉卜楞成立了雪羚集团拉卜楞运输公司，目前约有70辆出租车，车费1元，如遇到拐弯收费则为2元，前往桑科草原需要20多元。作者调研期间天天打的，又方便又实惠。冶力关车辆数量较少，但是类型多，且比较灵活，可以去各个景点。

模式之六：从事演艺服务。冶力关现在有3个演艺团体：唐古拉演艺中心、临潭县冶力关艺术团和森林公园艺术团，招聘部分青年从事表演活动；演员有的是专科毕业，有的则是农牧民。为了提高积极性，政府构建了激励机制，规定凡从业4年以上并业绩突出者，可直接转正享受财政工资，每年有2—3个名额。

（二）负效应

1. 旅游发展与社区物价

旅游业发展使大量外来人口在旅游社区流动或居住，导致社区物价和消费水平趋于上涨。

物价方面：物价的上涨在拉卜楞比较明显。如普通1碗牛杂碎，在兰州为5元，而在这里是10元，并且味道未必好吃；普通的洋芋丝，在兰州也就是3—6元左右，而这里却在15元左右。

为了进一步印证作者的调查，作者在网络上就物价评价进行了搜索，结论基本一致。其中《塞上风论坛》（http：//bbs. Ssfeng. com/bbs）中就有这样的游记，标题为《且行且忆 2010 年 6 月，拉卜楞寺、朗木寺、九寨沟游记》，关于拉卜楞物价的片段如下：

> ……直接找了一家吃饭。一看菜单，一群人着实吓了一跳，菜价至少 30 块起，一般都是五六十，比上西安五星级酒店了……

房价方面：旅游使拉卜楞城市化进程加快，房地产业迅速发展。作者看到，大街上有许多房屋信息（见图 3—5），社区居民都反映旅游使本地房价和房租大幅上涨。

图 3—5 拉卜楞街区的房屋广告

下面是对几位社区居民的访谈记录：
[民族志记录]

> 房价就涨得厉害。我记得 1998 年的时候，好像也就 400 元/平方米，五年后的 2003 年就涨到 900 多元了。最近几年涨得更快，2008 年的时候是 2300 元。我估计，随着夏河机场的修建和旅游的再度升温，来的人会更多，那么房价肯定还要上涨。这是我的感觉，现在全国房价

都在上涨，你们兰州的就更高了，都一样的。尽管政府在控制，但是就是不再涨也已经很高了。

——资料来源：作者和统计局高副局长谈话记录

［民族志记录］

旅游开发前后房价变化明显。开发前，人少，房价不高；现在人来的多了，房价就涨了，房租也在不断涨。几年前 100 平方米的平房，房租也就是 100 元，现在没有三五百别想。原来的商铺，好的也就是 300 多元，现在涨到 1500 元了。

——资料来源：作者和新华书店工作人员（女）谈话记录

地价方面：旅游使冶力关土地价格上涨很快。本地居民刘某告诉作者："以前一亩地也就几千块钱，现在都七八万了。主要原因是发展农家乐收益很大和政府政策调整后土地买卖审批难，地价开始涨。"农家乐协会负责人王晔告诉作者："为了建设广场，政府把居住在那里的居民做了整体搬迁，导致地价上涨。2004 年上半年的时候 4 分地卖 3000 多元，到了下半年就涨到了 5000—6000 元，现在呢，涨到 6—7 万了。"

2. 旅游发展与收入差距

Kuznets（库兹尼茨）在 1955 年对市场经济体制背景下的两极分化现象做了数理分析模型，提出了著名的倒 U 型模型，认为贫富差距和经济发展阶段有关，初期上升，此后差距拉大，达到"节点"、"拐点"后差距逐步缩小。我国目前处于转型时期，区域之间、城乡之间、行业之间、性别之间、阶层之间收入差距不断拉大，基尼系数不断增大，早已超过"警戒线"（0.40）。有课题组数据表明：2002 年，我国基尼系数为 0.45，2009 年为 0.49，今后将仍呈现上升趋势。[1] 旅游发展也使调查社区出现收入差距。

一是出现了区域经济差距。离旅游区近、经济意识强烈的居民，收入相对较多，而远离景点和市场意识欠佳的居民，收入相对较少。在拉卜楞社区，能参与旅游者局限在景区附近（包括桑科草原、甘加草原等地区），即使草原

---

[1]　许启发等：《基于半参数模型的 Kuznets "倒 U 假说" 再检验》，《统计与信息论坛》2010 年第 8 期，第 3 页。

牧民也不可能都受益于旅游，因为草原辽阔，方圆可达十几公里，可参与者局限在面积很小的区域，人数毕竟有限；冶力关农家乐发展也极不平衡，池沟、草滩、关街和镇政府家属院参与者人数多，分别为85户、42户、59户和48户，整体收入水平高；而洪家、堡子、寨子、蕙家庄起步晚、数量少，分别为12户、45户、58户和11户，整体收入水平较低；冶力关镇附近居民可以沾光，而位置相对偏远的居民只能继续从事农业，无法参与旅游。

二是出现了群体和个体差距。同处于旅游发展较好、政府扶持力度大的社区，部分人却由于各种因素限制收入未能增加，不属于旅游发展的受益者。

作者在田野调查后认为导致这些家庭旅游收入扩大差距的主要因素是人力资本要素（文化水平或教育程度、健康状况、思想观念）、生产要素（资金、家庭劳动力）、居住地点、家庭支出结构等，以上阻碍因素使他们难以通过参与旅游发展摆脱贫困，反而进一步被弱化和边缘化。下面几个案例可窥全貌：

个案一：人力资本形成旅游收入差距。

某男，30多岁。冶力关社区居民。在其他居民开办农家乐尝到甜头的时候，他却被排斥在外。邻居认为原因在于文化程度不高，不善于表达，经商意识不是特别强烈。作者在拍摄人类学专题片时请他讲几句话，说说自己对农家乐发展的感受和意愿，他半天说不出话来。作者的感受是这样的人力资本素质即使开办农家乐也很难招揽游客。

个案二：地理位置形成旅游收入差距。

某男，汉族，50多岁。冶力关社区居民。住宅不在主街区。作者为了和他交流，下了一段坡后才到他家。他告诉作者："我不是不想开办农家乐，想得很。但是，没办法，院子的地理位置不好，有点偏，客人都选择方便的地方住宿。我们这几家都不行。导游带着一车客人来了后，首先选择道路宽敞的地方去住宿，最起码要能把车开进来。我们这里人走还可以，开车、停车就不行了。"

个案三：物质资本形成旅游收入差距。

某女，30多岁。冶力关社区居民。她不开农家乐的最主要原因是缺少资金。在闲聊中她说："现在政府也在支持发展农家乐，前几年还有专门的补贴。但是，现在开农家乐不容易了，要盖房子，要装修，又要买家具，最少每间房子要买一台电视，还要收拾院子，条件差了没人来，现在的人都要求高得很。所有这些没几万块钱根本下不来。我们家挣的少，只好等以后有条件了再说。"

个案四：劳动力结构形成旅游收入差距。

某女，50多岁。冶力关社区居民。作者在杨建国之女带领下专门对她进行了深度访谈。她不开办农家乐的原因是缺少劳动力——"女儿在外地打工，儿子在上学；家里只有几个老人，自己忙，顾不上，即使来了客人也无法提供及时的服务。"

三　寺院经济效应

（一）拉卜楞寺的旅游开发

拉卜楞寺，全名为"甘丹协珠卜达尔吉扎西叶苏奇拜琅"，简称"拉章（佛宫，拉卜楞即为转音）扎西"，位于夏河县拉卜楞镇，始建于清康熙四十八年（1709年），又因嘉木样一世在拉萨哲蚌寺扎西郭芒扎仓学经并担任过该扎仓堪布，所以拉卜楞寺又被藏区民众称为"安多扎西郭芒"，其意为"安多地区吉祥多门院"。

拉卜楞寺是藏传佛教黄教（"格鲁派"）的六大寺院之一和安多藏区甘南政教中心，下设六大扎仓（学院）——闻思学院（铁桑浪瓦）、时轮学院（丁科尔）、医学院（曼巴）、喜金刚学院（季多）、续部上院（居多巴）、续部下院（居麦巴）。根据史书统计，新中国成立初期，寺院有活佛和喇嘛共3424人，其中活佛68人，大小僧官564人。1958年后，拉卜楞寺只剩活佛7人，僧官32人，僧人166人，共205人。此后，寺院僧众有所增多，目前有1600多人。

拉卜楞寺的大规模旅游开发始于改革开放后的1980年，时年寺院对外开放。由于历史悠久、地位重要，加之在1966—1976年的"文化大革命"中寺院建筑和文物遭受极大破坏，国家于1982年把拉卜楞寺列为全国重点文物保护单位。目前，拉卜楞寺已经是甘肃乃至西部著名旅游景点。

（二）寺院经济组织变化

1940年之前，拉卜楞寺经济组织机构有嘉木样大昂或拉章（佛宫）、磋钦措兑（教务会议）、仲贾措兑（嘉木样座前会议）等。其中，拉章组织负责嘉木样本人及佛宫或官邸事宜，为最高组织，有权过问政教和司法等事宜，包括襄佐、司食、司服装长、经务、秘书、承宣、嘉木样代表、管家等成员；磋钦措兑负责寺院宗教事务和财务，由总法台、总僧官、财务长、总经头、管理长、亲王管家、僧众代表和秘书等组成；仲贾措兑成员包括襄佐、随侍长、司食长、司服装长、经务秘书长、承宣长、司佛宫官、司佛殿官、嘉木样代表、嘉木样管家、护卫官、月讼员等，主要管理寺内政教事务，后有所扩大。① 1940 年后，嘉木样五世在西藏留学返寺后借鉴西藏大寺模式成立议仓组织（秘书处或嘉木样办公厅），主要成员包括议仓堪布、司食长、司服装长、经务长、秘书长、承宣长、拉章代表、管家和司讼员等，处理全寺和寺属部落一切事宜。

旅游开放开发以后，拉卜楞寺院组织也相应地发生了变化。一是成立了专门机构——寺院管理委员会，对全寺事务进行管理，成员必须具有一定地位和威望、精通国家和宗教政策、熟悉寺院事务、遵纪守法。二是建立了寺院接待室，安排寺院管理委员会秘书处相关负责人专门接待来访人士，来访者必须出示相关证件，并且有县宗教局、安全局等机构工作人员陪伴。三是成立了旅游部，专门负责旅游开发相关事宜，包括安全、治安、环境保护、突发事件处理、导游培训等。

（三）寺院经济结构变迁

在传统社会，拉卜楞寺的寺院财产归属于寺院六大学院。其经济来源主要如下：一是上层封赏赐额。如寺院成立时所需巨大经费就由清青海蒙古族和硕特部亲王察汗丹津提供。拉卜楞寺之根本施主是青海和硕特部前首旗黄河南亲王，河南亲王对寺院建设和发展具有突出贡献。1689 年，察罕丹津即位，被康熙封为"多罗贝勒"。为家族和个人利益与宗教信仰，察罕丹津派遣专员前去西藏寻求高僧大德，以建寺扩大影响，终于在 1709 年找到嘉木样大师，支持其筹建了拉卜楞寺，并给予源源不断的经济资助。② 史书记载：1709 年供养就包括金曼陀罗（1 个）、绸缎（500 匹）、羊（4000 只）、牛马（500 匹）等。③ 二是寺院布施。包括大面积草山、土地、草原、森林、牛羊、马匹、皮毛、药材、粮食、酥油、房屋、金银等，是信教群众和拉卜楞所属部落（包括"拉德"——神部、"穆德"——政部、"曲德"——教部、"拴头"——和拉卜楞寺院有关系的部落）供奉之物。如每年正月的"毛兰

① 中国人民政治协商会议甘南藏族自治州委员会资料研究会：《拉卜楞概况·甘南文史资料选辑》（第一辑）1982 年版，第 16 页。

② （清）阿莽班智达：《拉卜楞寺志》，玛钦·诺悟更志、道周译，甘肃人民出版社 1997 年版，第 578 页。

③ 贡保草：《拉卜楞"塔哇"的社会文化变迁》，民族出版社 2009 年版，第 37 页。

姆法会"中的各类开支总计约 10 万至 15 万银元,由夏河、玛曲、青海和四川等藏区的 23 个部落共同负担,每年由 1 个部落负责提供。① 三是高利贷收入。寺院准许僧侣依靠已有资金给本地民众和商家发放借贷,获取利息收入,根据史料记载:寺院利息不低,有时可达 8 分/月。② 四是出租"塔哇"(寺院周围村落)等处所拥有的土地、房屋等。《中国藏传佛教寺院》记载:拉卜楞寺拥有土地大约 6000 亩,分布在大夏河流域的萨哈尔、上下塔哇、曼克尔、油江塘、鲁吉合、龙格塘等地,③ 寺院出租部分土地给佃户时,不以亩计算,而是 1 分地收取租粮 5 斗,约 180 斤;④ 出租房屋给周边居民或商人时,要收取房租——"官房税"和"茶费"等。⑤ 统计资料显示:新中国成立前,拉卜楞在"塔哇"有房屋 894 间,每年收取铜元两串。⑥ 五是僧人的募化。寺院中的各类各级僧人选择合适机会到部落中去宣法,群众捐出善款或牛羊、酥油、青稞、金银等物品以表虔诚。正因如此,藏传佛教依靠寺院拥有大量的财富,如有学者研究资料显示:1958 年前,拉卜楞寺出租土地 2.17 多万亩,佃户 900 余户,有羊 36500 多只,牛 7400 多头,马 9540 匹,具有极强的经济影响力,甚至可以控制社会的经济命脉。为争夺财富和地盘,各教派之间纷争不断、战争频发。

旅游开发以后,寺院经济收入格局在已发生重大变化(如寺院自养、利息废除)的基础上再次发生变迁:

来源之一:国家为维护和保护文物等进行的投资和发放的补助。如 1985 年 4 月 7 日,大经堂意外失火,遭遇毁坏,政府按照原来设计投资新建大经堂,于 1987 年完工。此后,国家为维修寺院多次进行投资。另外,对于经济来源少、生活存在困难的喇嘛,当地政府向他们发放最低生活保障。

来源之二:门票收入。寺院收取门票既可有效解决开支和生活费用问

---

① 贡保草:《拉卜楞"塔哇"的社会文化变迁》,民族出版社 2009 年版,第 53—68 页。

② 黄达远、牟成娟:《近代安多藏区寺院型城镇成因与特征初探》,《宗教学研究》2007 年第 4 期,第 134 页。

③ 贡保草:《拉卜楞"塔哇"的社会文化变迁》,民族出版社 2009 年版,第 67 页。

④ 尕藏才旦:《拉卜楞寺旅游指南》,四川民族出版社 1993 年版,第 79 页。

⑤ 孟虎军、房继荣:《清末民国时期拉卜楞寺商业活动刍议》,《北方民族大学学报(哲学社会科学版)》2010 年第 4 期,第 127 页。

⑥ 中国人民政治协商会议甘南藏族自治州委员会资料研究会:《拉卜楞概况》,《甘南文史资料选辑》(第一辑),1982 年版,第 96 页。

题，也可杜绝部分闲杂人员进入寺院。和其他寺院门票一样，拉卜楞寺院门票价格也一路上涨。1998 年，拉卜楞寺门票价格为 10 元/张。2003 年，由于寺院日常费用增加和物价上涨等原因，甘肃省宗教局向物价局呈报了《关于申请提高参观拉卜楞寺院旅游景点门票价格的报告（甘宗报［2002］121号）》，省物价局研究后于 2003 年 4 月 11 日发布了《关于调整拉卜楞寺院门票价格的通知（甘价费［2003］76 号）》，对拉卜楞寺门票价格做了调整，规定寺院每张门票收费 20 元，其中贡唐宝塔和德哇仓文殊佛殿门票价格均为 10 元/张；汉语导游不收费，拉卜楞寺院、贡唐宝塔、德哇仓文殊佛殿外语导游费分别为 10 元/张；现役军人、残疾人、60 岁以上老人和大中专学生旅游时门票半价优惠；中小学生票价为每张 5 元，贡唐宝塔、德哇仓文殊佛殿分别为每张 3 元。此后，门票价格为 30 元/人（次）。2006 年，甘肃省物价局出台《关于调整拉卜楞寺门票价格的通知》，拉卜楞寺门票价格上涨为 40 元/人（次），配汉语导游，残疾人、现役军人、60 岁以上老人及大中专学生门票实行半价；中小学生个人票价为每人 10 元。目前，门票价格依旧为 40 元/张。寺院管理委员会办公室主任嘉华告诉作者，这几年寺院依靠出售门票所得年收入大约为 150 万元。①

来源之三：经营旅游厕所收入。出于方便游客需要，寺院在大经堂北部建设了高级厕所，外观体现宗教文化元素，内部设备先进，雇佣了 4 位妇女打扫卫生，工作时间为清晨 8 时至下午 6 时，工资为 300 元/月。游客入厕需要付费，价格是 0.3 元/人（次）。

来源之四：旅游商品收入。由于游客众多，大多对藏文化和宗教文化极感兴趣，寺院于是相机而动，在院落内部和外部建设 3 家商品店，出售法器、书籍、光盘、珠宝、首饰等各种纪念品（见图 3—6）。

来源之五：宾馆业收入。寺院还经营住宿业，在寺外开设拉卜楞宾馆、普香苑、德勒餐厅等，在满足旅游者居住和饮食需求的同时也增加了经济收入。其中拉卜楞宾馆原为拉卜楞寺最高活佛嘉木样居所，占地面积 34530 平方米，建筑面积 6265.9 平方米，现有豪华间 36 间，豪华套间 2 套，标准间 52 间，三人间 14 间，共 230 张床位，有餐厅 3 家，座位 350 个，提供川菜、藏式风味餐和西餐，提供洗衣、送餐等服务，已经接待海内外游客上万人次。

---

① 本次调查数据是平均数，具体年份之间收入有所不同，如 2008 年旅游收入共 171.4 万元。

图3—6 拉卜楞寺院内的商品店

来源之六：印刷业收入。拉卜楞寺院印刷业历史悠久。赞普松赞干布和赤松德赞时期，吐蕃组织大批高僧翻译佛经，采用手抄、钟铸、刻写等形式对其保存，拉卜楞寺就有两卷极为珍贵的贝叶经——写在印度贝多罗树叶上的经文保存至今。后藏区出现分裂，教派纷争，加之与内地文化交流机会增多，佛教典籍需求大增，雕版印刷术由此传入藏区，拉卜楞雕版印刷业也得到发展。格鲁派形成后，藏族几乎全民信教，藏区雕版印刷业迅速发展，拉卜楞寺印经院也应运而生，由第二世绛央谢巴晋美旺布于清乾隆五十一年（1786年）创建，位于今千手千眼观音殿前面，印刷并保存了许多从西藏带回的贵重佛经，资料显示：拉卜楞寺藏经楼所收藏各类佛教典籍超过2万部（22880余部），其中的藏文类佛教典籍数超过6万册，非常可惜的是，在十年"文化大革命"期间大半遭到毁灭。① 另外，寺院印刷采用的字体独具一格，为著名的甘肃拉卜楞寺体，和西康德格体、西藏拉萨体等齐名，为发明使用新生体藏文铜模起了巨大作用。目前，寺院有印刷厂1家，在保留书籍传统木版印刷风格的同时，也采取了部分现代印刷技术，派遣部分喇嘛外出学习印刷、打字、排版等技术（如

---

① 先巴：《藏文传统雕版印刷源流考》，《西藏民族学院学报（哲学社会科学版）》2009年第6期，第45页。

在甘南报社、甘肃省民族出版社等单位），并购买了一些现代铅印设备，提高了印刷效率和质量。有资料显示，寺院年印刷藏文书籍可以万计，其中从拉卜楞寺创始人嘉木样一世到五世中的 3 部木刻经版为寺院印刷厂独有，属于垄断性文化资源。另外，派遣喇嘛专门负责刻印各类佛教典籍，部分向游客和民众出售，也增加了一定收入。由于，作者无法获得近年数据，只好参考以往学者统计数据进行分析，如 1996 年印刷厂木版印刷收入为 132850.33 元，扣除各类支出后最终赢利 67915.83 元，铅版印刷收入为 11309.92 元，扣除各类支出后最终赢利 160519.01 元；1997 年木版印刷收入为 142587.45 元，扣除各类支出后最终赢利 60110.22 元；铅版印刷收入为 370468.71 元，扣除各类支出后最终赢利 123910.96 元。[①] 这对负责印刷的喇嘛来说也是好事，因为能增加收入，作者和闻思学院喇嘛嘉央洛赛交流后得知，从业喇嘛每月可获得 200—600 元的收入。

来源之七：医药收入。拉卜楞寺发挥藏医院和藏医学优势，开办诊所，选拔部分在医学院学习时间在 9 年以上者（本地人称为"和尚医生"）给群众看病。同时结合地理气候、生活习惯、理论研究和临床实践研制各类藏药，目前已经研制出"洁白丸"、仁青芒觉、二十五味珊瑚丸、二十五味珍珠丸、二十五味松石丸和坐珠达西等新药，主要治疗胃病、肝脏疾病等多种内科疾病，其中"洁白丸"最为著名，在治疗肠胃疾病方面疗效显著，深受甘青川广大农牧民及各族群众欢迎，并于 1997 年被列入国家药典。目前，该药品的市场价格为 10 元/包（150 粒）。

来源之八：做佛事活动收入。喇嘛在学习之余，受信教民众邀请，前去念经，做佛事，收取一定数量的供养。统计局高副局长和宗教局工作人员小仁都告诉作者：现在，喇嘛佛事很多，如遇到本地老人去世、家人生病等事情，部分人会请喇嘛念经，以求安康幸福。作者对闻思学院某喇嘛就此问题做了深度访谈，其中片段如下：

　　　　谈话地点：僧舍内。
　　　　谈话时间：2010 年 7 月 8 日下午 7 时。
　　　　问：你们对外做佛事吗？

---

　　① 唐景福、朱丽霞、牛宏：《甘南、肃南地区藏传佛教的现状调查》，《西北民族研究》1999 年第 2 期，第 254—255 页。

答：那肯定。我就经常去。

问：收费吗？

答：收。

问：收得多吗？

答：要看具体情况。比如家里实在没有钱，但是又的确需要我们做佛事，我们也愿意，帮助人也是很好的修行嘛。对于那些大城市来的、有钱的，我们也不客气。比如，前几天我就刚从北京回来，去给一位客人做了佛事，前后一共 5 天，除了车费，他还给了我 2000 元。

问：除了北京，你还去了哪些地方做佛事？

答：兰州、合作、成都、上海，还有好多地方。本地相对多些，兰州去了好几次。不过，外地去了客人给的钱多。你看，这些是我在念经的地方游览后拍的照片（说着打开影集给作者看，里面果然照片很多，大多在所去城市的旅游景点所拍，如北京天安门、兰州黄河铁桥、上海黄浦江等）。

问：像你这样的多吗？

答：现在寺院管理相对灵活，只要你不损坏寺院名誉、不违法乱纪，寺院一般不管。

问：那客人请你们时是不是会有选择？

答：当然有。人家也要看你的地位和水平。一般找的都是亲戚朋友推荐的，或者在寺院学习时间长的。

来源之九：游客布施和供奉。为了表示虔诚，各地信教群众给寺庙、活佛及僧侣各类供奉，包括茶叶、酥油、饭菜或金钱，最典型的属于历史上的"入藏熬茶"活动——由于喇嘛终日坐禅念经，体能消耗很大，容易疲劳瞌睡，而茶能帮助喇嘛振奋精神，因此广大教徒向寺院僧众进行熬茶布施活动。布施的时间不一，有的在重大宗教节日；有的在高僧大德去世时，如 2000 年爱国高僧贡唐仓活佛圆寂后，各地信徒纷纷前来敬献供奉，捐献各类供品，一时供物如山；而有的则根据寺院时间来安排。统计局高副局长告诉作者，目前寺院布施者人数很多，供奉需要花费的金钱数额很大，仅供奉一次午餐就需花费 5 万多，即使如此，布施者还需排队，等待很长一段时间才能轮上。

第二节　文化效应

一　宗教文化效应

（一）宗教文化功能发生变化

在传统社会，封建贵族、地方势力、家族势力和宗教集团出于自身利益的需要，建立了政教合一制度，宗教和寺院集政治、经济、文化和宗教功能于一体，在藏区社会生活中扮演着举足轻重的核心角色：寺院垄断了文化资源，喇嘛是藏区的知识分子阶层，寺庙是学习文化的场所和教育中心；寺院和藏医藏药关系密切，居民依靠喇嘛等神职人员保持健康；寺院控制了巨额财富，是区域经济中心；活佛和喇嘛在藏民族中享有很高的地位和权威。可以说，藏传佛教信仰系统不但是简单精神系统，也是社会互动控制系统，通过宗教仪式、宗教礼仪、宗教节日、宗教禁忌等方式对广大藏区进行治理。

新中国成立以后，藏传佛教功能发生了变化，简言之就是政治退出、信仰抑制、经济淡出、文化弱化：由于人民政权的建立，政教合一制度被废除，寺庙权力体系崩塌，而在1957—1978年的很长一段时期内更是遭到打击，居民谈鬼神色变，宗教政治功能极大地被弱化，寺庙必须完全听从、接受和忠实于党、国家和政府的领导；国家建立了各级各类学校，通过学校教育传播科技文化知识，寺院原来的文化权威和功能削弱；现代娱乐业开始发展，广播电影电视业趋于繁荣，文化娱乐节目增多，演艺团体相继出现，宗教节日、宗教艺术、宗教活动的文化娱乐功能减弱；寺院财富归国家所有，原有部分资源管理权分别属于林业局、土地局等相关部门，经济功能也被分离；喇嘛离开寺院，自谋生路，甚至受到批判，宗教信仰受到抑制。

改革开放和旅游开发以后，寺院和宗教文化的功能出现新变化新动向，具体表现是：第一，经济功能强化。由于"以寺养寺"政策的出台和寺院的开放、开发，拉卜楞寺院成为"凝视"对象，被纳入旅游者"凝视"视野，游客可进入核心区域参观游览，但是需要购买门票，寺院还出现市场化运作和管理模式，开办旅游商店、旅游宾馆、印刷厂等经济实体。第二，娱乐功能强化。尽管目前中国经济建设和文化娱乐业发展取得巨大成就，娱乐途径、娱乐项目五花八门，但是人们普遍对程式化的项目、虚假的客套充满厌烦，向往领略原生态文化的魅力；而拉卜楞寺大部分建筑的对外开放，满足了游客求新求异的心理需求，最终导致宗教排他性、神秘性进一步弱化、淡化，只对教徒、僧人和信众保持神圣性，寺院内外游人如织，车水马龙，一片喧嚣，庄严肃穆不再；寺院、喇嘛、节日及其各类活动（辩经大会、灯展等）皆转化为娱乐性旅游资源；游客不再以寺院为唯一向往点，来拉卜楞也可游览草原、购买商品、参加洽谈、度假休闲。宗教对宗教徒原有的修身养性功能便扩大为对游客的愉悦心情功能。第三，宗教的社会功能有所恢复。尽管宗教与政权分离，但是宗教的社会影响力却比新中国成立以后——改革开放前有所恢复和提升，藏传佛教寺院可以举办各类宗教旅游活动，参与各类社会活动，介绍宗教文化的书籍和文章铺天盖地，宗教原来被人误解曲解的教义教规等重新被游客认识，社会影响在一定程度上扩大。最主要的是宗教整合功能不可小觑，如近年来居民酗酒行为减少，主要原因在于为保持旅游业发展的安定秩序，宗教上层人士在重要场合宣传了饮酒对健康的危害，一时豪饮者数量锐减。作者采访了一位66岁的藏族老人，她的回答就具有代表性——"大佛爷说了，喝酒不好。"

（二）宗教仪式发生变化

其一，宗教仪式开始得到国家权力的认可。十年"文化大革命"期间，国家采取暴力手段破除"四旧"，宗教仪式失去了存在的空间。改革开放大幕拉开后，国家纠正了原来错误的宗教政策，加之宗教的长期性、宗教文化的民俗性、社区精英和政府的互动，传统宗教仪式经历了"被否定——不再被取缔——逐渐合法性恢复——大规模选择性开发"的几大转化阶段，在政策空间内获得复兴。拉卜楞正月大法会的举办就可印证仪式再度出现与发展的过程。下面是作者对几位本地居民的深度访谈记录：

［民族志记录］

采访对象：某男，汉族，63岁。

问：你可知道拉卜楞寺有哪些仪式？

答：正月里有个，好像是跳神的，具体叫个什么我说不好（注：大众称呼是"跳法舞"）。到时候，十几个喇嘛戴着面具在大经堂前跳神，也有奏乐的，要跳很长时间，然后烧掉纸糊的鬼怪。

问：这个活动原来就一直有吗？

答：先人们（注：指的是祖辈父辈）在的时候都说有过，不过人少得很，主要是寺院附近的人，没有现在这么多人，也没有这么多的车。好多人是走着来的，也有磕头来的。

［民族志记录］

采访对象：某男，藏族，23 岁。

你来的不是最佳时间，如果是过年那段时间来，能遇到正月大法会，好看得很。国家这几年很重视，来的人很多，如果你去的迟的话，还没地方看呢。现在国家不认为这是迷信活动，派很多警察维护治安，我想也有许多便衣警察在人群中呢。

政府的旅游规划也说明宗教仪式得到了政府的认可和支持。作者从夏河县旅游局获得了 2009 年拉卜楞地区全年节庆活动统计表（见表 3—8），其中大多数为宗教仪式活动。

表 3—8　　　　　　　　2009 年拉卜楞地区全年节庆活动统计表

名称	时间	内容	地点
正月祈愿法会	农历正月初三至正月十七	诵经、跳法舞、展佛、酥油花展、转香巴	拉卜楞寺及各大寺院
二月法会	农历二月初四、初七、初八	诵经、投宝、亮宝	拉卜楞寺
时轮金刚法会	农历三月十五	彩绘坛城、法舞	拉卜楞寺时轮学院
娘乃节	农历四月十五	闭斋、转经轮	拉卜楞周边地区
插箭节	农历五月中旬至六月中旬	插箭、祭拜	拉卜楞周边地区
投宝节	农历六月二十九至七月十五	祭拜、投宝	达尔宗湖
五月或六月嘛呢节	农历六月下旬至七月初	集体诵经	拉卜楞周边大部分村庄和部落
七月大法会	农历六月二十九至七月十五	诵经、跳法舞、辩经	拉卜楞寺及各大寺院
浪山节	农历六月下旬至七月初	民间集体活动	拉卜楞周边地区
拉卜楞旅游文化艺术节	农历七月底至八月初		桑科草原
九月法会	农历九月二十九	举办法舞会	嘉木样公馆内
燃灯节	农历十月二十五	祭奠宗喀巴圆寂日	拉卜楞寺及各大寺院
春节（洛赛节）	农历正月初一至正月十五		拉卜楞寺及周边所有村庄和部落

　　另外，各大正规媒体的宣传也是实证。作者在网络上进行了简单搜索，就出现了许多政府网站和学术网站的宣传：人民网甘肃视窗的报道是《甘肃省夏河拉卜楞寺的正月祈愿法会和七月说经会》（2007 年 4 月 5 日）；淮北新闻网（heep：//www. huaib. com）的报道是《甘肃省甘南拉卜楞寺举行庄严肃穆的晒佛法会》（2009 年 2 月 8 日）；新华网（http：//news. QQ. com）的报道是《甘肃拉卜楞寺正月法会顺利结束》（2009 年 2 月 10 日）；等等。

　　其二，宗教仪式的神圣性降低。一方面，个别喇嘛在外界的热闹喧哗面前无法保持无欲宁静的心态，各类思虑和杂念随之出现，大大影响了修行。另一方面，仪式转化成为项目，被纳入宗教旅游文化开发之中。例如，晒佛仪式开始后，寺院组织喇嘛扛起佛像前往晒佛台去展佛，来自甘南、青海、四川、内蒙古和其他地区的僧俗群众紧跟其后，一时间，众人高声欢呼不停……仪式娱乐性极大地被强化。

　　其三，仪式出现商业化和货币化特点。出于经济利益的驱动，部分喇嘛走出寺院，到游客或居民家中举行宗教仪式，为自己或家人驱疾消灾，祈求平安。收费或"答谢"费用可多可少，但报酬数额少时居民认为很难表示诚意，也显得小气和寒酸，由此仪式价格有逐年上涨态势。

　　（三）宗教生活方式发生变化

　　变化之一："导游"成为新的职业和工作。

　　1985 年拉卜楞寺正式开放，世界各地的游客迅速增多。为使游客了解寺院历史和文化，同时保持和体现宗教特色，寺院谢绝了旅游公司专职导游入寺讲解的建议，选拔个别喇嘛做简单讲解（见图 3—7）。此后，客流继续增多，游客对讲解提出建议，认为应该提供优质解说。于是，寺院正式把导游培训纳入议事日程，研究了导游选拔程序：首先张贴告示和通知，在全寺范围内进行报名；然后委托专人命题；再集中考试、阅卷，选定人选。2004年，喇嘛导游有 8 位（2 位为"外导"）；2008 年 10 月时增加为 16 位（2 位为"外导"）。

　　下面是对几位喇嘛导游进行深度访谈后的记录：

　　［民族志记录］

　　　　某喇嘛，藏族。汉语讲得很标准，讲解也很细致，游客评价很好。他希望通过讲解使外界对拉卜楞和藏民族文化有更多了解。

　　　　　　　　　　　　　　　　　　　——来源：作者田野调查记录

图 3—7 喇嘛导游在做讲解

[民族志记录]

　　某喇嘛，藏族。籍贯为甘肃甘南。作者通过他侄子、兰州商学院学生李彦年介绍相识。2008 年"十一"期间，作者在寺院僧舍内对他进行了深度访谈。访谈后得知，他原来在家乡附近的小寺院学习，后来去山西五台山、浙江普陀山等地学习，在山西时通过其他僧人帮助和自己刻苦努力学会了汉语。前几年来到拉卜楞，目前暂不属在编喇嘛。为了长期在拉卜楞生活和学习，他参加寺院导游选拔考试，由于成绩优异被选拔为导游（注释：当年参加考试者大约有 40 多人，3 人被最终录取为导游）。成为导游后有了稳定收入，旅游旺季时每个月可以拿到 600 元，旅游淡季时稍微少点，约 300 元，吃饭不用犯愁。他的感受是：心理压力大，因为游客比较挑剔，如果自己不好好学习，讲解会出错误；体力消耗大，夏季炎热，旅游团很多，一天要接待好几拨，讲话讲得口干舌燥；人际关系不好处理，有的游客比较难缠，弄不好要和你吵闹；寺院内部分负责景点的喇嘛因为嫌麻烦也不好好配合。

——来源：作者田野调查记录

[民族志记录]

某喇嘛导游，藏族。作者和他早已认识，来时不慎弄丢其联系方式，于是只能在寺院售票处等待，期望和他见面。他果然在那里做导游，刚完成讲解出来。恰好此时没有旅游团，作者便赶快说明来意，对他进行了访谈。

问：这几天还是那么忙吗？

答：今年忙多了。拉卜楞旅游好起来了；来的游客比较多，我们也就忙起来了。

问：今天接了几个团？

答：现在已经2个了。一天至少4个吧。现在导游少，游客多。

问：今年可以使用喇叭讲解吗？去年好像你说不可以使用喇叭。

答：可以了。寺院里面有几个就在使用（注：作者进入寺院后发现，果然有喇嘛使用喇叭讲解）。不过我不习惯，还是直接干讲好。

问：你还继续看《导游词》吗？

答：看呀。不过现在很熟悉了。看的次数没有以前那样多。

——来源：作者田野调查记录

[民族志记录]

早晨，在县宗教局小仁的陪同下，作者对寺院管理委员会办公室主任嘉华进行了深度访谈。下面是其中的片段整理。

问：寺院导游都不是在编喇嘛吗？

答：基本不是。他们都一边学习，一边讲解。

问：他们有收入吗？

答：寺院给他们发工资。

问：他们一直做导游吗？

答：不是。寺院在其他地方需要人的时候，会调部分人前去；部分人由于通过了寺院考试成为正式喇嘛，也有部分人要求去其他岗位工作。

问：寺院是如何选拔导游的呢？

答：寺院先下发通知，告知全寺喇嘛，要招聘导游；然后报名，登记，考试；最后根据成绩确定人选。

问：试题主要包括哪些题型呢？有没有保留的试卷让我们看看？

答：试卷不好找。考试结束后我们就组织人员马上阅卷。考试包括两大部分，先参加书面考试，有填空、选择、简答几种类型，然后到景点前做现场解说。

问：考试有教材吗？

答：主要是介绍寺院的相关书籍，我们有这方面的书籍。

——来源：作者田野调查记录

[民族志记录]

某喇嘛，藏族，籍贯为甘肃。小时候在本地寺院学习，长大后远赴佛教发源地印度进修。回到拉卜楞后，由于外语水平较高，被安排做导游工作。他自己也很乐意，积极接受了寺院的工作分配。

——来源：作者田野调查记录

[民族志记录]

今天一位藏族朋友——以前采访过的喇嘛导游打来电话，说在寺院组织下，他们几个喇嘛导游去青海塔尔寺学习。他还在电话内披露了一些新进喇嘛导游的信息。作者做了简单整理。

导游人数：9位（其中2位为"外导"）。

岗前培训时间：2007年起，共15个月。

身份：寺院非在编喇嘛。

年龄：大约18岁。

籍贯或来源：甘青川滇。

文化程度：多为小学、初中文化程度，个别高中毕业。

选拔途径：首先有保人作保（证），保证在寺院工作和学习期间遵纪守法；其次参加考试。

——来源：作者田野调查记录

另外，从访谈中作者了解到，喇嘛从事导游工作后，生活作息时间也发生了变化，和一般喇嘛有所区别：一般喇嘛的任务是去大经堂念经、到所在学院内做法事、跟随老师学习，而喇嘛导游主要是做讲解。

变化之二：喇嘛开始经商。

寺院开办了商店等经济实体，部分喇嘛被安排从事经营活动。经作者询问得知：售票处有 3 位喇嘛负责售票事宜，商品店内有 4 位喇嘛，印刷厂内有 20 位喇嘛从事印刷工作。由此学习时间被压缩，精力被分散。

变化之三：喇嘛还俗者增多。

近年来，拉卜楞寺还俗的喇嘛逐渐增多。还俗原因是：经济来源多样化，藏区群众不再以出家为唯一谋生方式；在和外界接触中认可了外部生活方式，甚至娶妻生子，离开寺院。

［民族志记录］

　　旅游开发以后，有个别喇嘛禁不住世俗的诱惑还俗，在甘南开办了一家旅游企业——"拉卜楞旅行社"，从事旅游行业的服务工作。

——来源：兰州大学民族学博士刘晖《旅游民族学》

［民族志记录］

　　以前寺院内有一个喇嘛，修行时间也长了，很有地位，经常出去到外地做佛事。后来还俗了。因为他到了广州以后，到花花世界去了，找了个女人。没有禁住世俗的诱惑。寺院知道后他就离开了，在甘南开办了一家旅游企业，从事旅游行业的服务工作。我说的这些也是听其他人说的，我没有见过。不过应该有吧。还俗是个人的事情。

——来源：作者拉卜楞寺田野调查记录

［民族志记录］

　　我就认识一个还俗的喇嘛。我们很熟，他也经常来我这里吃饭，有时还在一起聊天。他是舟曲来的，那个地方经济条件不好，路也难走，所以还俗以后就没有回老家，在这里做生意。上半年我还见过他，最近不知道到哪去了，没有见过。如果在的话，我可以领你去和他聊聊。

——来源：作者对拉卜楞商业一条街某餐馆老板所做田野调查记录

[民族志记录]

他是一位很帅的男人。作者打电话和他见面时，也被他的帅气所吸引。他来自甘南，小时候特别渴望掌握梵文，可惜周围无人能够教授。长大后便去了寺院。2004 年，他离开生活多年的拉卜楞，在西藏等地区寻求发展机会，先后从事音乐和商业工作。目前他有一定积蓄，在兰州购买了 50 平方米的"小套"。现在的想法是使歌曲和唱片进入市场。

——来源：作者对曾在拉卜楞学习者所做田野调查记录

另一方面，旅游区居民出于经济原因，宗教热情减弱，参与宗教活动的动机发生变化，去寺院烧香拜佛的人数、次数、频数大幅减少，和其他宗教文化旅游区（例如新疆艾提尕尔清真寺、青海塔尔寺、新疆喀纳斯湖区）一样，宗教文化世俗化倾向日益明显。

变化之四：使用现代器物者增多。

"忽如一夜春风来，千户万树梨花开"，开放使现代器物大量涌入拉卜楞，汽车、电话、手机、电脑、摩托车、MP3、摄像机、录音机、电视机、洗衣机等也出现在寺院生活之中。

手机方面：作者在调查期间，发现所见喇嘛几乎都有手机，就是很小的喇嘛也拥有手机，主要是便于联系；另外，手机使用率高，品牌类型多。

电视方面：个别喇嘛在僧舍内购置了电视，但是由于寺院禁止，只好偷偷藏在衣柜内，以免被人发现；没有购买者则在网吧、茶吧、咖啡屋内观看电视。作者在"藏人茶吧"调研期间，也遇到了几位喇嘛。老板说"现在不是世界杯在举行嘛，好多喇嘛来这里看球赛，'包夜'"。

炊具方面：原来烧火原料为柴草和牛粪，现多改为简易耐用的蜂窝煤和液化气（暂时没有使用天然气）；原来的灶是用土块、砖制作的炉子，20 世纪 80 年代时，用煤油炉，现在多使用铁质炉子和液化气灶。

交通车使用方面：由于价格便宜，喇嘛外出基本以车代步，有的甚至包车去外地旅游或办事。

电脑和网络方面：拉卜楞现有3家大型网吧，分别是速捷网络、浪咏网吧、乐乐网吧。许多喇嘛成了网迷，若有闲暇时间就去"泡吧"，或聊天，或看新闻，或打游戏，或看连续剧，有的甚至以方便面代替正常餐饮。作者在以上3家网吧内都做了观察，发现都有喇嘛上网，由于他们及居民都对摄像比较敏感，作者只能拍到片段（见作者旅游人类学纪录片《香巴拉的变迁》）。

其实，10年前，当内地许多城市普通市民都未接触电脑的情况下，拉卜楞喇嘛就开始使用电脑。早在1998年新华社就曾经有过报道，题目是《1998特写：藏区喇嘛新时尚》：

> 在甘南藏区大部分藏民尚不知电脑为何物时，甘肃省佛学院里的喇嘛们已开始用上了电脑。甘肃省佛学院是专门为藏区寺院培养高级佛教人员的院校，位于拉卜楞寺内。佛学院里最早使用电脑的是教授宗教哲学的金巴讲师，他是拉卜楞寺里的喇嘛。佛学院办公室主任麦周介绍说，金巴买电脑主要是为了收集、贮存资料，有时也编写教案，他还打算利用电脑进行写作。在金巴的感染下，佛学院里的许多喇嘛喜欢上了电脑。去年学院购进十几台电脑，一方面用于教学，一方面满足喇嘛使用电脑的需求。现在，每当一有空闲时间，喇嘛们就往计算机房跑。他们热衷的程度，绝不亚于大城市里的电脑发烧友。

为了了解喇嘛使用现代器物的详细情况，作者对闻思学院某喇嘛做了深度访谈。

［民族志记录］

他是一位很善于交流和交友的喇嘛，30多岁。作者第一次遇到他是在一家商店内，说他从不上网。第二次见面是在一家网吧。作者说："好呀！看来你肯定在这里上网，对吧？"他说："也就是来看个电影。"交流中作者得知，其实他在很早之前就已经开始上网了，还有许多网友。

他的消费支出很有特色，主要集中在手机、上网、打车、买衣服几项。目前，他拥有4款手机，最新的一款买来才一个多月，是从兰州东方红广场附近买的，花了 1000 多元；平时电话很多，基本是长途，有时要打一个多小时，每月电话费在 400 元左右。

　　为深入了解喇嘛生活变化，作者请他吃饭后前去僧舍观看。住所不大，里边有佛像、法器、书籍、沙发等。他拿出各类电器给作者看，有他自己改装的录音机和扩音喇叭等。看到作者好奇的眼光，他很高兴，说自己有这方面的天赋，虽然没有受过专业培训，但修理、改装都很拿手，前来参观的游客都很好奇并给予赞扬。

——来源：作者田野调查记录

图 3—8　作者和喇嘛深度访谈后合影留念

注释：照片中可看见作者访谈喇嘛购买的 DVD、播放器和音响。

[民族志记录]

　　我是从兰州过来的，在这边已经 3 年多了。你问的喇嘛买手机的事情，我比较熟悉。他们可以说是拉卜楞手机消费的领潮者。大城市流行什么，我们就进什么，他们就买什么，都是高档款式。一般款式的人家不买。他们的电话费比较高。他们是出家人，没有什么经济负担。

——来源：作者对某营业厅老板谈话记录

（四）宗教信仰趋于淡化

由于科技的发展、十年"文化大革命"对宗教的冲击、年青一代中接受现代教育人数的增多等原因，宗教世俗化特征已经明显，而旅游开发更加速了世俗化进程，使居民宗教信仰更加淡化。

表现之一：出家为喇嘛者减少。作者和兰州商学院学生李彦年做了交流，他告诉作者："现在在拉卜楞出家的整体少了，我是藏族，我就不同意出家，现在的孩子都是独生子女，就是在农村弟兄也少，不像以前。你出家做喇嘛了，家人怎么办。再说，以前寺院掌握了藏区的教育，要出人头地就必须出家，相当于参加科举考试和高考，但是现在少数民族地区教育也在发展，大家都愿意把孩子送到好一点的地方接受教育，许多人都让孩子在合作、兰州上学。送到拉卜楞寺的比以前少多了。所以说，尽管都说外面世界很无奈，但是也很热闹、很精彩，在念经的生活中度过一辈子对我来说就不可能。"人们开始以成本—收益角度来看待宗教，对宗教教育的支持度明显降低。

表现之二：喇嘛地位有所下降。现在年青一代中的许多人已经不像先辈那样对喇嘛崇拜得五体投地，而是有限度地表示敬意。试举一例：在拉卜楞街道，迎面走来几位喇嘛，从牧区来的几位老人赶忙让路，并且低头鞠躬，而几位年轻人则一副无所谓的样子，毫不回避。此生活表现足可窥见全貌。

表现之三：居民参加寺院宗教活动次数减少。由于生产生活所约束，加之商机的宝贵，许多居民前去寺院的时间减少，参加寺院佛事的次数减少。作者在问卷调查中设计了专门选项，当问到"您去寺院参加宗教活动的次数①有所减少②有所增加③未变化④说不清楚"时，抽取拉卜楞110位被调查者中，选择"①有所减少"者最多，有53人，占48.2%，选择"②有所增加"者有12人，占10.9%，选择"③未变化"者有24人，占21.8%，选择"④说不清楚"者有21人，占19.1%（见图3—9）；当问到"当宗教活动和与您的工作、学习和经商活动发生冲突时，您的选择是①先参加宗教活动②先不参加宗教活动，以后补上③派其他人代替自己前去④自己不去也不派其他人去"时，拉卜楞110位被调查者中，选择"①先参加宗教活动"者有 18 人，占 16.4%，选择"②先不参加宗教活动，以后补上"者有 52 人，占 47.3%，选择"③派其他人代替自己前去"者有 29 人，占 26.3%，选择"④自己不去也不派其他人去"者有 11 人，占 10.0%（见图 3—10）。

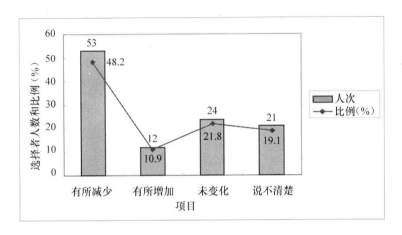

图 3—9　被调查者参加宗教活动次数变化示意图

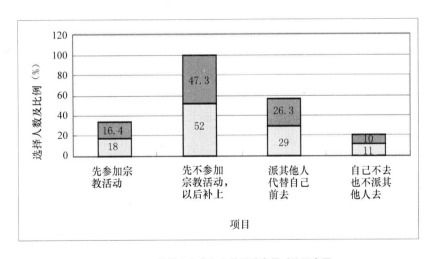

图 3—10　被调查者参加宗教活动意愿对比示意图

另外，作者在寺院发现，磕长头、烧长香者基本是老人和牧民，且女性居多，而年轻人和本地居民较少（见图 3—11）。

图 3—11　虔诚的朝拜者

　　注释：此图拍摄于拉卜楞寺内。照片中的妇女一步一叩首，还用布条绑住双腿表示虔诚。时至正午，阳光直射，她汗流满面。因写作之需，作者特拍摄此照片。

　　表现之四：到寺院参加活动或转经轮的动机发生了明显变化。原来主要是祈求佛祖原谅，求得来世幸福，而现在则多元化、世俗化，和现实生活联系密切，如祈求高考成功、金榜题名，祈求婚姻幸福、早得贵子，祈求生意兴隆，祈求仕途发达，等等。至于年纪较大的老年人或退休者，绕寺行走的目的则更多是锻炼身体，求得益寿延年。"早晨的拉卜楞空气很好，大家都起来绕寺转转。走 1 圈需要 1 小时，是一种很好的锻炼。我每天 5 点起来就去走，要走 2 圈呢。你恐怕走不下来一圈吧。"作者房东如是说。

二　节庆文化效应

　　随着旅游业的发展，寺院宗教节日和民族节日也逐渐成为文化旅游业项目和商业活动，在各个方面都发生了巨大的转化和转变。

　　（一）节日性质和功能发生了变化

　　在大规模旅游发展之前的传统社会，甘南的主要节日是宗教节日和民俗节日，主要功能是教化信徒。而现在各类节日却成为盛大娱乐活动和旅游项目，一到主要节庆举办期间，各级领导、记者、科研人员、信徒和游客慕名前来，扮演了最主要角色，使宗教和民俗节日演化为旅游聚会的最佳时机，娱乐性大大强化。

现拉卜楞寺院管理委员会办公室主任嘉华与作者和县宗教局相关人士座谈时，专门谈到了节日的变化。下面是对谈话做的录音记录和整理：

[民族志记录]

　　时间：2010 年 7 月 23 日。

　　地点：拉卜楞寺寺院管理委员会来客接待室内。

　　作者：寺院有哪些节日对外开放呢？

　　嘉华：现在寺院出于旅游的需要，推出了许多节日，以吸引更多的游客前来。这些节日很多，一年四季都有，季季有节庆，月月有节日，如正月有正月大法会，二月有"送魔节"、"亮宝会"、"充曲"，三月有"世轮金刚节"，四月有"萨嘎达瓦节"、"娘乃节"或"四月会"，五月有"桑吉曼拉节"，六月有"朝山节"或"丹伊得钦"，七月有"雪顿节"、"沐浴节"，八月有"望果节"，九月有"降神节"，十月有"燃灯节"或"葛登阿曲"，十二月有"驱鬼节"或"古突"。当然，我说的只是其中一部分，太多了，不好全部罗列。

　　作者：这些节日中游客和寺院最重视的是哪个节日呢？

　　嘉华：正月大法会和七月法会。主要原因和时间季节有关。正月里大家都有闲暇时间外出；七月的天气很好，因为拉卜楞不是很热，许多人都愿意前来避暑，便于寺院组织旅游活动。

　　作者：游客的到来使节日还和以前一样吗？

　　嘉华：有点变化。原来的宗教氛围很浓，比较神圣；现在对外开放，我感觉世俗性有点增强。

实际上，目前拉卜楞节日性质变化可归纳为以下三大模式：

模式一：宗教节日转化为旅游节日。拉卜楞每年举办 7 次大规模的传统法会，游客云集，其中最具典型性的是正月法会。届时，寺院将在大经堂前广场内举办法舞活动，训练有素的喇嘛演出人员头戴面具，身穿法衣，开始根据法乐节奏进行精彩表演，各地游客也纷纷来此观光，一睹法舞的真面目，在法会结束后于街道漫步，或进入商品店购物，或参观宗教寺院，或合影留念。作者在网络上搜索到了一篇记者张泽远撰写的新闻报道，很有说服力，题目是《夏河拉卜楞法会就像节日：一天7万人的"大派对"》（来源：新华网，发表日期：2010—2—28，发表时间：16：08：36，搜索日期：2010—8—29，搜索时间：9：24：34)，部分内容是："27日是位于甘肃省甘南藏族自治州夏河县的拉卜楞寺正月大法会中，观看人数最多的一天。来自官方的统计，这一天大约有7万人来到拉卜楞寺，观摩跳法舞大法会。"

模式二：民俗节日演化为旅游节日。最具代表性的是香浪节。"香浪节"据说原来是喇嘛进入大山捡拾柴草之日，后演化为民俗节日，届时，甘南草原草长花开，僧俗聚集一起，搭起帐篷，互相联欢。旅游开发后，政府和寺院积极策划，使其发展为旅游节庆。1997年8月，甘南首次成功举办香浪旅游节，中央电视台等30多家媒体做了报道，此后"香浪节"被外界所知，举办期间游客难以计数。2010年，作者在夏季专程前去参加了该节日，可谓人的海洋、歌的世界、舞的天地，一派喜庆，身心极其愉悦。

模式三：体育节日转化为旅游节日。最具有代表性的是临潭拔河节。该县每年元宵节期间举办的拔河活动原来属于襄汉风俗，名为"牵钩"，史籍《封氏闻见录》记载："相传楚将伐吴，以此教战。"明洪武十二年（1379年）洮州少数民族起事，明太祖朱元璋派大将军沐英驻守洮州，并命令士卒长期屯田戍边；沐英为增强军队战斗力、调节军旅生活，开始在军队中开展"扯绳"、"牵钩"游戏，于是此活动成为军旅项目和活动，从江淮流传至甘南。再后，"扯绳"习俗逐渐蔓延流传至民间，本地民众以"扯绳"祈祷风调雨顺、来年丰收，至今已有600多年历史。十年"文化大革命"结束后，拔河运动得到恢复，在旅游开发中被赋予新的内涵，集体育、旅游和文化于一体，影响日渐扩大：2007年成为"甘肃·甘南·临潭冶力关杯拔河赛，2007年全国拔河锦标赛及第四届洮州风情旅游节、洮州第618届万人拔河赛、少数民族大象拔河甘肃选拔赛"；[①] 2008年成为"冶力关全国拔河锦标赛"；2009年升级为"中国国际拔河公开赛暨洮州拔河节"，设女子520公斤级、男子600公斤级、男子640公斤级和混合600公斤级4个项目，成为国际级体育赛事节日。

（二）新的旅游节日被策划推出

根据旅游发展需要，策划和推出了新的节日。最具有代表性的是"香巴拉旅游文化艺术节"。在香格里拉旅游文化节在全国范围内成为热点背景下，

---

① 临潭县志编撰委员会：《临潭县志》，甘肃人民出版社2008年版，第83页。

该节日得到策划推出,已先后举办十届,举办地主要在合作市、迭部县、舟曲县、夏河县等地,将旅游、节日、文化和生态巧妙结合,突出了娱乐性、参与性、观赏性、文化性。甘南为发展旅游而策划的节日还有"格萨尔旅游文化艺术节"、"藏乡江南舟曲风情旅游艺术节"等。

（三）节日举办方式发生转化

传统节日无论在举办时间、举办地点还是在参与者和活动内容方面都发生了很大变化。举办时间方面,部分节庆活动要根据天气等状况推移具体举办日期,或被提前,或被推迟。临潭县的"拔河比赛",原来在正月十五举行,每晚三局,三晚共九局;现在为每年7月底至8月初,如2010年的拔河节在8月1—3日举办;洮州花儿节原来在农历六月举办,现在则被推迟。举办地点方面,多选择在新建的广场或景区内举办。参与者方面,原来多为本地社区居民,现在则在政府策划下,以游客、官员、记者和运动员为主,如拔河节,原来参与者上万,本地群众是主体,现在却由国家体育总局社会体育指导中心、中国拔河协会、甘肃省体育局、甘肃省旅游局和甘南藏族自治州人民政府主办,临潭县人民政府、甘肃省体育局社体管理中心、甘南藏族自治州文化出版和体育局、甘南州旅游局承办,参加者是各国各地区运动员（2010年为蒙古、中国香港、中国澳门、浙江、江苏、河北等12个团体的24支代表队）,本地居民甚至连拔河现场都无法进入,社区参与性很低。活动内容方面,原来局限于宗教朝拜、祭祀、竞赛等活动,现在则以商贸洽谈、文艺演出活动为主,如香巴拉旅游文化艺术节的主要活动是赛马、射击、服饰表演、藏戏、舞蹈表演、篝火晚会、焰火晚会等,规模宏大。宣传方面,原来不求外界关注,自娱自乐,现在则大肆宣传,旅游广告铺天盖地,如拔河活动借助1990年北京第十一届亚运会召开之际以电视纪录片形式在亚洲各国参会者中播放,首次引起体育界关注,2001年申报获得上海大世界吉尼斯纪录,2007年成为甘肃省非物质文化遗产。

三　物质文化效应

（一）饮食文化变迁

其一,饮食结构发生变化。旅游开发前,甘南饮食以独具特色的藏民族传统餐饮为主,主食是"四宝"（糌粑、牛羊肉、酥油、茶叶）,很少吃蔬菜和水果。其中,糌粑由晒干炒熟后磨成粉的青稞或豌豆面加酥油搅拌而成,一般分为"乃糌"（青稞面糌粑）、"散细"（去皮豌豆制作而成）、"散玛"（豌豆糌粑）、"白散"（青稞和豌豆混合而成）四种；牛羊肉以高原牦牛肉和绵羊肉为主，可制作手抓羊肉；酥油从牛羊奶中提炼而成，含有多种维生素成分，能补充人体所需的热量和能量；茶叶从外地运输而来，可和酥油一起熬制酥油茶。旅游热出现以后，甘南尤其是拉卜楞传统饮食结构也随之大变。由于游客在短时间内对藏餐难以适应，需要用家乡菜做主食或补充，因此在市场需求驱动下，茶馆、茶吧（见图3—12）、咖啡吧、酒吧、牛肉面馆、湘菜馆、杭州包子馆、膘子面馆、火锅店（见图3—13和图3—14）、蔬菜店、水果店等大量出现，游客和居民不但可以品尝大烩菜、灌肠、灌肺、藏包、饺子、面条、油炸面果、厥麻米饭等藏族传统待客筵席和特色食品，饮用奶茶、酸奶（包括用提炼过酥油的奶制作的"达雪"和没提炼过酥油的"俄雪"）和青稞酒等特色饮料，还可选择内地或其他民族特色餐饮，形成了藏餐、中餐、西餐、清真餐多种餐饮文化"共分市场、互补共存"的新饮食格局，民族饮食文化结构被优化。

图3—12　拉卜楞街区藏人茶馆

图3—13　拉卜楞街区火锅店

图3—14　拉卜楞街心花园附近开办的"湘菜馆"

［民族志记录］

2008 年作者首次前去拉卜楞调研时，在街心花园附近看到一家"湘菜馆"。该餐馆由湖南籍老板经营。内有厨师 1 位，33 岁，也来自湖南，原在陇南金矿打工，后被老板"挖"来。服务员为女性，湖南人，27 岁。他们的感受是，"由于缺少原料，自己无法做出最拿手的湘菜，例如本地产鱼，需要从合作进料，但进来的都是死鱼，无法制作出湖南特有的风味——湖南风味鱼需要以活鱼为料"。作者仔细观看了菜单，大多是普通菜肴。

——来源：作者所著《甘肃文化旅游开发论》（人民出版社 2010 年版）

［民族志记录］

饮食嘛，我们这里也有所变化。我记得在 90 年代（指的是 20 世纪 90 年代）的时候开始出现火锅，刚开始火锅店不多，开了一家，大家都去，去的人很多。拉卜楞冬天比较冷，大家感觉吃火锅很好，因为它比较辣，吃了以后感觉身上暖和。接着又开了几家，生意都不错。大家边吃边聊天，时间也就这样打发了。我们这里不像大城市，比较清闲，吃火锅可以消磨时间。就是现在，大家也还爱吃火锅。

——来源：作者和夏河县统计局某工作人员谈话记录

问卷调查数据显示，餐饮方式方面，选择"使用本民族烹饪方式"者为 24 人，所占比例为 13.0%；选择"大部分为本民族烹饪方式"者为 45 人，所占比例为 24.3%；选择"在不同场合为不同烹饪方式"者为 61 人，所占比例为 33.0%；选择"仅民族节日等时间为本民族烹饪方式"者为 55 人，所占比例为 29.7%。

其二，饮食禁忌发生变化。在传统社会，藏族一般不吃马肉、驴肉、骡肉、狗肉、鱼肉和大葱等，吃牛羊肉时也有禁忌，必须在宰杀次日才能食用；对于以上禁忌，外地人也需要尊重，因此很少食用以上食物。旅游开发后，客流量增大，以上禁忌也出现松动：部分居民尤其是青年人开始食用鱼肉，商店经营者开始出售当天宰杀的牛羊肉，居民食蒜后若漱了口也可以前去参加宗教活动。

下面是作者在拉卜楞旅游餐馆就餐时对部分菜谱（见图3—15、表3—9）做的整理，可窥见本地饮食禁忌之变化：

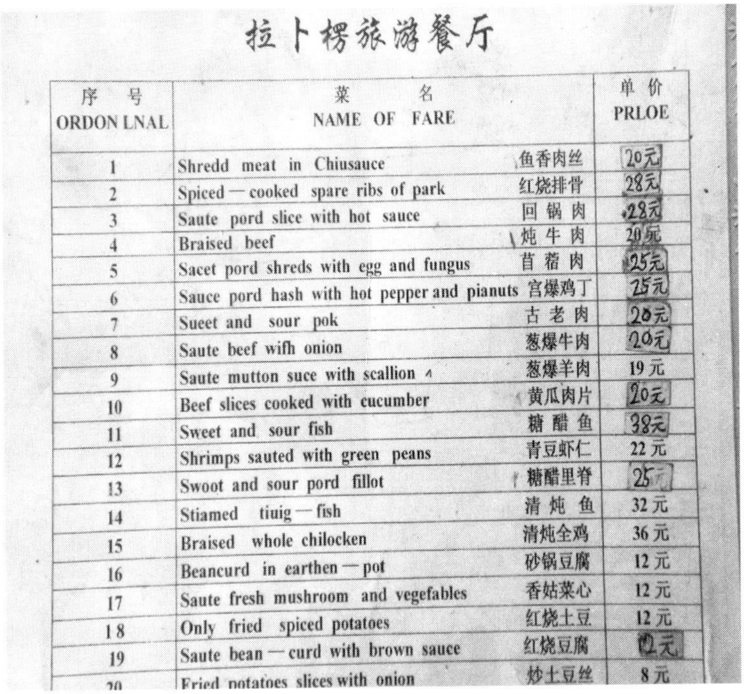

拉卜楞旅游餐厅

序号 ORDON LNAL	菜名 NAME OF FARE		单价 PRLOE
1	Shredd meat in Chiusauce	鱼香肉丝	20元
2	Spiced—cooked spare ribs of park	红烧排骨	28元
3	Saute pord slice with hot sauce	回锅肉	28元
4	Braised beef	炖牛肉	20元
5	Sacet pord shreds with egg and fungus	苜蓿肉	25元
6	Sauce pord hash with hot pepper and pianuts	宫爆鸡丁	25元
7	Sueet and sour pok	古老肉	20元
8	Saute beef wifh onion	葱爆牛肉	20元
9	Saute mutton suce with scallion	葱爆羊肉	19元
10	Beef slices cooked with cucumber	黄瓜肉片	20元
11	Sweet and sour fish	糖醋鱼	38元
12	Shrimps sauted with green peans	青豆虾仁	22元
13	Swoot and sour pord fillot	糖醋里脊	25元
14	Stiamed tiuig—fish	清炖鱼	32元
15	Braised whole chilocken	清炖全鸡	36元
16	Beancurd in earthen—pot	砂锅豆腐	12元
17	Saute fresh mushroom and vegefables	香菇菜心	12元
18	Only fried spiced potatoes	红烧土豆	12元
19	Saute bean—curd with brown sauce	红烧豆腐	[illegible]元
[illegible]	Fried potatoes slices with onion	炒土豆丝	8元

图3—15　拉卜楞旅游餐厅菜谱

表3—9　　拉卜楞旅游餐馆菜谱

序号	英文名称	中文名称
1	Shredd meat in chiusauce	鱼香肉丝
2	Spiced - cooked spare ribs of park	红烧排骨
3	Saute pord slice with hot sauce	回锅肉
4	Sauce pord hash with hot pepper and peanuts	宫爆鸡丁
5	Sacet pord shred with eggs and fungus	苜蓿肉
6	Sauce and sour pok	古老肉
7	Sauce beef with onion	葱爆牛肉
8	Sauce mutton suce with scallion	葱爆羊肉
9	Beef slice cooked with cucumber	黄瓜肉片

序号	英文名称	中文名称
10	Braised beef	炖牛肉
11	Sweet and sour fish	糖醋鱼
12	Shrimps sauced with green peans	青豆虾仁
13	Swoot and sour pord fillot	糖醋里脊
14	Stiamed tiuig－fish	清炖鱼
15	Braised whole chilocken	清炖全鸡
16	Beancurd in earthen－pot	砂锅豆腐
17	Sauce fresh mushroom and vegetables	香菇菜心
18	Sauce bean－curd with brown sauce	红烧豆腐
19	Only fried spiced potatoes	红烧土豆
20	Fried potatoes slice with onion	炒土豆丝
21	Fried potatoes in French manner	法式土豆
22	Fred bamboosshoots with mushrooms	竹笋平菇
23	Cooked local eggplant	素炒茄子
24	Fried green pepper	虎皮辣子
25	Sweet and sour vegetables	糖醋莲花
26	Fried spinach	炒菠菜
27	All kinds of earthen－pot	各种砂锅
28	Sour and sweet pork chops	糖醋排骨
29	Braised beef in soy sauce	红烧牛肉
30	Scrambled eggs with tomato	西红柿炒鸡蛋
31	Miced meat beancurd in pepper sauce	麻辣豆腐
32	Five flavor spiced beef	五香牛肉
33	Braised chicken in soy sauce	红烧鸡块
34	Tomato and beef soup	番茄牛肉汤
35	Fried fish	炸鱼块

其三，饮食器物发生变化。酒具方面，藏族传统器物是用银制作的杯子和碗，因为酒和银金属接触后可发生反应，生成银离子，具有杀菌功能；而现在基本上看不见使用银杯子和银碗者，而是以玻璃杯或瓷杯取而代之；茶具方面，传统茶具主要是壶（包括贵族和僧侣使用的金壶、大众使用的银壶和陶壶等）和碗（玉碗、瓷碗、木碗等），现在多为玻璃或铝制作的壶和杯子取而代之。

其四，饮食技艺发生变化。学术界一般认为，青藏高原饮食技艺第一次得到提高是文成公主入藏带来了汉族饮食技艺，第二次是 18 世纪"满汉全席"的传入，第三次则是改革开放和旅游开发以后现代商业化烹饪模式传入，拉卜楞饮食烹调技术得到提高、改良。例如，出于时间成本因素考虑，商家不能让游客等待很长时间才能吃到食物，因此事先把糌粑直接加工成"面包"、"月饼"或者"小糕点"样式，游客只需要掏钱便可马上品尝；烤全羊不再是真实意义上的"烤全羊"，而是"煮全羊"，基本都是提前煮熟后放入冰箱，待客人点菜后稍加烤热即可。技艺的变化直接导致餐饮风格的变化。

其五，饮食观得到外界认可。藏族主张合理饮食，提倡使用补品。现在随着健康意识的提高，藏族传统的保健养生饮食观被大家认知，牦牛肉、牛骨髓、藏红花和冬虫夏草等特色食品受到欢迎。

其六，饮食礼仪或礼教发生变化。在传统社会，无论是饮茶、饮酒都有一定讲究。如饮茶前要泡一段时间，使茶叶完全泡开，然后再摇晃茶壶，使茶味加快扩散；斟茶时要对客人恭敬；而客人品饮时也要注意本地人讲究，如必须饮够三碗（杯），否则视为不尊重。现在则未必如此，服务员只是把茶壶端来后即走，有时甚至需要游客多次催促才前来上茶；另外客人也不一定非要喝完三碗（杯）。

（二）建筑文化变迁

其一，传统建筑大量消失。

在拉卜楞，传统建筑包括寺院建筑、农牧民住所和市民居所。寺院建筑以木结构为主，高大庄重，墙体和柱子雕刻有图案；农牧民多使用茅草屋和帐篷，市民建筑多为瓦房；在冶力关，传统民居以土木修建，门廊高大，墙体用土夯砌而成。而现在"城市化"进程中，传统建筑（包括寺院建筑和民居）在减少，满眼望去皆是楼房，商业一条街也随之出现。冶力关也是如此，短短的 6 年内高楼大厦代替了破旧的建筑，游客看到的是气派的高尔夫球场、现代化的办公大楼、豪华的生态园、宽敞的宾馆、崭新的"农家乐"。

其二，建筑材料和风格均发生变化。

建筑材料方面：原来以木材为主，现在变为砖石结构和钢筋混凝土，并且普遍开始使用玻璃。两社区调查结果显示，房屋建筑用材选择"本地建材"的有 43 人，所占比例为 23.2%；选择"其他地方建材"的有 57 人，所占比例为 30.8%；选择"两者兼有"的有 85 人，所占比例为 46.0%。

建筑风格方面：原来以藏式为主，现在已经变化为汉藏式建筑，多现代化气息。调查结果显示，房屋建筑风格选择"本地风格"的有42人，所占比例为22.7%；房屋建筑风格选择"外地风格"的有35人，所占比例为18.9%；选择"两者兼有"的有108人，所占比例为58.4%。

房屋装饰风格方面：现在装饰开始带有现代风格，讲究档次，趋于豪华。调查结果显示，房屋装饰选择"本地民居风格"的有46人，所占比例为24.9%；选择"现代装饰风格"的有48人，所占比例为25.9%；选择"两者兼有"的有91人，所占比例为49.2%。

其三，建筑内设施发生变化。

旅游开发前，传统建筑中不可缺少的设施主要是煨桑台、经幡杆、连锅炕、佛龛、供灯等，具体布局是：院落中有煨桑台、经幡、经幡杆或玛呢旗杆，房屋内有连锅炕、佛龛、供灯等宗教设施（见图3—16）。现在则大不相同，由于建筑面积的缩小、建筑格局的变化，房屋内多配置电视、暖气、空调、冰箱、电话、电脑、写字台、椅子、沙发、茶几、席梦思等设施，无法修建煨桑台、连锅炕，也很难悬挂经幡等。作者观察了许多住所，

图3—16　旅游区民居内部装饰和设施一瞥

注释：拍摄于博物馆冯馆长住所内。房屋为2层小楼，几乎未使用木材；观音佛像后面有风景画。

发现只在居住和经济条件特别好、宗教信仰特别强烈的居民家中才有以上设施。至于佛像，数量也明显减少，倒是歌星、影星的画像和现代山水画等时有出现。

（三）服饰文化变迁

其一，服饰风格多样化。甘南处于高原地区，气候条件除南部外均相对恶劣，因此藏族服饰以保暖为首要目的，审美功能和身份标志属于其次，特点是露臂、襟大、袖长、多宗教装饰等。主要服饰是藏袍、靴子、氆氇、帽子等。旅游开发以后，外地服饰文化也进入拉卜楞地区，中山装、西装、牛仔裤、夹克等流行服饰相继出现，以传统民族服饰为日常生活服饰者减少，即使是青少年和在校学生，也多穿现代服饰。作者问卷调查数据显示，被调查者中选择"传统本民族服饰"的有 24 人，所占比例为 13.0%；选择"当地现今服饰"的有 53 人，所占比例为 28.6%；选择"城市居民一般服饰"的有 87 人，所占比例为 47.0%；选择"现代流行服饰"的有 21 人，所占比例为 11.4%。这说明旅游区服饰文化不再单一化了。

［民族志记录］

"我感觉你们这些搞研究的问得太细了，也太书呆子气了。穿衣裳的事情也问，还打破沙锅问到底，问的这么多？我们是少数民族，但是也是人呀，你们穿的我们也穿，我们这里也流行（注：不是生气，而是感觉问得太细、太深入了。有点烦。说了这些话以后语气慢慢缓和了）。我们这里也有所变化。我是个'70 后'，岁数和你差不多吧（注：又问起了作者的年龄。作者告诉了他）。'文化大革命'以前的事情我不清楚，应该没有大的变化，大家都很穷，穿的基本一个样。这些想都想得到。不过，我记得旅游开发后的一点事情，也许对你有用，就是听说来了一帮外地人，穿的不是本地服装，有些人感觉是奇装异服，很生气，就围上去，大声地骂，问他们是从哪里来的，为什么穿的这样。外地人很害怕。好像有几个人还被打了。那个时候开放时间还不长，不像现在，什么都敢穿，和电视上的一些人穿得差不多，不过就是这里冷，不敢太露。"作者问："麻烦你回忆一下，你先后穿过哪类衣服？"回答是："我上学的时候，穿过运动衣、球鞋呀，不上学了穿的就多了。现在夏天基本上穿衬衫、T 恤，冷的话就穿西服，冬天穿毛裤和羽绒服，到底热。"

——来源：作者和夏河县某商店老板谈话记录

［民族志记录］

> 阿克（注：指的是普通僧侣）不一定一直穿的是他们那种红色的衣裳（注：指的是氆氇）。我们每天都看见的。他们也不一定都穿靴子，有的穿皮鞋，有的穿布鞋。不过，在寺院内他们也许不这样穿吧，我们看到的都是街上走的阿克。另外，阿克经常外出，好像听人说他们中个别在外边穿的不是僧人衣服，西装革履的，可时尚了（注：和作者其他访谈对象所说基本一致）。
>
> ——来源：作者和某餐馆老板谈话记录

其二，服饰禁忌发生变化。甘南藏族有许多服饰禁忌，例如忌讳妇女晚上洗头发，不能披发进入寺院或供奉佛祖佛像的房间，不能戴着帽子和眼镜转经轮。现在旅游开发后，游客增多，此类禁忌基本消失，作者看到一些喇嘛戴着眼镜念经、做佛事，有的外出时还戴黑色墨镜。

其三，服饰材料发生变化。原来服饰材料以手工制作为主，现在由于价格昂贵、制作成本高已不多见，只有少数远道而来的牧民身上才可看见，显得格外富贵华丽，而城市和郊区农民的服装基本以现代材料制作而成；另外，牧民袍子的制作材料也有所变化，原来使用狐皮、鹿皮袍、水獭皮装饰胸襟，国家禁止捕猎野生动物以后，基本以羔皮等为主。

其四，服饰装饰发生变化。图案方面，受到宗教信仰影响，藏族喜欢在服饰上缝制宗教图案"卐"——"雍仲"，以祈福保平安，渴望远离邪恶和不吉，现在已不多见。头饰方面，原来女性多梳辫子，如女子到十七八岁时要举行"上头"或"戴天头"仪式，蓄发为辫，把头发编成很多条细小辫子，有的梳成一条粗辫，缀有各类装饰品。现在这样的发饰多出现在牧区，城镇女性多梳披肩、盘头等新式发型，和城市女性区别不大。

第三节　社会效应

一　社会关系效应

（一）社区人际关系

社区人际关系包括两大类：居民和游客的关系、居民之间的人际关系。

先分析前者。传统社区人际关系以伦理型、情感型为主，居民对外来客人非常热情，要拿出家中最好的酒肉给予款待；而现在主客互动逐渐商业化、功利化、市场化，旅游者追求的是服务和享受，接待者和经营者追求的是经济利益，两者多以货币为纽带，以契约为依据。另外，主客互动频次加大，互动范围扩展，但是互动深度减小，互动时间缩短，在发生功能性变迁的同时也出现了结构性变迁。

［民族志记录］

我们来的时候，以为宾馆价格很贵，就找了个小旅社住下。老板50多岁。他要的价格是一个人一晚上20元钱，我们感觉不贵，就住下了。住宿一段时间后，我们想换个好点的房间。房东爽快地答应了。三天后，房子换了，商量的价格是一个人一晚上25元。就在这段时间，另外一位租房者告诉我们："你们租的贵了，包月才400元！"于是我们就找到房东，说了缘由，想和他重新商量一下价格。谁知，这位和我们平时有说有笑的房东竟然把脸一板，大声说："你们不给钱也可以！"然后摔门而去。感觉金钱的确使人与人之间的关系变得十分陌生。

——来源：作者和兰州某游客谈话记录

再分析后者。在传统社会，拉卜楞周边属于牧业社区，冶力关属于农业社区，居民生活于相对封闭的社区之内，交往范围有限，交往对象多是家族、宗族和村落中的熟人，人际关系的同质性很强，以地缘关系＋血缘关系为主，大家和睦和谐共处，人情味重；随着旅游和城市化的快速发展，社区居民生活节奏加快，居民关系（家人关系、亲戚关系、朋友关系、邻里关系）也不断发生变迁，人际关系中多了业缘关系，并且特征越来越突出，利益纠纷增多，合作互动之外的竞争加剧，原来淳朴的热情中已添加了几分虚假和冷漠，经济利益对私人友谊和亲情也产生了一定冲击。

［民族志记录］

问：农家乐发展起来后，你们这里人与人之间有没有由于客人和其他问题而发生矛盾的？

答：有啊。现在的人，为了钱可不讲理呢。我的一个当家子嫂子就是这样。前年吧，兰州来了一帮客人，到我家来住宿，我爸都和人家把价钱商量好了，一个人一晚上20块钱。可是她却把客人给叫走了，说她们家的便宜，一个人才 15 块钱。我爸气的呀，不过也就没说什么，想的是客人也多，走了就走了。还会有人来的。

问：这样的事情多吗？

答：常见得很。就我的这个嫂子，前几天还为了拉客人和另外一家人吵了起来，最后还是她厉害，她家的价格低呀。谁不愿意住便宜的。

——来源：作者和杨建国女儿谈话记录

[民族志记录]

我在外地打工已经 10 多年了，最近回来看看，不打算出去了，重新考虑赚钱出路。但是，这几天感到不是太适应，原来我在的时候，大家有空就出来聚在一起聊天，人很多，你一言我一语，张家的媳妇李家的车，很热闹，时间过得很快。要不就到熟人家中转转，坐在炕头闲谝（注：方言，意为聊天）。这样的来往很多。但是，现在大家都在忙，开农家乐的在招呼客人，开商店的在卖货，种庄稼的都出去收庄稼，你没地方可去，去了也没人陪。

——来源：作者和冶力关某村民谈话记录

(二) 社区和政府关系

旅游开发使原本和谐的干群关系也发生一定变化。一方面，由于旅游业的发展，民族地区新农村、新牧区和城市化建设得到发展，居民切实享受到了旅游带来的实惠，干群关系好转，有望朝"和谐型"发展；另一方面，在旅游热不断高涨和城市化加速的大背景下，土地、就业和社会保障等系列社会问题随之出现，直接引发干群关系矛盾和冲突，干群关系朝"利益冲突型"和"不信任型"发展。

导致干群关系出现纠纷的一个原因是居民搬迁和征地补偿带来的相关问题。如冶力关在旅游开发后将居住在今天"文化广场"附近的居民全部搬迁，土地被征用以修建基础设施，搬迁户可以得到一定补偿，宅基地由政府负责修建，并把部分人转为城市户口，享受一定的社会福利（如困难补助和救济）。在此过程中，由于土地管理和监督制度不太健全，部分领导干部和业务人员乘机钻空子、捞好处，部分村民利益受损，失去了最根本的土地和生存保障，还拿不到"低保"，"被剥夺"心理加剧，生存状态恶化，诱发了干群关系的矛盾和紧张。

　　[民族志记录]

　　　　为了了解旅游对冶力关的影响，作者在杨建国之女带领下走进了本村居民杨某家。一进门，就感觉他们家经济条件不好，别人都在修建新房、楼房以开办农家乐，而他们却依旧住的是土房子；别人家房屋都装饰一新，而他们家房子连墙壁都没粉刷，黑糊糊的，显得比较寒碜。通过访谈，作者得知了其中缘由。由于土地被征用，而补助金却很少，只有一个"低保"，加之家中人口多，孩子又上学，自然无法开办农家乐。无奈之下，他在外边开荒种庄稼。"我总不可能去买面袋子吧。我是个农民，现在连地都没有了。只好开荒，我知道违法，但没有办法，我得吃饭。"主人还反映："为了落实待遇，我也找过几次领导，每次都是碰壁，说不上个理由，也不理睬。我和人家还吵起来了，就是不顶用。"

　　　　　　　　　　　　　　　——来源：作者和冶力关某村民谈话记录

　　导致干群关系出现纠纷的另外一个原因是旅游投资和项目补助分发的不公平。旅游开发前，由于国家对社区投资较少，群众对经济利益不是特别关注和在乎。旅游开发后，社区居民经济意识空前增强，对贫富差异和项目投资关注度增大，而个别人在项目补助分发中以权谋私，部分居民被排斥在外，于是产生强烈"不平衡、不公平"心理，干群矛盾由于社会公平问题被进一步激化。冶力关个别群众反映，政府为了发展农家乐，决定给每户补助3万元，但是却以"5·12地震"的名义下发，有的家庭能得到，有的家庭却得不到，有的家庭获得的数额多，有的家庭获得的数额少，群众意见很大。不过，由于政策不透明、信息不对称，群众无法行使知情权，只好私下大骂腐败；也由于对干部信任缺失，无人前去询问详细情况，产生各类猜疑、抱怨甚至不满。作者调研期间，一些居民对社会利益分配格局不合理现象耿耿于怀，直接导致干部在旅游发展和新农村建设中的政绩和形象受到影响。

　　（三）民族关系

　　民族关系是旅游目的地发展中最重要的社会关系。随着旅游业的不断发展，甘南民族关系也呈现新格局、新态势：第一，新型民族关系正在形成。

由于旅游开发和经济社会发展中"三个离不开"思想的贯彻执行，使平等、团结、互助、和谐成为民族关系的本质和主流。第二，民族交往更加密切频繁。由于大规模客流的流动，民族地区的封闭被族际互动所取代，互动民族主体增多，民族多元文化在文化场域内互动传播，族际交流和冲突也趋于增多。第三，民族意识得到进一步强化。和旅游开发前相比，区域内外居民民族身份和民族意识增强，文化和族群认同强烈。作者在调查期间，和夏河县文体局工作人员聚餐，其间谈论夏河生态时，他们对外来民族破坏环境的行为极为不满，而对本民族宗教生态伦理极为自豪，并结合马丽华访问藏区的事迹进行佐证。第四，民族关系更加敏感。"民族问题无小事"，很小的摩擦也有可能激发大的群体性突发事件，甚至演化为民族关系冲突，对旅游业的发展将形成致命性打击。第五，民族文化同化不可避免。尽管民族意识有所凸显，各民族保持独特的文化价值观，但是现代文明已经长驱直入，文化的同质性愈加明显。

旅游开发中甘南民族关系的影响因素主要是：（1）历史记忆。在历史发展中，甘南曾经出现民族纠纷乃至民族仇杀，这些历史事件已经转化为记忆长期存在，导致相关族群互相仇视。（2）国际敌对势力的支持。国内外部分敌对势力互相勾结，妄图制造事端。也正由于此原因，"3·14"事件后一段时期内，甘南不完全对外开放，谢绝入境游客进入参观。（3）民族风俗问题。甘南属于多民族聚居区，而不同民族之间的生活习惯特别是宗教信仰互不相同，日常行为和心理模式差异很大。（4）发展的不和谐问题。由于各族群、各阶层在旅游中的参与程度、受惠程度不同，因此态度和立场也有所区别，部分少数民族认为其他民族侵犯了本民族利益，形成心理失落感、被剥夺感，致使民族关系恶化。

下面是作者就民族关系问题对拉卜楞社区某位居民进行的访谈记录：

[民族志记录]

问：你感觉这里生意好做不？

答：在这里做生意虽然总体很好，但是需要小心，有的时候很受气。比如，有的人买了东西，走了，但是过了几天会回来，找你的麻烦，说东西不好。你最好给人家退钱，不然没完没了。

问：这样的人多吗？

答：我有时遇到。一看见他们来我就头疼，所以不愿意给他们做眼镜。

问：像你这样受气的人多不多？

答：这样说吧，只要你是外地人，就都受过气。百分之百，没有问题。不信你去问问。

问：遇到这种情况你怎么办？

答：只有受气。你说，假如你在单位上班，明明不是你的错，而上司却要你写检查，你说不出，也骂不出，只好受冤枉气，你会怎么样？我们也一样。这里的老板看上去好像比较风光，其实都有很多苦。

问：你不去报警吗？你们也没有向有关部门反映？

答：嘿嘿（自我嘲笑），反映？管理者都知道，只要不出大事那就是他们最大的功劳，这样的事情太小了，芝麻大点事。

——来源：作者和夏河某眼镜店老板谈话记录

二　家庭婚姻效应

（一）择偶变化

择偶方式：在传统社会，民族地区居民选择婚姻对象的方式和内地基本一致，有"父母之命，媒妁之言"之说，家长的态度特别重要，择偶模式为"家长做主，自己听从"；旅游开发以后，文明传播力度加大，外部择偶方式也得到传播，居民择偶方式开始转变为"家长点头，本人决定"、"自己做主，家长参谋"、"自己决定，家长听从"模式，自由恋爱增多，青年人在找对象和配偶时的自主性和决定权日益凸显；不过相对而言，牧区农民依旧难以在短期内消除历史痕迹，亲戚、同事和朋友做"介绍人"的现象不少。

择偶标准：传统社会的标准主要是宗教信仰、民族成分、经济条件、家庭背景等因素，而现在除保持以上因素外还增加了不少新的要素，文化程度、外貌体征、职业状况、住房状况、发展前景都被纳入其中，时代特征非常明显。问卷调查显示，选择"宗教信仰"的有 79 人，占 42.7%；选择"民族成分"的有 132 人，占 71.4%；选择"经济条件"的有 143 人，占 77.3%；选择"家庭背景"的有 102 人，占 55.1%；选择"文化程度"的有 116 人，占 62.7%；选择"外貌体征"的有 89 人，占 48.1%；选择"职业状况"的有 121 人，占 65.4%；选择"住房状况"的有 132 人，占 71.4%；选择"发展前景"的有 86 人，占 46.5%（见图 3—17）。

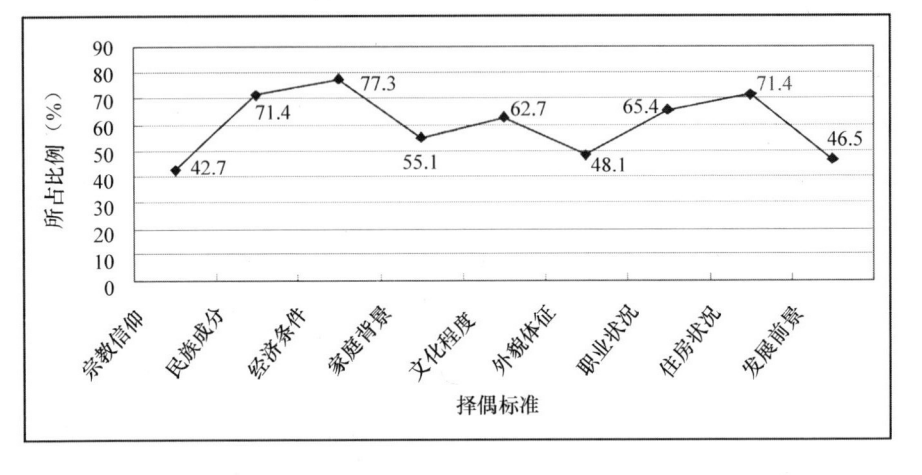

图3—17　旅游使居民择偶标准多元化、现实化

择偶范围：一般而言，男女两性结合与通婚的范围叫"通婚圈"，其测量依据是婚姻双方家庭和生长地距离。人类学家 G. William Skinner（施坚雅）于1949年前后在中国四川进行长期田野调查后发现，中国农民婚姻圈和交换市场之间存在高度的相关性，其他人类学家如 Maurice Freedman（莫里斯·弗里德曼）、王铭铭、周大鸣等也发现"通婚圈"和地理、宗教、人文等有密切关系。本书研究社区"通婚圈"也是如此。旅游开发前，相对封闭的地理环境、多民族聚居的区域特征和互不相同的宗教信仰，使居民选择配偶的范围比较狭窄，局限于社区（城镇、行政村）内；而旅游开发以后，居民交往对象扩大化，交流机会频繁化，"婚姻圈"外延，通婚半径由于突破了地域和族际的限制而延长，族际婚姻、跨国婚姻不断出现。

［民族志记录：异域姻缘，"旅游"做媒］

学术界早就开始关注旅游和婚姻之间的互动。作者在甘南做田野调查时也想对此展开分析，但是仅局限于问卷调查，缺少个案。7月21日，作者和旅游局一位工作人员进行交谈，谈起夏河旅游开发后的变化时，有人（事后知道此人是陆光，我们还成了朋友）插话说"旅游还促成了跨国婚姻呢"。作者立刻精神振奋，就此问题继续深挖，进行了下面的谈话。

作者：陆老师，您好！他们说您对旅游很有研究，我想请您谈谈旅游对夏河或拉卜楞居民婚姻的影响。

陆光：对婚姻肯定是没有大的影响，但是没有影响那是不可能的。任何一个新事物进入一个地区或者国度，都是潜移默化的。举一个很简单的例子，在旅游开发前，本地居民与外国人通婚是不可能的，但是通过旅游的接触，夏河的藏族就有与国外女性结婚的。

作者：你说的这个我很感兴趣。能不能具体谈一下。

陆光：这都是好多年前的事情，现在早已不是新闻了。

作者：那当时肯定是特大新闻吧。

陆光：对本地人的冲击是很大的，但是不会感觉到天翻地覆（笑了）。不过这方面的影响还没有成型。

作者：麻烦您说说具体情况。

陆光：夏河的藏族帅哥找了个荷兰的女的。外国人来这边的越来越多，通过旅游接触的机会就多了起来，因此才有这样的事情。在以前当然不可能。

作者：那男的是做什么的呢？

陆光：是做旅游的，好像是个导游？（旁边有人补充，是开办旅行社的。）

作者：啊，那个女的是来夏河旅游时认识这个男的吧？

陆光：那个女的是个荷兰人，也是做旅游的，是个导游。男的出于商业便利和语言沟通无障碍（补充说道："他会外语"），通过接待外国旅行团认识了这个女的，一来二去，便产生了感情，四年前结婚了，就住在夏河。目前好像还在开旅行社。

作者：有孩子了吗？

陆光：有了。是个女孩。

作者：还有这样的例子吗？

陆光：其他和老外结婚的好像没有听说过。不过夏河和青海的呀、四川的呀结婚的比较多。另外通过旅游嫁到外地的也有。

——来源：作者谈话记录

（二）婚姻仪式变化

原来的仪式主持人多是社区内有威望、宗教界人士或介绍人，现在为专业司仪；原来要煨桑、转经轮，接受喇嘛或宗教人士祈福，现在由于时间紧张和设施缺失而省略；原来举办场所局限在社区、家庭，现在转移到了宾馆、酒店，甚至在商界的策划下向草原转移。乐婚网上刊发西安久久红文化传播有限公司刊发的婚礼广告，策划面向全国情侣或未婚夫妇举办"心中的日月——桑科草原集体慈善婚礼"，作者于 8 月 30 日通过电话专门就举办情况对负责人进行了访谈，调查得知：目前已有 4 对情侣有拟在国庆期间举办婚礼明确意向，但由于人数少且天气变冷，尚未签订协议；以后将加大宣传力度，争取在 2011 年打开市场。下面是即将推行的"草原婚礼"的基本设计程序（见表 3—10）：

表 3—10　　　　"心中的日月——桑科草原集体慈善婚礼"策划要点

报名程序	电话报名——工作人员电话联系——填写报名表——汇款（定金 1000 元，余款婚礼前付 80％，报到时现付）。费用共 5999 元/对
具体事项	1. 幸福起航——报到，领取草原蜜月婚礼指南，入住酒店，自由活动 2. 修佛洗礼之旅——婚纱影楼集中化妆；途经有"小麦加"之称的临夏市，领略独特的阿拉伯风情；夏河县城参观拉卜楞寺；到达桑科草原，举行浪漫草原婚礼；夜晚体验牧民生活，参加异域风情篝火晚会 3. 情迷达尔宗湖，孤儿院献爱心 4. 结束蜜月之旅
服务项目	1. "心中的日月"隆重经典婚礼仪式全程（个人拍摄与集体拍摄完美结合） 2. "心中的日月"个性化新人 MTV（所有个人镜头） 3. 婚礼纪念电子相册（集体照片及所有个人镜头，个人照片最低 24 张起） 4. 婚礼庆典纪念电子杂志（所有个人镜头） 5. 婚礼全程跟拍摄影摄像（个人拍摄与集体拍摄的完美结合） 6. 专业化妆师为新娘打造最时尚的新娘造型 7. 活动当天新娘精致手捧花、新郎胸花 8. 两晚三星酒店住宿 9. 全程空调旅游车 10. 特色风情团队餐 11. 篝火晚会 12. 温馨住宿 13. 新娘婚纱一套 14. 所有景点门票 15. 桑科草原骑马巡游 16. 藏族小朋友托婚纱，表演节目助兴 17. 新婚特种保险 18. 中文导游讲解服务

（三）婚姻基础及相关观念变化

婚姻基础：问卷调查显示，选择"两人感情"的有132人，占71.4%；选择"经济收入"的有102人，占55.1%；选择"职业状况"的有91人，占49.2%；选择"民族成分"的有114人，占61.6%；选择"外貌体征"的有46人，占24.9%；选择"父母包办"的有56人，占30.3%；选择"住房状况"的有23人，占12.4%；选择"发展前景"的有49人，占26.5%（见图3—18）。

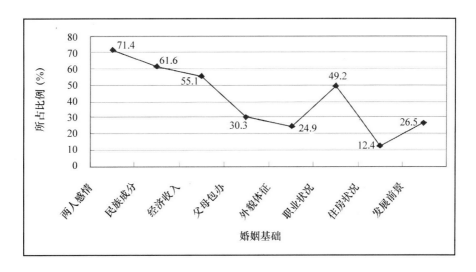

图3—18 旅游使居民婚姻基础认识发生变化

对离婚态度：问卷调查显示，选择"尽力维持"的有47人，占25.4%；选择"调解无效后，同意离婚"的有71人，占38.4%；选择"保持家庭，夫妻自由"的有22人，占11.9%；选择"尽快离婚"的有45人，占24.3%（见图3—19）。

对"第三者"态度：问卷调查显示，选择"积极赞成"的有5人，占2.7%；选择"赞成"的有12人，占6.5%；选择"无所谓"的有32人，占17.3；选择"反对"的有78人，占42.2%；选择"坚决反对"的有58人，占31.3%（见图3—20）。

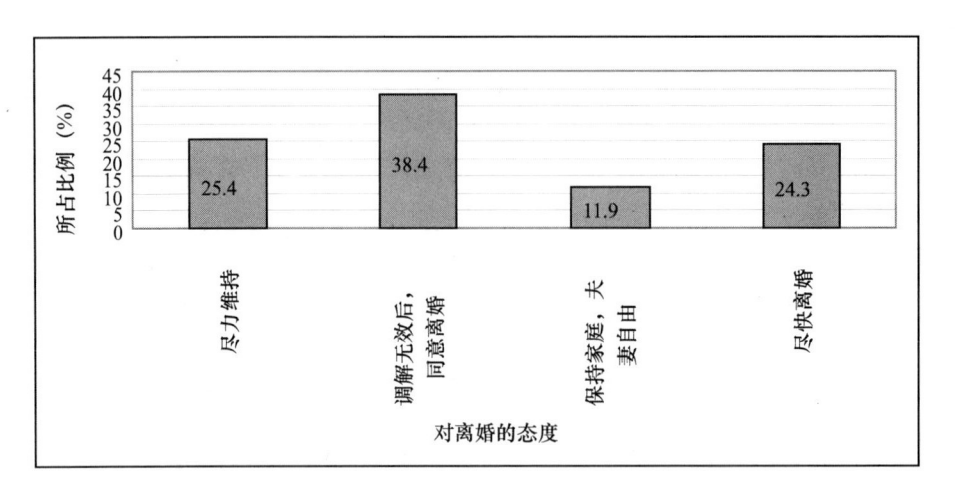

图 3—19   旅游区居民对待离婚态度

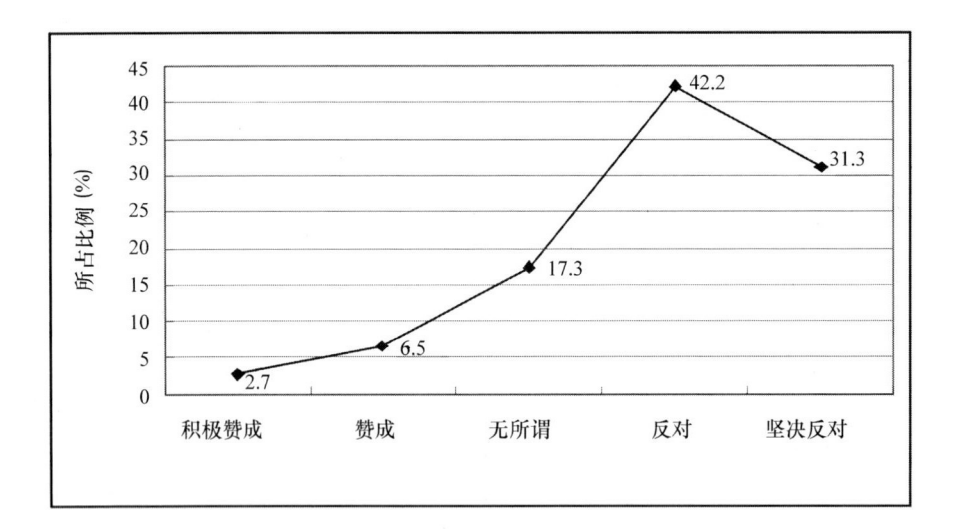

图 3—20   旅游区居民对"第三者"的态度

三   居民就业效应

（一）和谐社会视野下民族地区就业形势分析

"供求失衡，形势趋于严峻"：对于就业和经济发展的关系，学术界一般认为两者呈现正相关关系，即 GDP 若增长 2%，就业率就可提高 1%，此理论被称为"奥肯定律"。但是，处于转型期的中国却出现另外一种模式：高经济增长率不能提高居民的就业能力，失业率居高不下，形成"奥肯悖论"。民族地区也是如此，具体表现是：第一，大学生失业问题凸显。1998 年亚洲金融危机后，我国政府实施高等教育扩张政策，大学生数量剧增，2009 年毕业生人数达到 610 万人，2010 年达 630 万人之多，但是就业问题仍很棘手。昔日的"精英教育"成了"大众教育"，过去的"天之骄子"成了"普通劳动者"，为求得职业和生存发展空间，民族地区一些大学生需要长期等待、请客送礼，就业成本呈逐年上升态势；部分大学生不得不在低层次岗位就业，收入微薄，使"读书无用论"再次泛滥，加剧了民族地区本已严重的辍学现象。旅游专业大学生也是如此，学非所用，高才而低就，大材而小用，部分人即使在旅游行业就业后也很快转行。第二，农民工就业难。20 世纪 90 年代后，由于农业生产率迅速提高和制度改革，我国出现农村剩余劳动力大规模流动潮，但是，由于人力资本低、制度设计（住房制度、医疗制度、就业制度、就学制度、户籍制度、福利制度等）排斥等因素，大批农民工无业可就，遭遇"制度性失业"，成为弱势群体而"聚居"、"杂居"在"贫民窟"中艰难生存，部分人失去生活来源后沦为犯罪群体，对民族地区和谐稳定形成威胁。第三，下岗职工再就业难。由于世界金融危机等因素影响，民族地区部分企业景气指数下降，企业职工失业率增大；同时进城农民工使就业市场竞争加剧，下岗职工再就业面临更大的挑战和压力。

"社会转型，失业类型多样"：目前，民族地区典型失业类型如下，一是摩擦性的失业，指的是在就业岗位转换中形成的难以避免的短期性失业，如刚毕业大学生一时之间找不到合适工作而失业、旅游从业人员因为转换工作而暂时失业等；二是结构性失业，原因是人力资源供求结构之间无法匹配，如旅游管理专业毕业学生专业和能力与市场需求不吻合而导致失业和岗位空位并存；三是周期性失业，由于经济阶段而形成的失业，如在 1998 年亚洲金融危机和 2008 年世界金融危机冲击下，发达地区许多中小企业停产或倒闭，大量农民工纷纷返乡待业；四是季节性的失业，原因在于劳动力市场需求受到季节或风俗影响而出现失业现象。需要特别说明的是，近年来自愿失业的现象有所上升，如大学生毕业以后自愿成为"失业一族"，而被称为城市中的"漂族"，企事业单位工作人员由于各类原因（如买断协议工龄等手段获得长期福利依赖）而自愿提前退休。

（二）旅游发展背景下被调查民族社区就业效应分析

就业率提高：在资本制约、行业垄断、制度歧视等因素作用下，民族地区大量劳动力被闲置，就业空间无法得到有效扩展。而旅游业作为"朝阳产业"，属于典型的劳动密集型产业，和工业等产业相比，吸纳劳动力就业的"乘数效应"优势明显，具有较高的就业密集度指数，能迅速缓解就业压力。本书首先以拉卜楞和郎木寺社区旅游业就业效应做比较分析，在夏河县城附近，牧民可以开办牧家乐接待游客，也可以给县城提供牛羊肉，收入很好，因此基本无游手好闲或打架闹事者，而郎木寺社区则不同，由于街区狭小，参与旅游者人数有限，近年来未就业毕业生或牧民在酒吧中吵架斗殴者增多。冶力关就业效应更加明显，由于产业结构得到调整，农民在接受短期培训后便实现了旅游就业，以前在舞厅内、大街上闲逛者近乎绝迹，大家都在为接待游客而终日忙碌。其次，部分学历较高和旅游类人才在旅游业中有了用武之地，就业不充分现象减少，就业满意度提高，实现了人才的人生价值。最后，女性和老人开始走出家门、走向市场，通过在旅游业中以多样形式就业改变了隐性失业状态，以特有的年龄和性别优势在旅游发展中扮演了重要角色，提高了自身的社会地位。

[民族志记录]

　　　　陈祥顺，男，汉族，大学本科文化程度，西南民族大学旅游管理专业毕业后直接在冶力关风景管理局就业，目前已是科室骨干。他认为自己就业和社区旅游开发直接相关。"如果不发展旅游，我也许不可能在今天这样好的环境中工作。我的一些大学同学目前还在漂泊呢，相比之下，我是沾了旅游业发展的光。其实受益的不仅是我，唐古拉演艺中心就吸纳了部分大学生参与管理、表演。"

就业结构得到优化：被调查社区居民在旅游开发前多在农牧业等产业就业，以牲畜养殖和粮食种植为主，就业渠道单一，就业空间狭小。而旅游开发后由于旅游业较强的关联性，带动社区居民在住宿、交通、餐饮、娱乐、建筑、商业等服务行业就业。以冶力关镇关街村为例，旅游开发前居民多从事农业，旅游开发后居民多从事接待业，以旅游运输、个人旅社、商品销售等为主，从事农业者人数明显减少，部分人即使从事农业，种植规模也明显减小。

就业模式发生变换：托达罗模型、唐纳德·博格"推—拉模型"等在分析剩余劳动力转移就业方面具有很强解释力，这些理论均认为：在城乡

"二元"结构中，剩余劳动力转移进城就业是理性选择，因此把农民工流动视为"盲流"的说法不合理；流动的原因和农村就业不足、城市就业预期较好有关。以上理论适用于分析传统民族社会的剩余劳动力就业和转移模式：农牧民多以务农、放牧或外出打工为生计方式，就业的模式是"乡—城异地就业"，"离土离乡"，似"候鸟"或"钟摆"一样来回往返，闲时外出打工，忙时在家务农，部分村落成为"空巢"。旅游开发后，部分居民就业模式改变为"本地就业"，不再异地转移，"离土"而不再"离乡"，旅游淡季时进行农业生产，大规模客流到来时在家从事接待业，个别人在闲暇之余外出打工，具有"农牧民"、"农民工"、"旅游实体经营小老板"三大角色。另外，旅游开发中部分外地人迁移就业模式的变化直接促使城镇化模式得到创新，在传统工业驱动城镇化模式、农业加工业驱动城镇化模式和农业产业化驱动城镇化基础上增加了旅游驱动城镇化模式。

（三）旅游开发背景下民族地区旅游业发展与人力资源配置不佳问题

就业质量方面：一是部分从业者薪酬不高。人力资本相关理论认为，人力资本属于投资结果，收益和投入相关性极强，呈现金字塔型或 A 型薪酬结构；但是部分旅游行业（如酒店）就业人员收入在学历等人力资本投资方面未得到体现，人力资本的边际收益效应很小，导致就业者本人和社会成员职业认同度低。二是部分旅游产业从业人员无法享受失业、医疗和养老等社会保险，无法获得职业生涯规划和培训，无法在职场中得到升迁，因此存在后顾之忧，缺少就业安全感和稳定感。

就业歧视方面：一方面，部分企业在性别、年龄、身高、民族等方面设置歧视性限定，过于关注员工的青春美貌，对民族成分比较敏感，使部分人在就业方面受到不公平待遇和排斥；另一方面，社会和顾客对部分旅游行业就业者存在一定的心理偏见和歧视，认为旅游从业者就是最普通的服务生，没有什么社会地位，更无多大发展前途，有时还会为了个人利益不择手段，导致旅游从业人员由于职业声望低而失去职业自豪感，甚至出现职业认同危机。

四　社会失范效应

（一）社会失范表现和特点

"失范"，英语翻译为 Anomi，一般指无规范、无标准。因此，所谓"社会失范"，通俗地说就是社会失去了规范、规则、规律、标准，它指的是由于各类原因，社会原有的道德体系和约束机制对社会成员失去约束力，出现个体或群体价值观念和行为偏离甚至挑战传统规范的社会运行状态。本次调查发现，被调查区社会失范具有以下四大典型特征：

第一，失范活动数量和类别均逐渐增多。

在传统社会、计划经济时期和旅游开发前，居民失范行为在环境、宗教和制度的约束下相对单一，数量较少。而在社会转型和旅游开发的背景下，社会成员失范行为在各个领域都开始发生，主体不但包括政府官员、普通居民，也包括宗教信徒、外来游客；失范类别不但包括欺骗钱财、偷盗抢劫，也包括贪污寻租、卖淫嫖娼、杀人越货等，并且趋于多发。

［民族志记录］

犯罪现象好像有上升势头。我在公安局工作，没有具体数据。不过我有个同学在交警大队，我和她聊过天，知道点情况。应该是有所上升。前几年出现的是偷车，偷摩托车，把停在街上的摩托车偷走；后来变成偷牛，把附近农民和牧民家的牛偷走，拉出去卖钱，或者杀掉后卖给开饭馆的。再就是有一段时间内出现过抢包的，在晚上街上有抢包的。

——来源：作者和拉卜楞某公务员谈话记录

第二，性失范或性犯罪现象有所抬头。

由于旅游区娱乐设施的不完善和夜生活的单调，部分游客倍感无聊寂寞，渴望需求特殊的刺激；而部分女性由于人力资本的素质限制、就业渠道单一等因素，性观念开放，性行为随意，迎合了部分人的"旅游需求"，开始从事"性工作"，最终导致被调查区出现色情服务行业，挑战民族地区传统道德和伦理模式。

［民族志记录］

原来这里哪里有这些东西，大家都本本分分的。现在倒好，出现了一帮外地的小姐，除了集中居住在街上，还租住房屋在出租房内活动。本地方的一些娃娃也跟上学坏了。

——来源：作者和拉卜楞某商品店老板谈话记录

［民族志记录］

拉卜楞也不是你想象的那样，这里早已不是一方净土。其实任何地方都一样，游客多了，自然就会出现"小姐"。我告诉你，夏河也有红灯区，就在……

——来源：作者和甘南某公务员谈话记录

［民族志记录］

我原来住在一家私人宾馆内，最初感觉还算可以，环境很好。价格也不高。可是，过了几天，就发现不对，每天都有许多人进进出出，原来有几个打扮的比较暴露的女的住在这里。我是做调研写论文的，需要安静，再说，我也看不惯。于是赶快交清房租，搬了出来，最后找到这家。现在感觉还不错。不过好像今天早晨我看见一两个来了。

——来源：作者和某大学调研人员谈话记录

第三，社会失范具有明显的利益驱动性。

市场经济使居民消费支出项目增多，因此金钱和货币的地位凸显，部分居民开始拜倒在"金钱"的石榴裙下，为"寻金"道德沦丧，甚至铤而走险，走上犯罪之路。

案例：为求财　僧人杀机顿起　遭谋害　喇嘛命丧夏河

拉卜楞寺在开发宗教旅游时，改革了喇嘛收入制度，允许部分喇嘛导游收取一定费用，并发工资和补助。于是，在外界眼中，本来不是特别富裕的喇嘛导游却被认为是财富的持有者，某外地云游僧人来此后为求财富而失去约束，杀死了拉卜楞寺院喇嘛。

——来源：兰州大学民族学博士刘晖《旅游民族学》

案例：品奶茶　高校教师遭宰　牟暴利　利用信任欺客

桑科草原，风光无限。但是个别牧家乐的"待客之道"也属于一道特殊的风景线。在这里，游客需要在观赏歌舞之前和老板议定价钱，就服务项目和收费达成一致。否则，凭借对主人的信任而先消费后"埋单"，也许要面临被宰的命运。兰州某高校教师在桑科草原游玩时，由于缺少心理防范，和朋友先喝茶后结账。结果，对方收费数额为 160 多元，气得火冒三丈却又无可奈何。

第四，生态环境失范行为值得关注。

由于青藏高原生态极度脆弱，生态灾害对居民生活形成巨大威胁，无数次的教训使藏族居民在长期的历史发展中形成了独特的生态理念和伦理，并通过宗教信仰使人与自然和谐相处的核心观念深入到内心世界。生态理念方面，藏族居民认为人与自然必须平等共存，人类应该敬畏和善待自然；生态禁忌方面，认为山川河流、动植物皆有灵魂，忌讳乱伐树木、挖掘矿藏、杀害动物等。旅游开发后，政府、寺院和社区居民为提升旅游品质和形象，对环境保护高度重视，被调查社区都雇用专人打扫街道、清除垃圾，但是生态失范行为依然无可避免地出现，如冶木河原本是居民饮水之源，目前出现了许多垃圾；天池冶海是天然湖泊，藏语称之为"阿玛周措"，意为"玛合索玛神的魂海"，现在本地群众已无法饮用；赤壁幽谷景区的厕所使附近居民水源受到污染，管理者不得不将其关闭；天池附近草原纸屑、塑料瓶和马匹排放的粪便遍地可见。为此，《甘南日报》（2010 年 7 月 1 日）有相关评论和建议。

景区垃圾谁来管

石志安

六月的甘南草原，鲜花盛开，景色宜人，正是出游的好时节。周末，笔者和家人也到冶力关景区游玩。

一家人购买了门票后，高高兴兴地进入景区，游客很多，随处可见他们阳光般的笑脸，但一些大煞风景的不和谐现象也时时映入眼帘。景区管理部门虽然在停车场和沿途设置了垃圾箱，但大部分饱满外吐，风吹过，塑料袋漫天飞舞，加之夏日气温高，垃圾散发出阵阵臭味，游人经过时都捂着鼻子。这种现象，不但影响了游客的心情，更损坏了旅游景点的形象。

旅游景点是一个地方的名片，旅游部门在开发建设景点的同时，更要注重管理，希望有关部门引起注意，还旅游景点一片碧水蓝天。

由于管理缺位——管理者认为关注草原环境会分散和浪费警力，目前草原和景区环境失范行为尚未得到规范。

（二）旅游开发中失范现象形成原因透视

1. 社会转型视角分析

"社会转型"是传统社会变化为现代社会的一个过程。我国目前正处于传统社会向现代社会的转型时期，而旅游则加速了民族地区从农业或游牧社会向工业、后工业社会的转型：经济方面，计划经济体制转化为市场经济体制，收入差距扩大化、逐利行为合理化、产业结构多样化、消费模式个性化；社会方面，社会阶层分化加剧，政治平等增强，家长式、家族式治理结构转化为科层化治理结构；文化方面，传统与现代并存，宗教和科技同在，西方文化和东方文化互相碰撞激荡，不同价值观出现冲突；政治方面，民主建设进程加快，但体制改革相对滞后，政策和制度设计不完善导致行政失范和权力寻租行为悄然出现，对社会良性运行产生了极大的负面效应。

案例：假"冬虫夏草"在这里出现乃至泛滥

冬虫夏草，呈金黄色、淡黄色或黄棕色，属于传统名贵药材，药用价值和功效极好，故市场需求大，价格特别昂贵。旅游开发前，甘南市场上交易的基本是正宗虫草，本地居民和外来客商以欺诈买主为不齿行为。旅游开发以后，游客增多，市场需求量增大，假货大量出现，部分老板以加工了的草和木头充当虫草，目的就是为了获取暴利。

——来源：作者 2008 年和甘南某导游谈话记录

分析：案例折射出来的是旅游导致的民族地区转型中的商业伦理嬗变问题。在传统社会，藏族由于宗教信仰等因素的影响重道德、淡利益、轻商业，而旅游开发后却嬗变为重利益、轻道德；回族以往做生意时讲究诚信，反对欺诈，提倡诚实交易，坚决反对投机，现在也出现道德失范行为。

2. 人口流动视角分析

一是旅游者频繁流动因素。"铁打的景区流水的客"，任何旅游目的地包括被调查民族地区的旅游景区、社区迎来送往的是一批一批游客，他们中的大多数在旅游区内并非居民，只是做短暂的逗留和游览后便回归"故里"或客源地，因此对目的地的价格、市场、秩序等不完全清楚，于是部分人利用他们对目的地的陌生和流动性特征实施失范行为；另外，部分游客明知对方存在失范行为，也限于成本因素而选择默不作声、忍气吞声，使对方的失范行为收益率加大。

　　案例：买商品遭遇欺骗 讨说法无果而返

　　张某，兰州游客，2008 年 10 月国庆节期间前去拉卜楞游玩。在商业一条街看到了一件首饰，决定买回去送给女朋友。卖主的要价是 300元，他的出价是 200 元。卖主当时坚决不同意。当他即将打消购买念头离开时，卖主说："来吧。来吧。不挣钱卖给你。像你这样的一天来上几个，我就吃亏吃大了。"在一通牢骚声中生意成交。但是，当张某返回宾馆向其他朋友叙说时，其中一位朋友也拿出了一模一样的首饰，说才 100 元，并且就是在那家商店买的。张某感觉上当了，于是，和朋友们前去卖主那里讨个说法。谁知，对方却说："我不认识你。"此时，回兰州的班车准备出发，他们只好作罢。

　　分析：商家利用的就是顾客的流动性特征，他坚信游客时间观念强，日程安排紧，如果和他继续交涉，必将要在本地住宿、吃饭，成本加大，因此认定只要自己坚持，游客必然是"哑巴吃黄连，有苦说不出"，只好选择主动放弃，于是成功心理优势形成，一幕幕欺骗行为陆续上演。

　　二是主—客"陌生人"心理因素。户籍制度的松弛使大规模人口流动成为必然，在流动过程中，居民和原社区联系减弱，在新的"陌生人"环境中得以保持匿名性，惯常居住地的社会控制力下降，流动人口失范冲动提高。如旅游社区色情服务的出现就是一些妇女远离了原来的人际环境，舆论道德谴责风险很小，因此无所顾忌。

　　三是国家对流动人口管理政策发生变化。流动人口或城市外来人口产生的根源是城乡二元结构，在改革开放之前，由于户籍制度的限制，流动人口少。改革开放以后的相当长一段时期内，城市对流动人口采取歧视性政策。此后，由于市场经济对二元体制形成冲击，流动人口权利得到保护，国家管理政策随之改变，但是也出现法律缺失，导致流动人口行为失范。

　　案例：职业乞丐现身拉卜楞街头

　　昨天我们在桥头走，准备去寺院找喇嘛导游。就在转经道附近，来了一个乞丐，说："给点钱。买点饭吃。"我们见他可怜的样子，就动了恻隐之心。老公示意我给点钱。我就从口袋中掏出一元钱给了他。谁知，他又向我老公要钱，说"你没给"，并且挡住我老公，不让走，还把手伸进了我老公的衣服口袋。我们特别气愤，就骂了起来。那个人见我们生气了，便走了，腰也不弓了，腿也不瘸了。后来，本地居民说这些人是临洮来的，专门靠乞讨赚钱，依靠各地游客的施舍都发了财，许多人家中特别富有，房屋修建的都很豪华。

——资料来源：根据西北民族大学民族学与社会学学院陈淑琳谈话整理

分析：国家虽然出台《治安管理处罚法》，对职业乞丐处罚有明确规定，但是由于取证困难、警力不足等原因，职业乞丐在许多旅游区出现，利用游客的善良心理敛财。因此，亟须继续完善法律和政策来纠正流动人口失范现象。

第四章

社区居民旅游认知效应

第一节 调查设计

一 问卷设计

为使研究结论具有科学性，作者设计了《旅游对甘南民生影响的调查问卷》，通过问卷调查使居民的抽象认知转化为具体数据，以做量化分析。此问卷内容包括四大板块：导语；个人基本信息或人口学特征；旅游影响的调查；旅游影响认知和态度的调查。本节主要使用第二、第四部分内容。

第二部分：被调查者个人基本情况（Individual information）。主要包括13项，分别是性别（Gender）、年龄（Age）、民族（Nationality）、婚姻状况（Marriage state）、教育背景（Educational background）、职业（Occupation）、家庭结构（Family construction）、个人年均收入（Personal annual income）、收入和旅游业的关系（Relation of income and tourism）、在本地居住或生活时间（Time living here）、和旅游者接触时间（Days with tourists every week）、和景区景点的距离（Distance from site）、熟人是否从事旅游业（Whether relatives or friends do business of tourism）。其中，在"职业"设置上考虑到被调查社区缺少大型企业，故不设工人阶层；"年龄"设置为5个项目，为"<18岁"、"19—29岁"、"30—39岁"、"40—49岁"、">50岁"；"收入"设置为4个项目，为"<1万元"、"1万—2万元"、"2万—3万元"、">3万元"；"距离"设置为4个项目，为"很近（≤500米）"、"一般（501—1000米）"、"较远（1001—2000米）"、"很远（≥2001米）"。

第四部分：被调查者旅游影响或效应认知情况（Tourism effects cognition）。设置了36个项目，主要包括总体态度和认知（Attitude）、经济效应认知（Economic effects cognition）、社会效应认知（Social effects cognition）、文化效应认知（Cultural effects cognition）、环境效应认知（Environmental effects cognition）等。其中，答案采取李克特（Likert）量表模式设置，包括5个选项，依次为"完全同意（1分）"、"同意（2分）"、"不确定（3分）"、"不同意（4分）"、"完全不同意（5分）"。

二 问卷调查

首先是预调查。问卷设计好以后，作者委托朋友在甘南做了小范围调查，共分发问卷30份，回收25份。根据反馈信息和作者所在单位——兰州商学院部分统计学教师所做分析，修改了问卷的部分内容，增强了信度和效度。

其次展开了正式调查。如前所说，调查样本点选择在夏河县县城和临潭县冶力关镇。作者分别于2010年7月和8月赶赴两地进行调查，工作完成后在住所对问卷进行了检测，如存在缺选、互相矛盾、互相雷同、选项基本一致和明显错误的，立即作废。两地共发放问卷200份，回收193份，回收率为96.5%，有效问卷185份，有效率为92.5%。其中，在夏河商业一条街、拉卜楞寺院门口、街心花园、桑科草原、国际青年旅舍等地发放问卷110份，回收109份，回收率为99.1%，有效问卷105份，有效率为95.5%；在冶力关镇文化广场、冶海天池景区、赤壁幽谷景区和农家乐等地发放问卷90份，回收85份，回收率为94.4%，有效问卷80份，有效率为88.9%。

表4—1 问卷发放和回收情况

	拉卜楞社区	冶力关社区
问卷总数（份）	110	90
问卷回收数（份）	109	85
有效问卷（份）	105	80
问卷有效率（%）	95.5%	88.9%

三 样本基本特征

根据SPSS软件统计结果发现，被调查者具有以下基本特征：

性别方面：男性101人，女性84人，所占比例分别是54.6%和45.4%。

年龄方面：18 岁及以下者 35 人，19—29 岁者 55 人，30—39 岁者 60 人，40—49 岁者 19 人，50 岁及以上者 16 人，所占比例依次为 19.0%、29.7%、32.4%、10.3% 和 8.6%。老年人较少，年轻人和中青年居多。

文化背景方面：选择"小学及以下"者 11 人，选择"初中"者 45 人，选择"高中（或中专）"者 38 人，选择"大专"者 44 人，选择"本科及以上"者 47 人，所占比例依次为 6.0%、24.3%、20.5%、23.8% 和 25.4%。

婚姻状况方面：选择"已婚"者 108 人，选择"未婚"者 77 人，所占比例分别为 58.4% 和 41.6%。其中已婚者比未婚者比例高 16.8%，主要原因和少数民族地区居民早婚现象有一定关系。

民族方面：选择"汉族"者 104 人，选择"少数民族"者 81 人，所占比例分别为 56.2% 和 43.8%。其中汉族居多，比少数民族高 12.4%，主要原因与少数民族居民参与旅游程度低有关。

从事职业方面：选择"农牧民"者 39 人，选择"科教文卫人员"者 20 人，选择"公务员"者 36 人，选择"学生"者 17 人，选择"商业及旅游服务业人员"者 38 人，选择"其他"者 35 人，所占比例依次为 21.1%、10.8%、19.5%、9.2%、20.5% 和 18.9%。

个人年收入方面：选择"1 万元以下"者 91 人，选择"1 万—2 万元"者 30 人，选择"2 万—3 万元"者 41 人，选择"3 万元以上"者 23 人，所占比例依次为 49.2%、16.2%、22.2%、12.4%。中低收入者居多。

家庭结构方面：选择"三代同堂"者 73 人，选择"两代同堂"者 80 人，选择"夫妻二人"者 9 人，选择"独身"者 9 人，选择"其他"者 14 人，所占比例依次为 39.4%、43.2%、4.9%、4.9% 和 7.6%。复杂家庭结构者居多。

收入来源方面：选择"主要来自旅游"者 29 人，选择"部分来自旅游"者 28 人，选择"较少来自旅游"者 40 人，选择"不来自旅游"者 88 人，所占比例依次为 15.7%、15.1%、21.6%、47.6%。收入和旅游相关和不相关者比例基本相同。

在社区居住时间方面：选择"10 年以下"者 37 人，选择"10—19 年"者 56 人，选择"20—29 年"者 30 人，选择"30 年以上"者 62 人，所占比例依次为 20.0%、30.3%、16.2%、33.5%。居住时间在 10—30 年者比例最多。

亲朋好友是否从事旅游方面：选择"有"者 65 人，选择"没有"者

120 人，所占比例分别为 35.1% 和 64.9% 。

和景区景点距离远近方面，选择"很近"者 34 人，选择"一般"者 64 人，选择"较远"者 37 人，选择"很远"者 50 人，所占比例依次为 18.4% 、34.6% 、20.0% 和 27.0% 。

和游客接触的时间方面：选择"1 天以下"者 76 人，选择"2—3 天"者 47 人，选择"4—5 天"者 22 人，选择"6 天以上"者 40 人，所占比例依次为 41.1% 、25.4% 、11.9% 和 21.6% 。

表 4—2　　　　　　　　　　　样本基本特征

		Frequency	Percent	Valid Percent	Cumulative Percent
性别	男	101	54.6	54.6	54.6
	女	84	45.4	45.4	100.0
	Total	185	100.0	100.0	
年龄	18 岁以下	35	18.9	19.0	19.0
	19—29 岁	55	29.7	29.7	48.7
	30—39 岁	60	32.4	32.4	81.1
	40—49 岁	19	10.3	10.3	91.4
	50 岁以上	16	8.6	8.6	100.0
	Total	185	99.9	100.0	
文化背景	小学及以下	11	6.0	6.0	6.0
	初中	45	24.3	24.3	30.3
	高中（或中专）	38	20.5	20.5	50.8
	大专	44	23.8	23.8	74.6
	本科及以上	47	25.4	25.4	100.0
	Total	185	100	100	
婚姻状况	已婚	108	58.4	58.4	58.4
	未婚	77	41.6	41.6	100.0
	Total	185	100.0	100.0	
民族	汉族	104	56.2	56.2	56.2
	少数民族	81	43.8	43.8	100.0
	Total	185	100.0	100.0	

		Frequency	Percent	Valid Percent	Cumulative Percent
从事职业	农牧民	39	21.1	21.1	21.1
	科教文卫人员	20	10.8	10.8	31.9
	公务员	36	19.5	19.5	51.4
	学生	17	9.2	9.2	60.6
	商业及旅游服务业人员	38	20.5	20.5	81.1
	其他	35	18.9	18.9	100
	Total	185	100.0	100	
个人年收入	1万元以下	91	49.2	49.2	49.2
	1—2万元	30	16.2	16.2	65.4
	2—3万元	41	22.2	22.2	87.6
	3万元以上	23	12.4	12.4	100.0
	Total	185	100.0	100.0	
家庭结构	三代同堂	73	39.4	39.4	39.4
	两代同堂	80	43.2	43.2	82.6
	夫妻二人	9	4.9	4.9	87.5
	独身	9	4.9	4.9	92.4
	其他	14	7.6	7.6	100.0
	Total	185	100.0	100.0	
收入来源	主要来自旅游	29	15.7	15.7	15.7
	部分来自旅游	28	15.1	15.1	30.8
	较少来自旅游	40	21.6	21.6	52.4
	不来自旅游	88	47.6	47.6	100.0
	Total	185	100.0	100.0	
居住时间	10年以下	37	20.0	20.0	20.0
	10—19年	56	30.3	30.3	50.3
	20—29年	30	16.2	16.2	66.5
	30年以上	62	33.5	33.5	100.0
	Total	185	100.0	100.0	
亲朋是否从事旅游	有	65	35.1	35.1	35.1
	没有	120	64.9	64.9	100.0
	Total	185	100.0	100.0	

续表

		Frequency	Percent	Valid Percent	Cumulative Percent
和景区景点距离	很近	34	18.4	18.4	18.4
	一般	64	34.6	34.6	53.0
	较远	37	20.0	20.0	73.0
	很远	50	27.0	27.0	100.0
	Total	185	100.0	100.0	
和游客接触的时间	1天以下	76	41.1	41.1	41.1
	2—3天	47	25.4	25.4	66.5
	4—5天	22	11.9	11.9	78.4
	6天以上	40	21.6	21.6	100.0
	Total	185	100.0	100.0	

第二节 居民旅游认知效应分析

一 描述性统计分析

利用 SPSS 统计软件,对居民旅游认知效应进行半定量化即均值分析,测算和推论出两社区总体效应和分类效应(旅游正面效应和负面效应),并且对数据集中和离散等分布趋势做初步分析。

对问项得分统计,本问卷采用李克特(Likert)5 分制量表,分数越高表示不同意程度越高,反之则不同意程度越小。

(一) 正面效应的认知特征

提取表示正面效应的相关变量,计算最大值(Maximum)、最小值(Minimum)、均值(Mean)、标准差(Standard Deviation:Std Dev)、偏度(Skewness)系数和峰度(Kurtosis)系数并排序。结果见表4—3、图4—1所示。

表4—3　　　　　　　　样本对正面效应的认知分析

Variable		N	Max	Mini	Mean	Std Dev	Skewness	Kurtosis
正面经济效应认知	经济观念	1	1.00	5.00	1.9676	.90231	1.096	1.525
	投资增多	9	1.00	5.00	2.4270	1.26016	.715	-.620
	经济增长	11	1.00	5.00	2.5081	1.41467	.630	-.944
	收入增加	16	1.00	5.00	2.6000	1.36812	.534	-.945
	就业机会	17	1.00	5.00	2.7027	1.47929	.311	-.1331
	生活提高	15	1.00	5.00	2.5946	1.54908	.623	-1.361

续表

	Variable	N	Max	Mini	Mean	Std Dev	Skewness	Kurtosis
正面社会效应认知	对象范围	18	1.00	5.00	2.8541	.97540	.297	.188
	文化保护	10	1.00	5.00	2.4541	1.20655	.626	-.443
	对外形象	2	1.00	5.00	2.0649	1.34168	1.191	.229
	语言变化	6	1.00	5.00	2.2649	1.01623	.924	.715
	妇女地位	7	1.00	5.00	2.3946	1.26016	.620	-.620
	生活方式	8	1.00	5.00	2.4270	1.21419	.715	-.353
	文化了解	12	1.00	5.00	2.5568	1.49937	.476	-.1271
	本外交流	13	1.00	5.00	2.5622	1.54908	.450	-.1361
	生活节奏	14	1.00	5.00	2.5946	1.26962	.623	-.643
正面环境效应认知	基础设施	4	1.00	5.00	2.1568	1.38794	.1096	-.114
	环保意识	5	1.00	5.00	2.1784	1.13519	.1018	.413
	休闲购物	3	1.00	5.00	2.1405	1.36801	.1185	.139

注释：（1）峰度（Kurtosis）标准差为0.179，偏度（Skewness）标准差为0.355，最大值为1.525，最小值为1.191；（2）鉴于部分选项字数过多，本研究采用较短词语代替选项，如"部分人好"意为"部分人得到好处"。以下皆同。

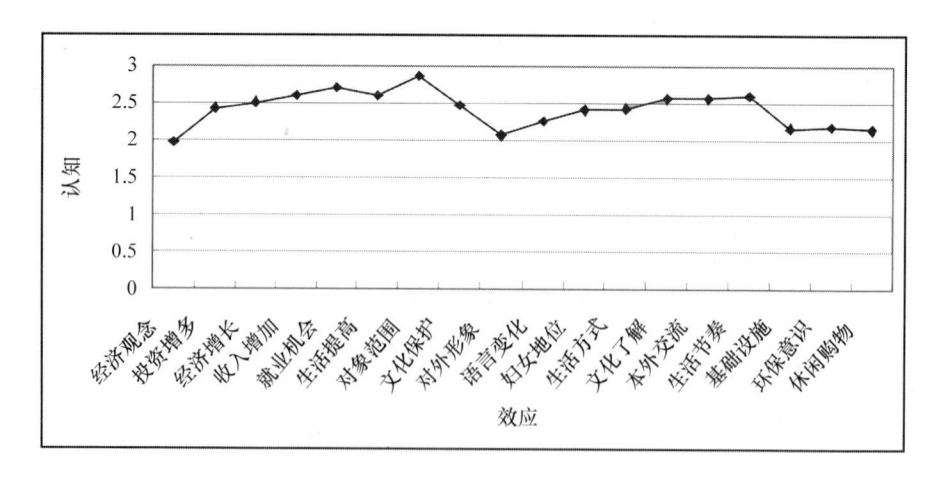

图4—1　居民旅游正面效应认知图

正面旅游经济效应：社区居民认知均值为2.4667，比中值3小，标准差为0.26162，说明两个被调查社区居民对旅游业发展的经济效应持肯定态度。其中，排在第一位的是"居民经济观念增强"（1.9676），第二位的是"外来投资增多"（2.4270），第三位的是"区域经济和本地财政收入增加"（2.5081），第四位的是"生活水平提高"（2.5946），第五位的是"居民收入增加"（2.6000），第六位的是"就业机会增加"（2.7027）。这说明甘南旅游业的确带动了区域经济发展，居民对此持肯定性评价；但是，旅游业在改善居民切身利益方面效果次于政府财政税收增加等方面，在就业率和生活水平提高方面尚需进一步提高。

正面旅游社会文化效应：社区居民认知均值为2.4637，比中值3小，标准差为0.22156，说明两个被调查社区居民对旅游业发展的社会和文化效应也持肯定态度。其中，排在第一位的是"提升了对外形象"（2.0649），其次依次是"语言变化（使用普通话者增多）"（2.2649）、"妇女地位得到提高"（2.3946）、"生活方式变化"（2.4270）、"传统文化得到保护"（2.4541）、"文化了解"（2.5568）、"文化交流"（2.5622）和"生活节奏变化"（2.5946），排在最后的是"本地青年找对象范围扩大"（2.8541）。这说明甘南旅游业发展提高了民族地区知名度和文化影响力，但在扩大婚姻圈（通婚半径）方面效果不理想，主要原因在于游客流动性大，也缺少入境游客常驻地，跨界婚姻概率小；旅游不同于工业化生活模式，没有使少数民族地区居民产生高强度激烈竞争，生活压力和节奏变化不是很大。这和作者田野调查的结论基本保持一致——外地客商的评价是"他们比较悠闲，虽然不是世界上最闲的人，但也不是多忙的人"（某珠宝店老板语）。

正面旅游环境效应：社区居民认知均值为2.1586，比中值3小，标准差为0.1901，说明两个被调查社区居民对旅游业发展的环境效应评价非常积极。其中，排在第一位的是"出现了许多休闲娱乐场所"（2.1405），第二位的是"基础设施改善"（2.1568），第三位的是"环保意识增强"（2.1784）。这说明甘南旅游业在改变区域发展的环境方面效应最明显，居民对此认知最强烈。这也和作者田野调查的结论基本一致，旅游业在很短时间内使旅游目的地面貌焕然一新，商业性的各类建筑悄然出现，居民环保意识也有所提高，一位客商说："以前的时候，刚建设的时候，有人在街上随地大小便，现在呢？这样的现象基本没有了。"

另外，从以上数据也可看出，样本标准差（Std Dev）不是很大，距离均值的离散趋势适中；偏度（Skewness）系数的绝对值不大于 3，峰度（Kurtosis）系数的绝对值也不大于 3，样本具有正态分布典型特征，做复杂统计分析的条件基本已经具备。

（二）负面效应的认知特征

提取表示负面效应的相关变量，计算最大值（Maximum）、最小值（Minimum）、均值（Mean）、标准差（Standard Deviation：Std Dev）、偏度（Skewness）系数和峰度（Kurtosis）系数并排序。结果见表4—4、图4—2所示。

表4—4   样本对负面效应的认知分析

Component		N	Max	Mini	Mean	Std Dev	Skewness	Kurtosis
负面经济效应认知	部分人好	1	1.00	5.00	1.9568	1.12688	1.053	0.178
	价格上涨	2	1.00	5.00	1.9946	1.27474	1.299	.645
	外地人好	4	1.00	5.00	2.5514	1.24622	.154	-1.160
负面社会效应认知	酗酒行为	13	1.00	5.00	3.0486	1.05440	-.238	-.724
	家庭关系	16	1.00	5.00	3.2162	1.14529	-.323	-.522
	人际关系	12	1.00	5.00	3.0378	1.40793	.032	-1.277
	生活打扰	17	1.00	5.00	3.7243	1.24005	-.845	-.229
	犯罪增多	14	1.00	5.00	3.1622	1.18674	-.200	-.800
	色情服务	9	1.00	5.00	2.8324	1.49602	.093	-1.460
	民俗同化	10	1.00	5.00	2.8919	1.10296	.044	-.549
	宗教弱化	8	1.00	5.00	2.7622	1.21032	.058	-.941
	道德下降	6	1.00	5.00	2.6324	1.27902	.118	-1.235
	交通拥挤	15	1.00	5.00	3.1676	1.60807	-.078	-1.602
负面环境效应认知	垃圾增多	3	1.00	5.00	2.4054	1.23929	.1096	-.114
	植被破坏	5	1.00	5.00	2.5676	1.28834	.311	-1.100
	环境破坏	7	1.00	5.00	2.6865	1.22434	.135	-.995
	水质下降	11	1.00	5.00	2.9351	1.14972	-.067	-.797

注释：峰度（Kurtosis）标准差为0.179，偏度（Skewness）标准差为0.355，前者最大值为1.053，后者最大值为0.178。

Component 部分人好等需进行解释说明。

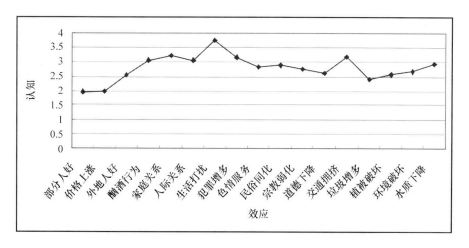

图4—2　居民旅游负面效应认知图

　　负面旅游经济效应：社区居民认知均值为2.1676，比中值3小，标准差为0.33292，说明两个被调查社区居民对旅游业发展的负面经济效应小于正面效应。负效应中，排在第一位的是"部分人得到好处"（1.9568），第二位的是"价格上涨"（1.9946），第三位的是"外地人得到好处多于本地人"（2.5514）。这说明甘南旅游业发展使居民经济收入出现差距，拉大了两极分化现象，需要今后优化社区居民参与机制，提高旅游业受惠率。

　　负面旅游社会文化效应：社区居民认知均值为3.0476，比中值3大，标准差为0.30521，说明两个被调查社区居民认为旅游业发展带来了很多负面效应。其中，排在第一位的是"道德下降"（2.6324），其次依次是"宗教弱化"（2.7622）、"色情服务出现"（2.8324）、"风俗习惯同化"（2.8919）、"人际关系变化"（3.0378）、"酗酒行为增多"（3.0486）、"犯罪率提高"（3.1622）、交通拥挤（3.1676）和"家庭关系变化"（3.2162），排在最后的是"正常生活受到打扰"（3.7243）。这说明甘南旅游业发展使民族地区原本淳朴的民风淡化，宗教对社区居民行为和心理的约束力下降，失范行为增多。但是，旅游业发展商业化程度和其他宗教文化旅游区或民族旅游区（如丽江）相比相对较低，日常生活没有由于噪音污染等问题而过多改变。

　　负面旅游环境效应：社区居民认知均值为2.6484，比中值3小，标准差为0.22303，说明两个被调查社区由于旅游业发展出现了环境问题。其中，排在第一位的是"垃圾增多"（2.4054），第二位的是"植被破坏"（2.5676），第三位的是"环境破坏"（2.6865），最后为"水质下降"（2.9351）。这也和作者田野调查的结论基本一致。

另外，标准差（Std Dev）、偏度（Skewness）、系数、峰度（Kurtosis）系数都表明，样本适合做复杂统计分析。

（三）两社区效应认知和态度差异分析

见表4—5和表4—6所示。

表4—5　　　　　　　　冶力关居民旅游效应认知描述性统计分析

	N	Minimum	Maximum	Mean	Std. Deviation
生活打扰	80	1.00	5.00	3.7250	1.32144
犯罪增多	80	1.00	5.00	3.2375	1.15006
家庭关系	80	1.00	5.00	3.2000	1.10694
水质下降	80	1.00	5.00	3.1125	1.11371
交通拥挤	80	1.00	5.00	3.1125	1.66873
人际关系	80	1.00	5.00	3.1000	1.32741
酗酒行为	80	1.00	5.00	3.0250	1.07885
风俗习惯	80	1.00	5.00	2.9875	1.08492
对象范围	80	1.00	5.00	2.8625	.95126
环境破坏	80	1.00	5.00	2.8125	1.17024
宗教淡化	80	1.00	5.00	2.8000	1.14073
道德下降	80	1.00	5.00	2.7875	1.25983
得到好处	80	1.00	5.00	2.7625	1.51986
植被破坏	80	1.00	5.00	2.7375	1.21950
外地人好	80	1.00	5.00	2.6750	1.33857
色情服务	80	1.00	5.00	2.6625	1.49212
文化保护	80	1.00	5.00	2.6500	1.28378
垃圾增多	80	1.00	5.00	2.6250	1.25663
文化了解	80	1.00	5.00	2.5750	1.45633
本外交流	80	1.00	5.00	2.5625	1.47420
妇女地位	80	1.00	5.00	2.4625	1.17940
生活节奏	80	1.00	5.00	2.4250	1.23016

续表

	N	Minimum	Maximum	Mean	Std. Deviation
生活提高	80	1.00	5.00	2.3875	1.32640
感到满意	80	1.00	5.00	2.3750	1.44411
语言变化	80 .	1.00	5.00	2.3750	.91920
机会增加	80	1.00	5.00	2.3625	1.48617
收入增加	80	1.00	5.00	2.3375	1.42264
投资增多	80	1.00	5.00	2.2625	1.36636
生活方式	80	1.00	5.00	2.2625	1.26034
对外形象	80	1.00	5.00	2.2125	1.35659
经济增长	80	1.00	5.00	2.1625	1.29697
基础设施	80	1.00	5.00	2.0875	1.24467
环保意识	80	1.00	5.00	2.0875	1.10458
经济观念	80	1.00	5.00	2.0500	.97954
部分人好	80	1.00	5.00	2.0250	1.24245
愿意参与	80	1.00	5.00	2.0000	1.01881
休闲购物	80	1.00	5.00	1.9750	1.27264
价格上涨	80	1.00	5.00	1.9125	1.18208
利大于弊	80	1.00	5.00	1.8750	.81714
欢迎游客	80	1.00	4.00	1.7625	.76710
支持旅游	80	1.00	5.00	1.4875	.76297
Valid N（listwise）	80				

表 4—6 　　　　　　　拉卜楞居民旅游效应认知描述性统计分析

	N	Minimum	Maximum	Mean	Std. Deviation
生活打扰	105	1.00	5.00	3.7238	1.18074
家庭关系	105	1.00	5.00	3.2286	1.17880
交通拥挤	105	1.00	5.00	3.2095	1.56706
感到满意	105	1.00	5.00	3.1429	1.37581
犯罪增多	105	1.00	5.00	3.1048	1.21627
酗酒行为	105	1.00	5.00	3.0667	1.04022
得到好处	105	1.00	5.00	3.0095	1.34089
人际关系	105	1.00	5.00	2.9905	1.47084

	N	Minimum	Maximum	Mean	Std. Deviation
色情服务	105	1.00	5.00	2.9619	1.49309
机会增加	105	1.00	5.00	2.9619	1.42723
收入增加	105	1.00	5.00	2.8952	1.48663
对象范围	105	1.00	5.00	2.8476	.99789
风俗习惯	105	1.00	5.00	2.8190	1.11615
水质下降	105	1.00	5.00	2.8000	1.16355
经济增长	105	1.00	5.00	2.7714	1.44952
生活提高	105	1.00	5.00	2.7619	1.38344
宗教淡化	105	1.00	5.00	2.7333	1.26542
生活节奏	105	1.00	5.00	2.7238	1.28972
环境破坏	105	1.00	5.00	2.5905	1.26107
本外交流	105	1.00	5.00	2.5619	1.61080
投资增多	105	1.00	5.00	2.5619	1.40688
生活方式	105	1.00	5.00	2.5524	1.16834
文化了解	105	1.00	5.00	2.5429	1.53816
道德下降	105	1.00	5.00	2.5143	1.28687
外地人好	105	1.00	5.00	2.4571	1.16873
植被破坏	105	1.00	5.00	2.4381	1.32957
愿意参与	105	1.00	5.00	2.3619	1.21785
妇女地位	105	1.00	5.00	2.3429	1.32163
文化保护	105	1.00	5.00	2.3048	1.12766
休闲购物	105	1.00	5.00	2.2667	1.42954
环保意识	105	1.00	5.00	2.2476	1.15842
垃圾增多	105	1.00	5.00	2.2381	1.20515
基础设施	105	1.00	5.00	2.2095	1.49161
语言变化	105	1.00	5.00	2.1810	1.08114
价格上涨	105	1.00	5.00	2.0571	1.34328
利大于弊	105	1.00	5.00	1.9905	1.06964
对外形象	105	1.00	5.00	1.9524	1.32564
经济观念	105	1.00	5.00	1.9048	.83808
部分人好	105	1.00	5.00	1.9048	1.03333
欢迎游客	105	1.00	5.00	1.7810	.84331
支持旅游	105	1.00	5.00	1.5524	.95052
Valid N (listwise)	105				

　　结合雷达图（图4—3和图4—4）可见，拉卜楞居民对旅游业认知均值为2.5675，支持度也很高，但是却对负面效应尤其是收入差距、环境污染、文化弱化等认知相对明显；冶力关居民认知均值为2.5098，对旅游业支持度高，认可度大，正面效应尤其经济收入、投资增加、就业机会增加等方面认知特别明显。

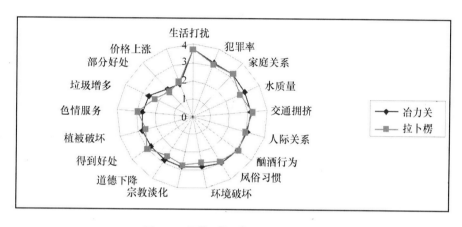

图4—3　两社区居民负面效应认知比较

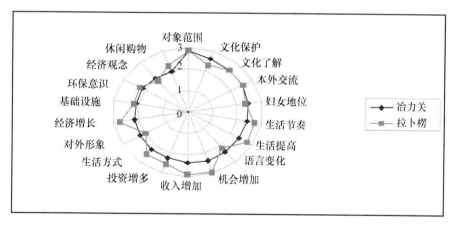

图4—4　两社区居民正面效应认知比较

二　因子分析

（一）正面效应认知的因子分析

　　因子分析（Factor analysis）的目的是从众多变量中概括出最具有代表性

的因子。要做因子分析，首先要看基本条件是否已经具备。学术界一般借助 KMO（Kaiser - Meyer - Olikin）和巴特利特球度（Bartlett test of sphericity）检验方法进行分析。具体操作及其结果如下：

KMO 检验：数值在 0—1 之间，数值越大，表示变量之间的相关性越大，一般认为该值大于 0.5 时即适合做因子分析。本次问卷调查的 KMO 值为 0.872，远大于标准值 0.5。

巴特利特球度检验：此值根据相关系数矩阵的行列式计算而得，如果观测值较大，并且大于给定的显著性水平（0.05 或 0.01），则说明相关系数矩阵和单位阵没有显著性差异，因此原有变量不适合进行因子分析。本次问卷调查的观测值为 0.000，小于显著性水平 0.05 和 0.01，非常适合做因子分析。

表 4—7　　　　　　　　　本调查 KMO 检验和巴特利特球度检验

Kaiser - Meyer - Olkin Measure of Sampling Adequacy		
Bartlett's Test of Sphericity		.872
	Approx. Chi - Square	2312.979
	df	153
	Sig.	.000

接下来观察因子分析的共同度（见表 4—8）、因子解释原有变量总方差情况（见表 4—9）和旋转后的因子载荷矩阵（见表 4—10）。可见，特征值大于 1.00 的因子有 4 个，第一个因子的特征值为 7.993，解释了原有变量总方差的 44.408%；第二个因子的特征值为 1.651，解释了原有变量总方差的 9.173%，累计方差贡献率分别为 53.582%；第三个因子和第四个因子的特征值分别为 1.386 和 1.142，方差贡献率分别为 7.702% 和 6.342%。

表 4—8　　　　　　　　　　因子分析的初始解

	Initial	Extraction
经济增长	1.000	.839
收入增加	1.000	.927
机会增加	1.000	.877

续表

	Initial	Extraction
生活提高	1.000	.772
投资增多	1.000	.746
文化了解	1.000	.861
本外交流	1.000	.850
经济观念	1.000	.415
文化保护	1.000	.493
语言变化	1.000	.602
妇女地位	1.000	.303
生活节奏	1.000	.699
对象范围	1.000	.450
生活方式	1.000	.659
基础设施	1.000	.793
休闲购物	1.000	.802
环保意识	1.000	.429
对外形象	1.000	.655

Extraction Method：Principal Component Analysis.

表 4—9　　　因子解释原有变量的情况（特征根值和方差贡献率）

	Initial Eigenvalues			Extraction Sums of Squared Loadings			Rotation Sums of Squared Loadings		
	Total	% of Variance	Cumulative %	Total	% of Variance	Cumulative %	Total	% of Variance	Cumulative %
1	7.993	44.408	44.408	7.993	44.408	44.408	4.274	23.743	23.743
2	1.651	9.173	53.582	1.651	9.173	53.582	3.497	19.427	43.169
3	1.386	7.702	61.284	1.386	7.702	61.284	2.435	13.529	56.699
4	1.142	6.342	67.626	1.142	6.342	67.626	1.967	10.928	67.626
5	.937	5.208	72.834						
6	.892	4.958	77.792						
7	.760	4.224	82.015						
8	.618	3.431	85.447						
9	.528	2.932	88.379						
10	.441	2.450	90.829						

续表

	Initial Eigenvalues			Extraction Sums of Squared Loadings			Rotation Sums of Squared Loadings		
	Total	% of Variance	Cumulative %	Total	% of Variance	Cumulative %	Total	% of Variance	Cumulative %
11	.375	2.085	92.913						
12	.308	1.710	94.623						
13	.276	1.535	96.159						
14	.206	1.147	97.306						
15	.178	.991	98.296						
16	.127	.708	99.005						
17	.113	.628	99.633						
18	.006	.367	100.00						

表4—10　　　　　　　　　　　旋转后的因子载荷

	Component			
	1	2	3	4
休闲购物	.868	.177	.080	.104
基础设施	.834	.221	.166	.142
生活方式	.764	.197	.087	.170
对外形象	.716	.238	.270	.116
生活节奏	.693	.211	.244	.338
对象范围	.545	.097	.167	.340
收入增加	.174	.924	.159	.135
机会增加	.221	.892	.111	.145
经济增长	.233	.851	.206	.135
生活提高	.503	.616	.304	.217
投资增多	.560	.589	.275	.094
文化了解	.258	.197	.868	.047
本外交流	.230	.252	.851	.100
文化保护	.141	.135	.595	.318
语言变化	.128	.136	.285	.697
环保意识	.100	.111	.128	.625
经济观念	.156	.047	-.122	.612
妇女地位	.245	.125	.203	.431

Extraction Method：Principal Component Analysis. Rotation Method：Varimax with Kaiser Normalization.

a Rotation converged in 5 iterations.

最后进行因子命名和分析。根据 0.5 原则，发现变量"休闲购物"、"基础设施"、"生活方式"、"对外形象"、"生活节奏"、"找对象范围"在第 1 个因子上载荷分别是 0.868、0.834、0.764、0.716、0.693 和 0.545，都比较大，并且与社会和环境变化有关，因此不妨归属和命名为"社会环境（Social and environmental development factor）"因子。

"收入增加"、"机会增加"、"经济增长"、"生活提高"、"投资增多" 5 个变量在第 2 个因子上载荷很高，依次为 0.924、0.892、0.851、0.616 和 0.589，并且都和区域经济和个人收入增长现象有关，也不约而同地出现了"增长"、"增加"和"提高"等共同性，因此不妨命名为"经济发展（Economic development factor）"因子。

变量"文化了解"、"本外交流"和"文化保护"都和文化交流和保护现象有关，载荷集中在第 3 个因子上，归属性很强，可以命名为"文化发展（Social development factor）"因子。

变量"语言变化"、"环保意识"、"经济观念"和"妇女地位"都涉及传统观念（学习普通话首先是为了交际和商业需求）问题，因此可归属为"传统观念（Traditional idea development factor）"因子。

（二）负面效应认知的因子分析

首先，对前提和基本条件做分析。其中，KMO 检验数值为 0.762，而巴特利特球度检验系数也小于显著性水平（0.05 或 0.01），适合做进一步的因子分析。

表 4—11　　　　　　　　本调查 KMO 检验和巴特利特球度检验

Kaiser – Meyer – Olkin Measure of Sampling Adequacy		
Bartlett's Test of Sphericity		. 762
Approx. Chi – Square	994. 743	
df	136	
Sig.	. 000	

其次，观察特征根值、特征根数量和"因子碎石图"，可以看出：特征根值大于 1 的因子有 4 个，第 1 个因子的特征值为 4.604，解释了原有变量总方差的 27.085%，第 2 个因子的特征值为 2.062，解释了原有变量总方差的 12.131%，累计方差贡献率为 39.216%；第 3 个因子和第 4 个因子的特征

值分别为 1.729 和 1.166，方差贡献率分别为 10.169% 和 6.858%，累计方
差贡献率为 56.243%，而第 5 个因子特征根值也很高，为 0.986，将近
1.000；第 1 个因子特征根值后倾斜度很大，和 "陡坡" 极其相似，对解释
原有变量的贡献率很大；第 5 个因子以后坡度平缓，很像 "沙滩碎石"，因
此确定选取 5 个因子。因子解释原有变量总方差情况见表 4—12。由此确定，
特征值大于 1.00 的因子有 5 个。

表 4—12　　因子解释原有变量总方差的情况 （特征根值和方差贡献率）

	Initial Eigenvalues			Extraction Sums of Squared Loadings			Rotation Sums of Squared Loadings		
	Total	% of Variance	Cumulative %	Total	% of Variance	Cumulative %	Total	% of Variance	Cumulative %
1	4.604	27.085	27.085	4.604	27.085	27.085	2.849	16.795	16.759
2	2.062	12.131	39.216	2.062	12.131	39.216	2.756	16.232	32.991
3	1.729	10.169	49.385	1.729	10.169	49.385	2.233	13.137	46.128
4	1.166	6.858	56.243	1.166	6.858	56.243	1.719	10.115	56.243
5	1.986	5.802	62.405						
6	1.978	5.750	67.795						
7	1.878	5.163	72.959						
8	1.777	4.568	77.527						
9	1.656	3.861	81.388						
10	1.564	3.315	84.703						
11	1.522	3.073	87.776						
12	1.435	2.560	90.366						
13	1.415	2.443	92.788						
14	1.393	2.315	95.093						
15	1.307	1.806	96.899						
16	1.273	1.604	98.503						
17	1.255	1.497	100.00						

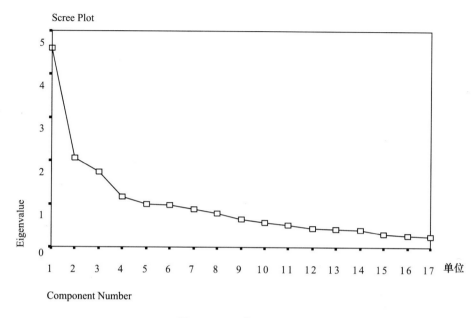

图4—5 因子的"碎石图"

接下来，分析旋转前后的因子载荷矩阵（见表4—13）。旋转前，"交通拥挤"在第1个因子和第2个因子上都有较大载荷，"部分人得到好处"在第2个因子和第3个因子上有较大载荷，意义不明显。旋转后，载荷和特征比较明显（见表4—14）。

表4—13   旋转前的因子载荷

分类	Component				
	1	2	3	4	5
人际关系	.758	−.184	.067	−.026	−.253
犯罪增多	.746	−.043	.065	.008	−.408
家庭关系	.693	−.018	.035	.069	−.299
垃圾增多	.620	.277	−.258	.060	.057
色情服务	.573	−.415	.019	.292	−.149
水质下降	.563	.365	−.225	.020	−.198
道德下降	.560	.055	.334	−.413	.105

续表

分类	Component				
	1	2	3	4	5
生活打扰	.542	−.285	.006	.408	.425
环境破坏	.520	.439	−.341	−.104	.224
风俗习惯	.491	−.221	.178	−.330	−.004
植被破坏	.359	.620	−.448	−.158	.081
交通拥挤	.517	−.523	−.049	.274	.211
外地人好	.105	.434	.691	.300	.102
部分人好	.143	.542	.559	.262	.132
宗教淡化	.398	.031	.530	−.396	.128
酗酒行为	.269	.309	−.203	.356	.085
价格上涨	.432	−.286	−.160	−.269	.508

Extraction Method：Principal Component Analysis.

a 5 components extracted.

表4—14　　　　　　　　　　　旋转后的因子载荷

分类	Component				
	1	2	3	4	5
犯罪增多	.791	.213	.081	.222	.038
人际关系	.710	.156	.234	.306	−.030
家庭关系	.682	.239	.143	.168	.065
色情服务	.607	−.055	.484	.017	−.048
植被破坏	.000	.848	−.153	.046	−.031
环境破坏	.055	.773	.107	.171	.004
垃圾增多	.303	.628	.197	.092	.039
水质下降	.426	.594	−.045	.036	.058
酗酒行为	.100	.444	.187	−.247	.201
生活打扰	.171	.131	.810	.056	.124
交通拥挤	.326	−.045	.730	.084	−.124
价格上涨	−.083	.214	.514	.473	−.290
宗教淡化	.139	−.030	.011	.721	.270
道德下降	.238	.165	.056	.708	.144

续表

分类	Component				
	1	2	3	4	5
风俗习惯	.324	.006	.146	.543	− .093
外地人好	.019	− .026	− .014	.105	.875
部分人好	− .014	.142	− .043	.092	.826

Extraction Method: Principal Component Analysis. Rotation Method: Varimax with Kaiser Normalization.
a Rotation converged in 8 iterations.

最后，进行因子命名和分析。变量"犯罪增多"、"人际关系"、"家庭关系"、"色情服务"在第2个因子上载荷依次是0.791、0.710、0.682、0.607，都比较大，并且和社会关系有关，因此不妨归属和命名为"社会关系（Social relation factor）"因子。

变量"植被破坏"、"环境破坏"、"水质下降"、"垃圾最多"、"酗酒行为"在第2个因子上载荷依次是0.848、0.773、0.628、0.594和0.444，都比较大，并且和社区环境有关，因此不妨归属和命名为"社区环境（Community environment factor）"因子。

变量"生活打扰"、"交通拥挤"、"价格上涨"3个变量在第3个因子上载荷很高，依次为0.810、0.730、0.514，并且都和日常生活有关，因此不妨命名为"日常生活（Daily-life factor）"因子。

变量"宗教弱化"、"道德下降"和"民俗同化"都和文化变迁现象有关，载荷集中在第4个因子方面，归属性很强，可以命名为"传统文化（Traditional culture factor）"因子。

变量"外地人得到好处多于本地人"（0.875）、"部分人得到好处多"（0.826）都涉及了两极分化问题，载荷集中在第5个因子方面，因此可归属为"发展差距（Development gap factor）"因子。

以上5大因子的具体得分矩阵见表4—15。

表4—15　　　　　　　　旋转后的因子得分矩阵

分类	Component				
	1	2	3	4	5
部分人好	− .061	.032	.048	− .004	.486

续表

分类	Component				
	1	2	3	4	5
外地人好	−.024	−.055	.062	−.002	.523
价格上涨	−.325	.114	.319	.324	−.173
宗教淡化	−.071	−.072	−.069	.457	.102
道德下降	−.045	.009	−.074	.426	.020
风俗习惯	.054	−.064	−.043	.309	−.097
家庭关系	.327	−.006	−.092	−.056	.013
人际关系	.306	−.050	−.056	.039	−.045
色情服务	.269	−.121	.174	−.157	.004
犯罪增多	.408	−.038	−.173	−.033	−.016
酗酒行为	−.010	.194	.151	−.245	.142
生活打扰	−.147	.031	.540	−.086	.142
水质下降	.182	.206	−.143	−.087	−.008
垃圾增多	.019	.243	.057	−.042	.002
交通拥挤	.005	−.069	.412	−.065	−.017
环境破坏	−.157	.350	.050	.073	−.035
植被破坏	−.106	.399	−.112	.021	−.073

Extraction Method：Principal Component Analysis. Rotation Method：Varimax with Kaiser Normalization. Component Scores.

（三）旅游总体态度的因子分析

同上原理，对旅游业发展的总体态度做因子分析。从表4—16中可知，概率 P 值小于 0.05，而最重要的检测值 KMO 数值为 0.762，适合做进一步的因子分析。

因子"碎石图"（图4—6）显示，可萃取 2 个因子。它们分别被命名为"旅游认可度"和"整体满意度"。具体所含变量见表4—17。

表4—16　居民旅游业总体态度的 KMO 检验和巴特利特球度检验

Kaiser - Meyer - Olkin Measure of Sampling Adequacy.		
Bartlett's Test of Sphericity	Approx. Chi − Square	321.426
	df	15
	Sig.	.000

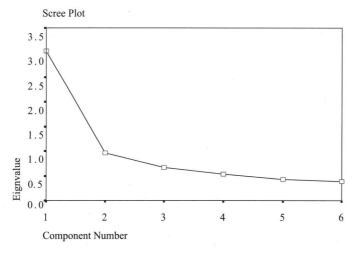

图4—6　因子的"碎石图"

表4—17　　　　　　　　　　　旋转后的因子载荷矩阵

分类	Component	
	1	2
愿意参与	.787	.055
欢迎游客	.779	.152
支持旅游	.778	.253
利大于弊	.773	.226
感到满意	.045	.928
得到好处	.424	.612

Extraction Method：Principal Component Analysis. Rotation Method：Varimax with Kaiser Normalization.

a Rotation converged in 3 iterations.

三　方差分析

在因子分析后，作者试图对不同群体特征（人口特征、职业依赖特征、亲密特征等）对旅游效应认知影响做深度分析。而分析某单个控制变量的不同水平是否对观测变量产生显著影响时，一般采用单因素方差（ONE – WAY ANOVA）分析法。本书亦主要采用此方法，对居民特征和效应认知之间的差异做分析。

这里，以年龄、收入等 13 个个人或群体特征为控制变量，以"旅游引起宗教弱化"等为观测变量，对人口学因素是否对"宗教弱化"认知存在显著性差异进行分析和验证。

首先就社区居民人口学结构特征和观测变量——"宗教弱化"是否关联问题，提出如下 13 个系列假设：

假设 1：不同年龄者对"宗教弱化"认知不存在差异。

假设 2：不同收入者对"宗教弱化"认知不存在差异。

假设 3：不同性别者对"宗教弱化"认知不存在差异。

假设 4：不同民族者对"宗教弱化"认知不存在差异。

假设 5：不同职业者对"宗教弱化"认知不存在差异。

假设 6：不同居住时间者对"宗教弱化"认知不存在差异。

假设 7：亲戚朋友职业不同者对"宗教弱化"认知不存在差异。

假设 8：不同距离者对"宗教弱化"认知不存在差异。

假设 9：不同家庭类别者对"宗教弱化"认知不存在差异。

假设 10：不同收入来源者对"宗教弱化"认知不存在差异。

假设 11：不同婚姻状况者对"宗教弱化"认知不存在差异。

假设 12：不同文化教育背景者对"宗教弱化"认知不存在差异。

假设 13：和游客接触时间不同者对"宗教弱化"认知不存在差异。

表 4—18 表示文化程度对"宗教弱化"认知的单因素方差分析结果。数据显示，观测变量的离差平方和为 269.535，如果仅考虑年龄单个因素的影响，则宗教弱化总变差中，不同文化程度可解释方差为 29.570，抽样误差引起的变差为 239.965，他们的方差分别是 7.392 和 1.333，扣除所得统计量的观测值 5.545，对应的概率 P 值为 0.000。如果显著性水平为 0.05，则概率 P 值小于显著性水平，由此可以确定：不同年龄者对"宗教弱化"会产生显著影响，认知出现明显差异，原来假设遭到拒绝。

表 4—18　　不同文化教育背景对"宗教弱化"的单因素方差分析结果

	Sum of Squares	df	Mean Square	F	Sig.
Between Groups	29.570	4	7.392	5.545	.000
Within Groups	239.965	180	1.333		
Total	269.535	184			

表4—19　　不同文化教育背景下宗教弱化的基本描述统计量及95%置信区间

	N	Mean	Std. Deviation	Std. Error	95% Confidence Interval for Mean		Minimum	Maximum
					Lower Bound	Upper Bound		
小学及以下	11	3.0909	1.30035	.39207	2.2173	3.9645	1.00	5.00
初中	45	3.1333	1.09959	.16392	2.8030	3.4637	1.00	5.00
高中（中专）	38	3.0526	1.16125	.18838	2.6709	3.4343	1.00	5.00
大专	44	2.7273	1.33580	.20138	2.3212	3.1334	1.00	5.00
本科及以上	47	2.1277	.96947	.14141	1.8430	2.4123	1.00	4.00
Total	185	2.7622	1.21032	.08898	2.5866	2.9377	1.00	5.00

均值（见表4—19和图4—7）显示，文化教育程度越高，对"宗教弱化"现象的感受越深刻，和其他群体具有明显的认知差异，而初中和小学及以下者对此不是特别关注，认知相对较弱。

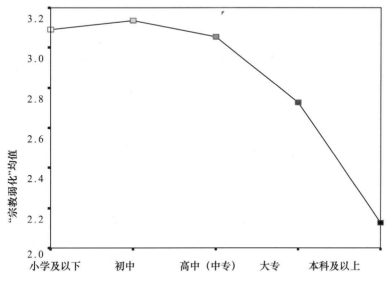

图4—7　不同文化教育背景下宗教弱化的均值折线图

为了进一步分析，在此采用 LSD、Turkey、Scheffc 三类多重比较检验法做验证。Turkey 和 Scheffc 检测结果都显示本科和初中、高中学历者感受存在显著差异，而 LSD 则最为敏感，显示本科和其他学历者都存在显著认知差异（见表 4—20）。

表 4—20　　　　　　　　不同文化教育背景者的多重比较检验

	(I) 文化程度	(J) 文化程度	Mean Difference(I-J)	Std. Error	Sig.	95% Confidence Interval for Mean	
						Lower Bound	Upper Bound
Tukey HSD	小学及以下	初中	-.0424	.38836	1.000	-1.1126	1.0277
		高中（中专）	.0383	.39532	1.000	-1.0511	1.1276
		大专	.3636	.38922	.883	-.7089	1.4362
		本科及以上	.9632	.38673	.097	-.1024	2.0289
	初中	小学及以下	.0424	.38836	1.000	-1.0277	1.1126
		高中（中专）	.0807	.25438	.998	-.6203	.7817
		大专	.4061	.24479	.462	-.2685	1.0806
		本科及以上	1.0057（＊）	.24081	.000	.3421	1.6693
	高中（中专）	小学及以下	-.0383	.39532	1.000	-1.1276	1.0511
		初中	-.0807	.25438	.998	-.7817	.6203
		大专	.3254	.25570	.708	-.3792	1.0300
		本科及以上	.9250（＊）	.25189	.003	.2309	1.6191
	大专	小学及以下	-.3636	.38922	.883	-1.4362	.7089
		初中	-.4061	.24479	.462	-1.0806	.2685
		高中（中专）	-.3254	.25570	.708	-1.0300	.3792
		本科及以上	.5996	.24221	.101	-.0678	1.2670
	本科及以上	小学及以下	-.9632	.38673	.097	-2.0289	.1024
		初中	-1.0057（＊）	.24081	.000	-1.6693	-.3421
		高中（中专）	-.9250（＊）	.25189	.003	-1.6191	-.2309
		大专	-.5996	.24221	.101	-1.2670	.0678

续表

	(I) 文化程度	(J) 文化程度	Mean Difference(I-J)	Std. Error	Sig.	95% Confidence Interval for Mean	
						Lower Bound	Upper Bound
Scheffe	小学及以下	初中	-.0424	.38836	1.000	-1.2512	1.1663
		高中（中专）	.0383	.39532	1.000	-1.1921	1.2687
		大专	.3636	.38922	.928	-.8478	1.5751
		本科及以上	.9632	.38673	.189	-.2404	2.1669
	初中	小学及以下	.0424	.38836	1.000	-1.1663	1.2512
		高中（中专）	.0807	.25438	.999	-.7110	.8724
		大专	.4061	.24479	.601	-.3558	1.1680
		本科及以上	1.0057（*）	.24081	.002	.2562	1.7552
	高中（中专）	小学及以下	-.0383	.39532	1.000	-1.2687	1.1921
		初中	-.0807	.25438	.999	-.8724	.7110
		大专	.3254	.25570	.805	-.4705	1.1212
		本科及以上	.9250（*）	.25189	.011	.1410	1.7090
	大专	小学及以下	-.3636	.38922	.928	-1.5751	.8478
		初中	-.4061	.24479	.601	-1.1680	.3558
		高中（中专）	-.3254	.25570	.805	-1.1212	.4705
		本科及以上	.5996	.24221	.195	-.1542	1.3535
	本科及以上	小学及以下	-.9632	.38673	.189	-2.1669	.2404
		初中	-1.0057（*）	.24081	.002	-1.7552	-.2562
		高中（中专）	-.9250（*）	.25189	.011	-1.7090	-.1410
		大专	-.5996	.24221	.195	-1.3535	.1542
LSD	小学及以下	初中	-.0424	.38836	.913	-.8087	.7239
		高中（中专）	.0383	.39532	.923	-.7418	.8183
		大专	.3636	.38922	.351	-.4044	1.1317
		本科及以上	.9632（*）	.38673	.014	.2001	1.7264
	初中	小学及以下	.0424	.38836	.913	-.7239	.8087
		高中（中专）	.0807	.25438	.751	-.4212	.5826
		大专	.4061	.24479	.099	-.0770	.8891
		本科及以上	1.0057（*）	.24081	.000	.5305	1.4808

续表

	(I) 文化程度	(J) 文化程度	Mean Difference(I－J)	Std. Error	Sig.	95% Confidence Interval for Mean	
						Lower Bound	Upper Bound
LSD	高中（中专）	小学及以下	－.0383	.39532	.923	－.8183	.7418
		初中	－.0807	.25438	.751	－.5826	.4212
		大专	.3254	.25570	.205	－.1792	.8299
		本科及以上	.9250（＊）	.25189	.000	.4279	1.4220
	大专	小学及以下	－.3636	.38922	.351	－1.1317	.4044
		初中	－.4061	.24479	.099	－.8891	.0770
		高中（中专）	－.3254	.25570	.205	－.8299	.1792
		本科及以上	.5996（＊）	.24221	.014	.1217	1.0775
	本科及以上	小学及以下	－.9632（＊）	.38673	.014	－1.7264	－.2001
		初中	－1.0057（＊）	.24081	.000	－1.4808	－.5305
		高中（中专）	－.9250（＊）	.25189	.000	－1.4220	－.4279
		大专	－.5996（＊）	.24221	.014	－1.0775	－.1217

＊The mean difference is significant at the .05 level.

利用此方法对以上假设进行验证（性别等利用 T 检验进行，主要观测 F 和对应的双尾概率 P 值），结果见表4—21：

表4—21   假设通过情况

个人特征	F	Sig	结论
年龄	.859	.490	假设通过
性别	2.510	.224	假设通过
民族	.045	.832	假设通过
婚姻状况	.811	.362	假设通过
家庭结构	.339	.851	假设通过
经济收入	2.813	.041	假设被拒绝
收入来源	.198	.898	假设通过
从事职业	2.353	.043	假设被拒绝

续表

个人特征	F	Sig	结论
亲友职业和旅游业关系	.231	.631	假设通过
居住时间	.631	.596	假设通过
和景区景点距离	2.071	.106	假设通过
文化教育程度	5.545	.000	假设被拒绝
接触时间	1.191	.315	假设被拒绝

同样，对13个个人特征和以上35个变量之间的关系进行分析（性别、民族、婚姻、亲友是否从事旅游业等利用T检验进行，主要观测F和对应的双尾概率P值），具体数据见表4—22：

表4—22　　　　　　　　　　显著性差异分析表

变量	Sig 分析												
	年龄	性别	民族	职业	文化	收入	来源	距离	时间	朋友	家庭	婚姻	接触
1	.139	.702	.120	.217	.912	.125	.000	.000	.210	.000	.404	.393	.000
2	.166	.761	.133	.434	.949	.010	.000	.000	.258	.000	.222	.523	.000
3	.239	.919	.044	.480	.881	.017	.000	.000	.675	.001	.497	.309	.001
4	.100	.858	.471	.911	.771	.090	.014	.037	.398	.001	.514	.078	.204
5	.191	.751	.665	.604	.834	.008	.002	.202	.082	.018	.448	.019	.055
6	.647	.949	.261	.466	.545	.265	.000	.000	.863	.011	.143	.896	.000
7	.035	.973	.460	.200	.808	.519	.002	.000	.530	.005	.137	.376	.000
8	.065	.016	.856	.072	.073	.020	.620	.006	.335	.122	.094	.961	.042
9	.448	.608	.164	.171	.234	.784	.012	.000	.517	.019	.376	.140	.000
10	.779	.720	.271	.025	.248	.855	.018	.000	.092	.136	.287	.612	.000
11	.490	.224	.832	.043	.000	.041	.898	.106	.596	.631	.851	.369	.315
12	.062	.067	.194	.004	.000	.015	.923	.058	.314	.646	.608	.003	.563
13	.003	.001	.822	.002	.041	.001	.232	.171	.537	.732	.117	.117	.872
14	.697	.614	.559	.001	.000	.199	.476	.000	.235	.378	.004	.708	.040
15	.597	.106	.615	.000	.018	.054	.321	.027	.587	.921	.003	.052	.520
16	.650	.638	.833	.138	.698	.489	.329	.001	.516	.198	.924	.349	.053
17	.633	.009	.646	.425	.815	.903	.938	.016	.264	.157	.261	.525	.104

变量	Sig分析											
	年龄	性别	民族	职业	文化	收入	来源	距离	时间	朋友	家庭	婚姻	接触
18	.221	.030	.563	.232	.080	.015	.029	.000	.727	.064	.311	.340	.083
19	.227	.120	.670	.010	.105	.208	.573	.000	.880	.198	.000	.393	.001
20	.068	.838	.955	.113	.962	.918	.015	.000	.067	.084	.057	.088	.000
21	.172	.157	.374	.007	.049	.699	.044	.000	.425	.363	.222	.414	.015
22	.093	.334	.882	.473	.183	.088	.234	.967	.341	.141	.312	.647	.870
23	.025	.047	.426	.083	.080	.335	.812	.000	.993	.683	.015	.622	.000
24	.798	.985	.203	.153	.662	.978	.345	.000	.007	.987	.007	.351	.000
25	.635	.044	.783	.154	.144	.952	.658	.000	.294	.343	.062	.302	.002
26	.148	.049	.943	.166	.204	.012	.726	.000	.731	.141	.049	.383	.000
27	.241	.047	.130	.100	.202	.013	.673	.135	.101	.683	.286	.244	.307
28	.230	.480	.006	.001	.025	.266	.038	.121	.374	.987	.846	.416	.988
29	.590	.349	.807	.102	.724	.332	.273	.000	.426	.452	.084	.921	.000
30	.188	.731	.618	.339	.516	.482	.938	.000	.446	.270	.041	.898	.000
31	.240	.231	.212	.304	.345	.627	.294	.000	.644	.672	.300	.523	.000
32	.000	.261	.127	.418	.201	.027	.037	.532	.414	.114	.273	.405	.659
33	.000	.403	.051	.122	.002	.221	.098	.489	.590	.042	.383	.467	.048
34	.243	.696	.851	.136	.254	.601	.151	.038	.762	.000	.621	.820	.151
35	.559	.348	.720	.019	.020	.442	.498	.000	.876	.246	.048	.579	.003

注：1—35分别代表问卷中第30—64项共35个问题。下同。

年龄方面，和35个变量中的少数（5个）——"投资增多"、"经济观念"、"环境破坏"、"植被破坏"和"生活节奏"存在显著性差异，P值分别为0.035、0.003、0.000、0.000和0.025，均小于0.05。具体差异见表4—23：

表 4—23　　　　　　　　　不同年龄者在以上变量之间的群体差异

		N	Mean	Std. Deviation	Std. Error	95% Confidence Interval for Mean		Minimum	Maximum
						Lower Bound	Upper Bound		
投资增多	18 岁以下	36	2.3056	1.26083	.21014	1.8790	2.7322	1.00	5.00
	19—29 岁	54	2.5000	1.46339	.19914	2.1006	2.8994	1.00	5.00
	30—39 岁	60	2.1000	1.23096	.15892	1.7820	2.4180	1.00	5.00
	40—49 岁	19	3.0526	1.68238	.38596	2.2417	3.8635	1.00	5.00
	50 岁以上	16	3.0000	1.36626	.34157	2.2720	3.7280	1.00	5.00
	Total	185	2.4324	1.39371	.10247	2.2303	2.6346	1.00	5.00
经济观念	18 岁以下	36	2.4167	1.13074	.18846	2.0341	2.7993	1.00	5.00
	19—29 岁	54	2.0185	.81242	.11056	1.7968	2.2403	1.00	4.00
	30—39 岁	60	1.7000	.78762	.10168	1.4965	1.9035	1.00	4.00
	40—49 岁	19	2.0000	.94281	.21630	1.5456	2.4544	1.00	5.00
	50 岁以上	16	1.7500	.57735	.14434	1.4424	2.0576	1.00	3.00
	Total	185	1.9676	.90231	.06634	1.8367	2.0985	1.00	5.00
环境破坏	18 岁以下	36	2.4722	.90982	.15164	2.1644	2.7801	1.00	4.00
	19—29 岁	54	2.7222	1.17227	.15953	2.4023	3.0422	1.00	5.00
	30—39 岁	60	2.9167	1.21141	.15639	2.6037	3.2296	1.00	5.00
	40—49 岁	19	3.3158	1.45498	.33379	2.6145	4.0171	1.00	5.00
	50 岁以上	16	1.4375	.89209	.22302	.9621	1.9129	1.00	4.00
	Total	185	2.6865	1.22434	.09002	2.5089	2.8641	1.00	5.00
植被破坏	18 岁以下	36	2.8333	1.13389	.18898	2.4497	3.2170	1.00	5.00
	19—29 岁	54	2.4630	1.20866	.16448	2.1331	2.7929	1.00	5.00
	30—39 岁	60	2.5500	1.25448	.16195	2.2259	2.8741	1.00	5.00
	40—49 岁	19	3.4211	1.38707	.31822	2.7525	4.0896	1.00	5.00
	50 岁以上	16	1.3750	1.02470	.25617	.8290	1.9210	1.00	4.00
	Total	185	2.5676	1.28834	.09472	2.3807	2.7544	1.00	5.00
生活节奏	18 岁以下	36	2.5556	.93944	.15657	2.2377	2.8734	1.00	5.00
	19—29 岁	54	2.8148	1.38828	.18892	2.4359	3.1937	1.00	5.00
	30—39 岁	60	2.2000	1.17603	.15183	1.8962	2.5038	1.00	5.00
	40—49 岁	19	2.8421	1.42451	.32681	2.1555	3.5287	1.00	5.00
	50 岁以上	16	3.1250	1.36015	.34004	2.4002	3.8498	1.00	5.00
	Total	185	2.5946	1.26962	.09334	2.4104	2.7788	1.00	5.00

性别方面，和35个变量中的少数（8个变量）——"价格上涨"、"经济观念"、"妇女地位"、"家庭关系"、"生活节奏"、"对象范围"、"生活打扰"、"水质下降"存在显著性差异，P值分别为0.016、0.001、0.009、0.027、0.046、0.042、0.049和0.047。具体差异情况见表4—24：

表4—24   不同性别者在以上变量之间的群体差异

	性别	N	Mean	Std. Deviation	Std. Error Mean
生活节奏	男	101	2.4257	1.28333	.12770
	女	84	2.7976	1.22995	.13420
妇女地位	男	101	2.6139	1.20806	.12021
	女	84	2.1310	1.27799	.13944
家庭关系	男	101	3.0495	1.22781	.12217
	女	84	3.4167	1.00850	.11004
对象范围	男	101	2.7228	1.01113	.10061
	女	84	3.0119	.91169	.09947
生活打扰	男	101	2.2673	1.20740	.12014
	女	84	2.6190	1.20145	.13109
水质下降	男	101	2.7822	1.12786	.11223
	女	84	3.1190	1.15545	.12607
经济观念	男	101	1.7723	.78589	.07820
	女	84	2.2024	.97905	.10682
价格上涨	男	101	2.1980	1.33431	.13277
	女	84	1.7500	1.16034	.12660

民族方面，和35个变量中的2个变量存在显著性差异，这2个变量是"垃圾增多"和"就业机会"，P值分别为0.006和0.044。具体认知差异见表4—25：

表4—25   不同民族者在以上变量之间的群体差异

	民族	N	Mean	Std. Deviation	Std. Error Mean
垃圾增多	汉族	104	2.6250	1.24781	.12236
	少数民族	81	2.1235	1.17668	.13074
就业机会	汉族	104	2.5096	1.44810	.14200
	少数民族	81	2.9506	1.49082	.16565

职业方面，和 35 个变量中的少数存在显著性差异，这些变量具体是
"垃圾增多"（0.001）、"对外形象"（0.019）、"对外交流"（0.025）、"宗
教弱化"（0.043）、"道德下降"（0.004）、"经济观念"（0.002）、"文化保
护"（0.001）、"风俗习惯"（0.000）、"犯罪增多"（0.007）、"人际关系"
（0.010），大部分 P 值非常接近于 0.000。其差异情况见表 4—26：

表 4—26　　　　　　　不同职业者在以上变量之间的群体差异

		N	Mean	Std. Deviation	Std. Error	95% Confidence Intervalfor Mean		Minimum	Maximum
						Lower Bound	Upper Bound		
垃圾增多	农牧民	39	2.9744	1.44162	.23084	2.5070	3.4417	1.00	5.00
	科教文卫人员	20	2.2000	1.00525	.22478	1.7295	2.6705	1.00	5.00
	公务员	36	2.0278	1.13354	.18892	1.6442	2.4113	1.00	5.00
	学生	17	2.4706	1.06757	.25892	1.9217	3.0195	1.00	5.00
	商业及旅游服务业人员	38	1.9737	1.05233	.17071	1.6278	2.3196	1.00	5.00
	其他	35	2.7143	1.22646	.20731	2.2930	3.1356	1.00	5.00
	Total	185	2.4054	1.23929	.09111	2.2256	2.5852	1.00	5.00
对外形象	农牧民	39	2.5385	1.50169	.24046	2.0517	3.0253	1.00	5.00
	科教文卫人员	20	1.8000	1.23969	.27720	1.2198	2.3802	1.00	5.00
	公务员	36	1.4722	.84468	.14078	1.1864	1.7580	1.00	5.00
	学生	17	2.0588	1.14404	.27747	1.4706	2.6470	1.00	5.00
	商业及旅游服务业人员	38	2.2105	1.43617	.23298	1.7385	2.6826	1.00	5.00
	其他	35	2.1429	1.43779	.24303	1.6490	2.6368	1.00	5.00
	Total	185	2.0649	1.34168	.09864	1.8702	2.2595	1.00	5.00
对外交流	农牧民	39	2.8974	1.58604	.25397	2.3833	3.4116	1.00	5.00
	科教文卫人员	20	1.8500	1.08942	.24360	1.3401	2.3599	1.00	5.00
	公务员	36	2.1111	1.46926	.24488	1.6140	2.6082	1.00	5.00
	学生	17	2.4706	1.58578	.38461	1.6553	3.2859	1.00	5.00
	商业及旅游服务业人员	38	3.0263	1.47935	.23998	2.5401	3.5126	1.00	5.00
	其他	35	2.6000	1.68383	.28462	2.0216	3.1784	1.00	5.00
	Total	185	2.5622	1.54908	.11389	2.3375	2.7869	1.00	5.00

续表

		N	Mean	Std. Deviation	Std. Error	95% Confidence Intervalfor Mean		Minimum	Maximum
						Lower Bound	Upper Bound		
宗教弱化	农牧民	39	3.0513	1.14590	.18349	2.6798	3.4227	1.00	5.00
	科教文卫人员	20	2.4500	1.50350	.33619	1.7463	3.1537	1.00	5.00
	公务员	36	2.2778	1.11127	.18521	1.9018	2.6538	1.00	5.00
	学生	17	2.7059	1.15999	.28134	2.1095	3.3023	1.00	5.00
	商业及旅游服务业人员	38	2.8684	1.21190	.19660	2.4701	3.2668	1.00	5.00
	其他	35	3.0286	1.09774	.18555	2.6515	3.4057	1.00	5.00
	Total	185	2.7622	1.21032	.08898	2.5866	2.9377	1.00	5.00
道德下降	农牧民	39	2.9487	1.39451	.22330	2.4967	3.4008	1.00	5.00
	科教文卫人员	20	1.8000	.89443	.20000	1.3814	2.2186	1.00	4.00
	公务员	36	2.2500	1.25071	.20845	1.8268	2.6732	1.00	5.00
	学生	17	2.9412	1.19742	.29042	2.3255	3.5568	1.00	5.00
	商业及旅游服务业人员	38	2.7368	1.38884	.22530	2.2803	3.1933	1.00	5.00
	其他	35	2.8857	1.02244	.17282	2.5345	3.2369	1.00	4.00
	Total	185	2.6324	1.27902	.09404	2.4469	2.8180	1.00	5.00
经济观念	农牧民	39	2.2308	.87243	.13970	1.9480	2.5136	1.00	5.00
	科教文卫人员	20	1.6000	.75394	.16859	1.2471	1.9529	1.00	4.00
	公务员	36	1.8333	.97101	.16183	1.5048	2.1619	1.00	5.00
	学生	17	2.4118	1.06412	.25809	1.8646	2.9589	1.00	5.00
	商业及旅游服务业人员	38	1.6316	.63335	.10274	1.4234	1.8398	1.00	3.00
	其他	35	2.1714	.92309	.15603	1.8543	2.4885	1.00	5.00
	Total	185	1.9676	.90231	.06634	1.8367	2.0985	1.00	5.00
文化保护	农牧民	39	2.8974	1.07103	.17150	2.5502	3.2446	1.00	5.00
	科教文卫人员	20	1.8000	.83351	.18638	1.4099	2.1901	1.00	4.00
	公务员	36	1.9167	.90633	.15105	1.6100	2.2233	1.00	5.00
	学生	17	2.5294	1.12459	.27275	1.9512	3.1076	1.00	5.00
	商业及旅游服务业人员	38	2.6842	1.29667	.21035	2.2580	3.1104	1.00	5.00
	其他	35	2.6000	1.43895	.24323	2.1057	3.0943	1.00	5.00
	Total	185	2.4541	1.20655	.08871	2.2790	2.6291	1.00	5.00

续表

		N	Mean	Std. Deviation	Std. Error	95% Confidence Intervalfor Mean		Minimum	Maximum
						Lower Bound	Upper Bound		
风俗习惯	农牧民	39	3.1026	.88243	.14130	2.8165	3.3886	1.00	5.00
	科教文卫人员	20	2.0500	.82558	.18460	1.6636	2.4364	1.00	4.00
	公务员	36	2.6111	1.12828	.18805	2.2294	2.9929	1.00	5.00
	学生	17	2.3529	.99632	.24164	1.8407	2.8652	1.00	5.00
	商业及旅游服务业人员	38	3.0000	1.13899	.18477	2.6256	3.3744	1.00	5.00
	其他	35	3.5714	.97877	.16544	3.2352	3.9076	1.00	5.00
	Total	185	2.8919	1.10296	.08109	2.7319	3.0519	1.00	5.00
犯罪增多	农牧民	39	3.5385	1.23216	.19730	3.1390	3.9379	1.00	5.00
	科教文卫人员	20	2.8500	1.18210	.26433	2.2968	3.4032	1.00	5.00
	公务员	36	2.6667	1.19523	.19920	2.2623	3.0711	1.00	5.00
	学生	17	3.1765	1.18508	.28742	2.5672	3.7858	1.00	5.00
	商业及旅游服务业人员	38	3.0526	1.11373	.18067	2.6866	3.4187	1.00	5.00
	其他	35	3.5429	1.01003	.17073	3.1959	3.8898	2.00	5.00
	Total	185	3.1622	1.18674	.08725	2.9900	3.3343	1.00	5.00
人际关系	农牧民	39	3.5897	1.40896	.22561	3.1330	4.0465	1.00	5.00
	科教文卫人员	20	2.5500	1.35627	.30327	1.9152	3.1848	1.00	5.00
	公务员	36	2.5000	1.48324	.24721	1.9981	3.0019	1.00	5.00
	学生	17	3.1176	1.31731	.31949	2.4404	3.7949	1.00	5.00
	商业及旅游服务业人员	38	2.9737	1.36534	.22149	2.5249	3.4225	1.00	5.00
	其他	35	3.2857	1.22646	.20731	2.8644	3.7070	1.00	5.00
	Total	185	3.0378	1.40793	.10351	2.8336	3.2421	1.00	5.00

　　文化教育背景方面，和35个变量中的9个变量存在显著性差异，这9个变量是"宗教弱化"（0.000）、"道德下降"（0.000）、"经济观念"（0.041）、"文化保护"（0.000）、"风俗习惯"（0.018）、"犯罪增多"（0.049）、"垃圾增多"（0.025）、"植被破坏"（0.002）、"对外形象"（0.020），大部分P值小于0.05。具体差异情况见表4—27：

表 4—27　　　　　不同文化教育背景者在以上变量之间的群体差异

		N	Mean	Std. Deviation	Std. Error	95% Confidence Interval for Mean		Minimum	Maximum
						Lower Bound	Upper Bound		
宗教弱化	小学及以下	11	3.0909	1.30035	.39207	2.2173	3.9645	1.00	5.00
	初中	45	3.1333	1.09959	.16392	2.8030	3.4637	1.00	5.00
	高中（中专）	38	3.0526	1.16125	.18838	2.6709	3.4343	1.00	5.00
	大专	44	2.7273	1.33580	.20138	2.3212	3.1334	1.00	5.00
	本科及以上	47	2.1277	.96947	.14141	1.8430	2.4123	1.00	4.00
	Total	185	2.7622	1.21032	.08898	2.5866	2.9377	1.00	5.00
道德下降	小学及以下	11	3.8182	.60302	.18182	3.4131	4.2233	3.00	5.00
	初中	45	2.9111	1.39516	.20798	2.4920	3.3303	1.00	5.00
	高中（中专）	38	2.8684	1.09473	.17759	2.5086	3.2283	1.00	5.00
	大专	44	2.4318	1.14927	.17326	2.0824	2.7812	1.00	4.00
	本科及以上	47	2.0851	1.26542	.18458	1.7136	2.4566	1.00	5.00
	Total	185	2.6324	1.27902	.09404	2.4469	2.8180	1.00	5.00
经济观念	小学及以下	11	2.1818	1.07872	.32525	1.4571	2.9065	1.00	5.00
	初中	45	2.1111	.77525	.11557	1.8782	2.3440	1.00	4.00
	高中（中专）	38	2.0263	.97223	.15772	1.7068	2.3459	1.00	5.00
	大专	44	2.0909	1.00737	.15187	1.7846	2.3972	1.00	5.00
	本科及以上	47	1.6170	.73878	.10776	1.4001	1.8339	1.00	4.00
	Total	185	1.9676	.90231	.06634	1.8367	2.0985	1.00	5.00
文化保护	小学及以下	11	2.9091	1.51357	.45636	1.8923	3.9259	1.00	5.00
	初中	45	2.8889	1.02740	.15316	2.5802	3.1976	1.00	5.00
	高中（中专）	38	2.9474	1.22909	.19939	2.5434	3.3514	1.00	5.00
	大专	44	1.9091	1.09583	.16520	1.5759	2.2423	1.00	5.00
	本科及以上	47	2.0426	1.04168	.15195	1.7367	2.3484	1.00	5.00
	Total	185	2.4541	1.20655	.08871	2.2790	2.6291	1.00	5.00
风俗习惯	小学及以下	11	3.4545	1.03573	.31228	2.7587	4.1504	2.00	5.00
	初中	45	3.1111	.88478	.13189	2.8453	3.3769	1.00	5.00
	高中（中专）	38	2.8158	1.22707	.19906	2.4125	3.2191	1.00	5.00
	大专	44	3.0227	1.06724	.16089	2.6983	3.3472	1.00	5.00
	本科及以上	47	2.4894	1.13965	.16623	2.1547	2.8240	1.00	5.00
	Total	185	2.8919	1.10296	.08109	2.7319	3.0519	1.00	5.00

续表

		N	Mean	Std. Deviation	Std. Error	95% Confidence Interval for Mean		Minimum	Maximum
						Lower Bound	Upper Bound		
犯罪增多	小学及以下	11	3.0909	1.22103	.36815	2.2706	3.9112	1.00	4.00
	初中	45	3.4667	1.15994	.17291	3.1182	3.8152	1.00	5.00
	高中（中专）	38	3.0000	1.03975	.16867	2.6582	3.3418	1.00	5.00
	大专	44	3.3864	1.14559	.17270	3.0381	3.7347	1.00	5.00
	本科及以上	47	2.8085	1.27924	.18660	2.4329	3.1841	1.00	5.00
	Total	185	3.1622	1.18674	.08725	2.9900	3.3343	1.00	5.00
垃圾增多	小学及以下	11	3.0000	1.48324	.44721	2.0035	3.9965	1.00	5.00
	初中	45	2.6222	1.23009	.18337	2.2527	2.9918	1.00	5.00
	高中（中专）	38	2.4474	1.28814	.20896	2.0240	2.8708	1.00	5.00
	大专	44	2.5000	1.19105	.17956	2.1379	2.8621	1.00	5.00
	本科及以上	47	1.9362	1.09155	.15922	1.6157	2.2567	1.00	5.00
	Total	185	2.4054	1.23929	.09111	2.2256	2.5852	1.00	5.00
植被破坏	小学及以下	11	2.0909	1.22103	.36815	1.2706	2.9112	1.00	4.00
	初中	45	2.9333	1.28629	.19175	2.5469	3.3198	1.00	5.00
	高中（中专）	38	2.9737	1.30460	.21163	2.5449	3.4025	1.00	5.00
	大专	44	2.5000	1.11021	.16737	2.1625	2.8375	1.00	5.00
	本科及以上	47	2.0638	1.27525	.18601	1.6894	2.4383	1.00	5.00
	Total	185	2.5676	1.28834	.09472	2.3807	2.7544	1.00	5.00
对外形象	小学及以下	11	2.8182	1.83402	.55298	1.5861	4.0503	1.00	5.00
	初中	45	2.4444	1.27128	.18951	2.0625	2.8264	1.00	5.00
	高中（中专）	38	2.0526	1.54128	.25003	1.5460	2.5592	1.00	5.00
	大专	44	1.9091	1.23549	.18626	1.5335	2.2847	1.00	5.00
	本科及以上	47	1.6809	1.06539	.15540	1.3680	1.9937	1.00	5.00
	Total	185	2.0649	1.34168	.09864	1.8702	2.2595	1.00	5.00

个人经济收入方面，和35个变量中的11个变量存在显著性差异，这些变量是"收入增加"（0.010）、"就业机会增加"（0.017）、"经济观念"（0.001）、"外地人得到好处多于本地人"（0.008）、"本地价格上涨"

（0.020）、"道德下降"（0.015）、"宗教弱化"（0.041）、"家庭关系变化"（0.015）、"对象范围"（0.012）、"水质下降"（0.013）和"环境破坏"（0.027），大部分主要集中在不良效应方面。具体差异见表4—28：

表4—28　　　　不同个人收入者在以上变量之间的群体差异

		N	Mean	Std. Deviation	Std. Error	95% Confidence Interval for Mean		Minimum	Maximum
						Lower Bound	Upper Bound		
收入增加	1万元以下	85	3.0353	1.53876	.16690	2.7034	3.3672	1.00	5.00
	1—2万元	29	2.5172	1.50287	.27908	1.9456	3.0889	1.00	5.00
	2—3万元	44	2.2727	1.22690	.18496	1.8997	2.6457	1.00	5.00
	3万元以上	27	2.2222	1.42325	.27390	1.6592	2.7852	1.00	5.00
	Total	185	2.6541	1.48152	.10892	2.4392	2.8690	1.00	5.00
机会增加	1万元以下	85	3.0353	1.51537	.16437	2.7084	3.3622	1.00	5.00
	1—2万元	29	2.7586	1.45541	.27026	2.2050	3.3122	1.00	5.00
	2—3万元	44	2.2955	1.28641	.19393	1.9043	2.6866	1.00	5.00
	3万元以上	27	2.2593	1.48305	.28541	1.6726	2.8459	1.00	5.00
	Total	185	2.7027	1.47929	.10876	2.4881	2.9173	1.00	5.00
经济观念	1万元以下	85	2.2000	.91026	.09873	2.0037	2.3963	1.00	5.00
	1—2万元	29	1.9655	.73108	.13576	1.6874	2.2436	1.00	4.00
	2—3万元	44	1.5455	.79107	.11926	1.3049	1.7860	1.00	4.00
	3万元以上	27	1.9259	.99715	.19190	1.5315	2.3204	1.00	5.00
	Total	185	1.9676	.90231	.06634	1.8367	2.0985	1.00	5.00
外地人好	1万元以下	85	2.5647	1.20956	.13119	2.3038	2.8256	1.00	5.00
	1—2万元	29	2.8966	1.29131	.23979	2.4054	3.3877	1.00	5.00
	2—3万元	44	2.7273	1.26424	.19059	2.3429	3.1116	1.00	5.00
	3万元以上	27	1.8519	1.06351	.20467	1.4311	2.2726	1.00	4.00
	Total	185	2.5514	1.24622	.09162	2.3706	2.7321	1.00	5.00
价格上涨	1万元以下	85	2.1529	1.31390	.14251	1.8695	2.4363	1.00	5.00
	1—2万元	29	2.2414	1.35370	.25138	1.7265	2.7563	1.00	5.00
	2—3万元	44	1.4773	.76215	.11490	1.2456	1.7090	1.00	5.00
	3万元以上	27	2.0741	1.54237	.29683	1.4639	2.6842	1.00	5.00
	Total	185	1.9946	1.27474	.09372	1.8097	2.1795	1.00	5.00

续表

		N	Mean	Std. Deviation	Std. Error	95% Confidence Interval for Mean		Minimum	Maximum
						Lower Bound	Upper Bound		
道德下降	1万元以下	85	2.8941	1.22497	.13287	2.6299	3.1583	1.00	5.00
	1—2万元	29	2.7931	1.34641	.25002	2.2810	3.3052	1.00	5.00
	2—3万元	44	2.2955	1.28641	.19393	1.9043	2.6866	1.00	5.00
	3万元以上	27	2.1852	1.17791	.22669	1.7192	2.6511	1.00	5.00
	Total	185	2.6324	1.27902	.09404	2.4469	2.8180	1.00	5.00
宗教弱化	1万元以下	85	3.0353	1.16952	.12685	2.7830	3.2876	1.00	5.00
	1—2万元	29	2.4483	1.08845	.20212	2.0343	2.8623	1.00	5.00
	2—3万元	44	2.5682	1.14927	.17326	2.2188	2.9176	1.00	5.00
	3万元以上	27	2.5556	1.42325	.27390	1.9925	3.1186	1.00	5.00
	Total	185	2.7622	1.21032	.08898	2.5866	2.9377	1.00	5.00
家庭关系	1万元以下	85	3.4235	1.03942	.11274	3.1993	3.6477	1.00	5.00
	1—2万元	29	3.4483	.94816	.17607	3.0876	3.8089	1.00	5.00
	2—3万元	44	2.8864	1.26152	.19018	2.5028	3.2699	1.00	5.00
	3万元以上	27	2.8519	1.29210	.24866	2.3407	3.3630	1.00	5.00
	Total	185	3.2162	1.14529	.08420	3.0501	3.3823	1.00	5.00
对象范围	1万元以下	85	2.7176	1.22097	.13243	2.4543	2.9810	1.00	5.00
	1—2万元	29	2.3448	1.31681	.24453	1.8439	2.8457	1.00	5.00
	2—3万元	44	2.2273	1.17856	.17767	1.8690	2.5856	1.00	5.00
	3万元以上	27	1.9259	.91676	.17643	1.5633	2.2886	1.00	4.00
	Total	185	2.4270	1.21419	.08927	2.2509	2.6031	1.00	5.00
水质下降	1万元以下	85	3.0824	1.17728	.12769	2.8284	3.3363	1.00	5.00
	1—2万元	29	3.3103	.96745	.17965	2.9423	3.6783	1.00	5.00
	2—3万元	44	2.6591	1.19967	.18086	2.2944	3.0238	1.00	5.00
	3万元以上	27	2.5185	.97548	.18773	2.1326	2.9044	1.00	4.00
	Total	185	2.9351	1.14972	.08453	2.7684	3.1019	1.00	5.00
环境破坏	1万元以下	85	2.6235	1.10169	.11950	2.3859	2.8612	1.00	5.00
	1—2万元	29	2.8621	1.05979	.19680	2.4589	3.2652	1.00	5.00
	2—3万元	44	2.3636	1.38246	.20841	1.9433	2.7839	1.00	5.00
	3万元以上	27	3.2222	1.33973	.25783	2.6922	3.7522	1.00	5.00
	Total	185	2.6865	1.22434	.09002	2.5089	2.8641	1.00	5.00

个人经济来源方面，和 35 个变量中的 14 个变量存在显著性差异，这 14 个变量是"经济增长"（0.000）、"个人收入增加"（0.000）、"就业机会增加"（0.000）、"部分人得到好处"（0.014）、"外地人得到好处多于本地人"（0.002）、"生活水平提高"（0.000）、"投资和消费增多"（0.002）、"对外交流"（0.018）、"文化了解"（0.012）、"家庭关系变化"（0.029）、"色情服务"（0.015）、"犯罪增多"（0.044）、"垃圾最多"（0.038）和"环境破坏"（0.000）。具体差异情况见表 4—29：

表 4—29　　　　不同个人收入来源者在以上变量之间的群体差异

		N	Mean	Std. Deviation	Std. Error	95% Confidence Interval for Mean		Minimum	Maximum
						Lower Bound	Upper Bound		
经济增长	主要来自旅游	29	1.4828	1.15328	.21416	1.0441	1.9214	1.00	5.00
	部分来自旅游	29	1.9310	1.06674	.19809	1.5253	2.3368	1.00	5.00
	较少来自旅游	40	2.7750	1.31046	.20720	2.3559	3.1941	1.00	5.00
	不来自旅游	87	2.9195	1.42420	.15269	2.6160	3.2231	1.00	5.00
	Total	185	2.5081	1.41467	.10401	2.3029	2.7133	1.00	5.00
收入增加	主要来自旅游	29	1.4483	1.15221	.21396	1.0100	1.8866	1.00	5.00
	部分来自旅游	29	2.0000	1.28174	.23801	1.5125	2.4875	1.00	5.00
	较少来自旅游	40	2.9250	1.32795	.20997	2.5003	3.3497	1.00	5.00
	不来自旅游	87	3.1494	1.41855	.15208	2.8471	3.4518	1.00	5.00
	Total	185	2.6541	1.48152	.10892	2.4392	2.8690	1.00	5.00
机会增加	主要来自旅游	29	1.5862	1.35006	.25070	1.0727	2.0997	1.00	5.00
	部分来自旅游	29	2.1034	1.29131	.23979	1.6123	2.5946	1.00	5.00
	较少来自旅游	40	2.8000	1.24447	.19677	2.4020	3.1980	1.00	5.00
	不来自旅游	87	3.2299	1.41997	.15224	2.9272	3.5325	1.00	5.00
	Total	185	2.7027	1.47929	.10876	2.4881	2.9173	1.00	5.00
部分人好	主要来自旅游	29	2.4483	1.57176	.29187	1.8504	3.0461	1.00	5.00
	部分来自旅游	29	1.9655	1.14900	.21336	1.5285	2.4026	1.00	5.00
	较少来自旅游	40	2.1250	.96576	.15270	1.8161	2.4339	1.00	4.00
	不来自旅游	87	1.7126	.95123	.10198	1.5099	1.9154	1.00	4.00
	Total	185	1.9568	1.12688	.08285	1.7933	2.1202	1.00	5.00

续表

		N	Mean	Std. Deviation	Std. Error	95% Confidence Interval for Mean		Minimum	Maximum
						Lower Bound	Upper Bound		
外地人好	主要来自旅游	29	2.6552	1.65348	.30704	2.0262	3.2841	1.00	5.00
	部分来自旅游	29	3.1379	1.05979	.19680	2.7348	3.5411	1.00	5.00
	较少来自旅游	40	2.8000	.96609	.15275	2.4910	3.1090	1.00	4.00
	不来自旅游	87	2.2069	1.17273	.12573	1.9570	2.4568	1.00	5.00
	Total	185	2.5514	1.24622	.09162	2.3706	2.7321	1.00	5.00
生活提高	主要来自旅游	29	1.7931	1.17654	.21848	1.3456	2.2406	1.00	5.00
	部分来自旅游	29	2.1379	1.40723	.26132	1.6026	2.6732	1.00	5.00
	较少来自旅游	40	2.7500	1.17124	.18519	2.3754	3.1246	1.00	5.00
	不来自旅游	87	2.9540	1.36320	.14615	2.6635	3.2446	1.00	5.00
	Total	185	2.6000	1.36812	.10059	2.4016	2.7984	1.00	5.00
投资增多	主要来自旅游	29	1.7241	1.30648	.24261	1.2272	2.2211	1.00	5.00
	部分来自旅游	29	2.0000	1.19523	.22195	1.5454	2.4546	1.00	5.00
	较少来自旅游	40	2.6250	1.27475	.20156	2.2173	3.0327	1.00	5.00
	不来自旅游	87	2.7241	1.43616	.15397	2.4181	3.0302	1.00	5.00
	Total	185	2.4324	1.39371	.10247	2.2303	2.6346	1.00	5.00
对外交流	主要来自旅游	29	2.2759	1.27885	.23748	1.7894	2.7623	1.00	5.00
	部分来自旅游	29	2.0000	1.36277	.25306	1.4816	2.5184	1.00	5.00
	较少来自旅游	40	2.4000	1.61404	.25520	1.8838	2.9162	1.00	5.00
	不来自旅游	87	2.9195	1.59373	.17087	2.5799	3.2592	1.00	5.00
	Total	185	2.5622	1.54908	.11389	2.3375	2.7869	1.00	5.00
文化了解	主要来自旅游	29	2.2414	1.27210	.23622	1.7575	2.7253	1.00	5.00
	部分来自旅游	29	1.9655	1.29512	.24050	1.4729	2.4582	1.00	5.00
	较少来自旅游	40	2.4500	1.58438	.25051	1.9433	2.9567	1.00	5.00
	不来自旅游	87	2.9080	1.52218	.16319	2.5836	3.2325	1.00	5.00
	Total	185	2.5568	1.49937	.11024	2.3393	2.7742	1.00	5.00
家庭关系	主要来自旅游	29	3.1034	1.14470	.21257	2.6680	3.5389	1.00	5.00
	部分来自旅游	29	3.7931	.81851	.15199	3.4818	4.1044	2.00	5.00
	较少来自旅游	40	3.0500	.84580	.13373	2.7795	3.3205	2.00	5.00
	不来自旅游	87	3.1379	1.30449	.13986	2.8599	3.4160	1.00	5.00
	Total	185	3.2162	1.14529	.08420	3.0501	3.3823	1.00	5.00

		N	Mean	Std. Deviation	Std. Error	95% Confidence Interval for Mean		Minimum	Maximum
						Lower Bound	Upper Bound		
色情服务	主要来自旅游	29	2.2414	1.32706	.24643	1.7366	2.7462	1.00	5.00
	部分来自旅游	29	3.0345	1.54649	.28718	2.4462	3.6227	1.00	5.00
	较少来自旅游	40	2.5000	1.37747	.21780	2.0595	2.9405	1.00	5.00
	不来自旅游	87	3.1149	1.52060	.16303	2.7909	3.4390	1.00	5.00
	Total	185	2.8324	1.49602	.10999	2.6154	3.0494	1.00	5.00
犯罪增多	主要来自旅游	29	3.2069	1.17654	.21848	2.7594	3.6544	1.00	5.00
	部分来自旅游	29	3.5862	1.01831	.18909	3.1989	3.9735	1.00	5.00
	较少来自旅游	40	2.7750	.97369	.15395	2.4636	3.0864	1.00	5.00
	不来自旅游	87	3.1839	1.28975	.13828	2.9090	3.4588	1.00	5.00
	Total	185	3.1622	1.18674	.08725	2.9900	3.3343	1.00	5.00
垃圾增多	主要来自旅游	29	2.9655	1.42635	.26487	2.4230	3.5081	1.00	5.00
	部分来自旅游	29	2.5172	1.12188	.20833	2.0905	2.9440	1.00	5.00
	较少来自旅游	40	2.1750	1.00989	.15968	1.8520	2.4980	1.00	5.00
	不来自旅游	87	2.2874	1.26590	.13572	2.0176	2.5572	1.00	5.00
	Total	185	2.4054	1.23929	.09111	2.2256	2.5852	1.00	5.00
环境破坏	主要来自旅游	29	3.2069	1.23576	.22947	2.7368	3.6770	1.00	5.00
	部分来自旅游	29	2.5172	1.05630	.19615	2.1154	2.9190	1.00	5.00
	较少来自旅游	40	2.3750	.97895	.15478	2.0619	2.6881	1.00	5.00
	不来自旅游	87	2.7126	1.32865	.14245	2.4295	2.9958	1.00	5.00
	Total	185	2.6865	1.22434	.09002	2.5089	2.8641	1.00	5.00

居住地和景区景点距离方面，和35个变量中的26个变量存在显著性差异，这些变量是"经济增长"（0.000）、"个人收入增加"（0.000）、"就业机会增加"（0.000）、"部分人得到好处"（0.037）、"生活水平提高"（0.000）、"投资和消费增多"（0.000）、"本地价格上涨"（0.006）、"文化了解"（0.000）、"对外交流增加"（0.000）、"文化保护"（0.000）、"语言变化"（0.001）、"妇女地位提高"（0.016）、"风俗习惯变化"（0.027）、"家庭关系变化"（0.000）、"人际关系变化"（0.000）、"色情服务出现"

（0.000）、"犯罪增多"（0.000）、"生活受到打扰"（0.000）、"对象范围扩大"（0.000）、"生活节奏"（0.000）、"生活方式变化"（0.000）、"基础设施改善"（0.000）、"娱乐购物场所增加"（0.000）、"住房交通等拥挤"（0.000）、"环保意识增强"（0.038）、"对外形象提升"（0.000）。具体差异情况见表4—30：

表4—30　　　　　　　不同距离者在以上变量之间的群体差异

		N	Mean	Std. Deviation	Std. Error	95% Confidence Interval for Mean		Minimum	Maximum
						Lower Bound	Upper Bound		
经济增长	很近（500米）	34	2.0588	1.22947	.21085	1.6298	2.4878	1.00	5.00
	一般（501—1000米）	64	2.0469	1.16059	.14507	1.7570	2.3368	1.00	5.00
	较远（1001—2000米）	37	2.5135	1.26099	.20731	2.0931	2.9339	1.00	5.00
	很远（2001米以上）	50	3.4000	1.53862	.21759	2.9627	3.8373	1.00	5.00
	Total	185	2.5081	1.41467	.10401	2.3029	2.7133	1.00	5.00
收入增加	很近（500米）	34	2.4118	1.39518	.23927	1.9250	2.8986	1.00	5.00
	一般（501—1000米）	64	2.1406	1.25821	.15728	1.8263	2.4549	1.00	5.00
	较远（1001—2000米）	37	2.7027	1.41156	.23206	2.2321	3.1733	1.00	5.00
	很远（2001米以上）	50	3.4400	1.55393	.21976	2.9984	3.8816	1.00	5.00
	Total	185	2.6541	1.48152	.10892	2.4392	2.8690	1.00	5.00
机会增加	很近（500米）	34	2.5000	1.41956	.24345	2.0047	2.9953	1.00	5.00
	一般（501—1000米）	64	2.2813	1.30285	.16286	1.9558	2.6067	1.00	5.00
	较远（1001—2000米）	37	2.6216	1.42110	.23363	2.1478	3.0954	1.00	5.00
	很远（2001米以上）	50	3.4400	1.54074	.21789	3.0021	3.8779	1.00	5.00
	Total	185	2.7027	1.47929	.10876	2.4881	2.9173	1.00	5.00
部分人好	很近（500米）	34	1.8235	.90355	.15496	1.5083	2.1388	1.00	4.00
	一般（501—1000米）	64	2.2813	1.29061	.16133	1.9589	2.6036	1.00	5.00
	较远（1001—2000米）	37	1.8378	1.06754	.17550	1.4819	2.1938	1.00	5.00
	很远（2001米以上）	50	1.7200	1.01096	.14297	1.4327	2.0073	1.00	4.00
	Total	185	1.9568	1.12688	.08285	1.7933	2.1202	1.00	5.00

续表

		N	Mean	Std. Deviation	Std. Error	95% Confidence Interval for Mean		Minimum	Maximum
						Lower Bound	Upper Bound		
生活提高	很近（500 米）	34	2.0882	1.02596	.17595	1.7303	2.4462	1.00	4.00
	一般（501—1000 米）	64	2.0625	1.11091	.13886	1.7850	2.3400	1.00	5.00
	较远（1001—2000 米）	37	2.8919	1.24239	.20425	2.4777	3.3061	1.00	5.00
	很远（2001 米以上）	50	3.4200	1.51307	.21398	2.9900	3.8500	1.00	5.00
	Total	185	2.6000	1.36812	.10059	2.4016	2.7984	1.00	5.00
投资增多	很近（500 米）	34	1.6765	.91189	.15639	1.3583	1.9946	1.00	4.00
	一般（501—1000 米）	64	1.9063	1.00347	.12543	1.6556	2.1569	1.00	4.00
	较远（1001—2000 米）	37	2.5676	1.28107	.21061	2.1404	2.9947	1.00	5.00
	很远（2001 米以上）	50	3.5200	1.50156	.21235	3.0933	3.9467	1.00	5.00
	Total	185	2.4324	1.39371	.10247	2.2303	2.6346	1.00	5.00
价格上涨	很近（500 米）	34	1.7059	1.05971	.18174	1.3361	2.0756	1.00	5.00
	一般（501—1000 米）	64	1.7656	.90400	.11300	1.5398	1.9914	1.00	4.00
	较远（1001—2000 米）	37	1.9459	1.10418	.18153	1.5778	2.3141	1.00	5.00
	很远（2001 米以上）	50	2.5200	1.72898	.24452	2.0286	3.0114	1.00	5.00
	Total	185	1.9946	1.27474	.09372	1.8097	2.1795	1.00	5.00
文化了解	很近（500 米）	34	1.2941	.79884	.13700	1.0154	1.5728	1.00	4.00
	一般（501—1000 米）	64	2.0313	.99153	.12394	1.7836	2.2789	1.00	4.00
	较远（1001—2000 米）	37	3.3784	1.25502	.20632	2.9599	3.7968	1.00	5.00
	很远（2001 米以上）	50	3.4800	1.65665	.23429	3.0092	3.9508	1.00	5.00
	Total	185	2.5568	1.49937	.11024	2.3393	2.7742	1.00	5.00
对外交流	很近（500 米）	34	1.3824	1.01548	.17415	1.0280	1.7367	1.00	5.00
	一般（501—1000 米）	64	1.9531	.96658	.12082	1.7117	2.1946	1.00	4.00
	较远（1001—2000 米）	37	3.4324	1.44416	.23742	2.9509	3.9139	1.00	5.00
	很远（2001 米以上）	50	3.5000	1.63195	.23079	3.0362	3.9638	1.00	5.00
	Total	185	2.5622	1.54908	.11389	2.3375	2.7869	1.00	5.00
文化保护	很近（100 米）	34	1.7941	1.17498	.20151	1.3841	2.2041	1.00	5.00
	一般（101—500）	64	2.3750	.98400	.12300	2.1292	2.6208	1.00	4.00
	较远（501—1000）	37	2.3514	.97799	.16078	2.0253	2.6774	1.00	5.00
	很远（1001 米以上）	50	3.0800	1.36785	.19344	2.6913	3.4687	1.00	5.00
	Total	185	2.4541	1.20655	.08871	2.2790	2.6291	1.00	5.00

续表

		N	Mean	Std. Deviation	Std. Error	95% Confidence Interval for Mean		Minimum	Maximum
						Lower Bound	Upper Bound		
语言变化	很近（500 米）	34	2.1471	.95766	.16424	1.8129	2.4812	1.00	4.00
	一般（501—1000 米）	64	1.9844	.76619	.09577	1.7930	2.1758	1.00	4.00
	较远（1001—2000 米）	37	2.2162	.94678	.15565	1.9005	2.5319	1.00	5.00
	很远（2001 米以上）	50	2.7400	1.22574	.17335	2.3916	3.0884	1.00	5.00
	Total	185	2.2649	1.01623	.07471	2.1175	2.4123	1.00	5.00
妇女地位	很近（500 米）	34	2.2353	1.10258	.18909	1.8506	2.6200	1.00	5.00
	一般（501—1000 米）	64	2.1875	1.05221	.13153	1.9247	2.4503	1.00	5.00
	较远（1001—2000 米）	37	2.2432	1.14031	.18747	1.8630	2.6234	1.00	5.00
	很远（2001 米以上）	50	2.8800	1.56022	.22065	2.4366	3.3234	1.00	5.00
	Total	185	2.3946	1.26016	.09265	2.2118	2.5774	1.00	5.00
风俗习惯	很近（500 米）	34	2.6765	1.14734	.19677	2.2761	3.0768	1.00	5.00
	一般（501—1000 米）	64	2.7188	1.07598	.13450	2.4500	2.9875	1.00	5.00
	较远（1001—2000 米）	37	2.8649	.91779	.15088	2.5589	3.1709	1.00	5.00
	很远（2001 米以上）	50	3.2800	1.16128	.16423	2.9500	3.6100	1.00	5.00
	Total	185	2.8919	1.10296	.08109	2.7319	3.0519	1.00	5.00
家庭关系	很近（500 米）	34	3.0882	.96508	.16551	2.7515	3.4250	1.00	5.00
	一般（501—1000 米）	64	2.7969	.94583	.11823	2.5606	3.0331	1.00	5.00
	较远（1001—2000 米）	37	3.2973	1.19872	.19707	2.8976	3.6970	1.00	5.00
	很远（2001 米以上）	50	3.7800	1.23371	.17447	3.4294	4.1306	1.00	5.00
	Total	185	3.2162	1.14529	.08420	3.0501	3.3823	1.00	5.00
人际关系	很近（500 米）	34	2.2059	1.32068	.22650	1.7451	2.6667	1.00	5.00
	一般（501—1000 米）	64	2.7031	1.10812	.13851	2.4263	2.9799	1.00	5.00
	较远（1001—2000 米）	37	3.1892	1.32995	.21864	2.7458	3.6326	1.00	5.00
	很远（2001 米以上）	50	3.9200	1.39737	.19762	3.5229	4.3171	1.00	5.00
	Total	185	3.0378	1.40793	.10351	2.8336	3.2421	1.00	5.00
色情服务	很近（500 米）	34	1.4412	.78591	.13478	1.1670	1.7154	1.00	4.00
	一般（501—1000 米）	64	2.2500	1.22150	.15269	1.9449	2.5551	1.00	5.00
	较远（1001—2000 米）	37	3.8378	.79977	.13148	3.5712	4.1045	2.00	5.00
	很远（2001 米以上）	50	3.7800	1.46092	.20661	3.3648	4.1952	1.00	5.00
	Total	185	2.8324	1.49602	.10999	2.6154	3.0494	1.00	5.00

续表

		N	Mean	Std. Deviation	Std. Error	95% Confidence Interval for Mean		Minimum	Maximum
						Lower Bound	Upper Bound		
犯罪增多	很近（100 米）	34	2.5000	1.10782	.18999	2.1135	2.8865	1.00	5.00
	一般（101—500 米）	64	2.9531	1.07541	.13443	2.6845	3.2218	1.00	5.00
	较远（501—1000 米）	37	3.5405	.93079	.15302	3.2302	3.8509	1.00	5.00
	很远（1001 米以上）	50	3.6000	1.29363	.18295	3.2324	3.9676	1.00	5.00
	Total	185	3.1622	1.18674	.08725	2.9900	3.3343	1.00	5.00
生活打扰	很近（500 米）	34	2.9706	1.33678	.22926	2.5042	3.4370	1.00	5.00
	一般（501—1000 米）	64	3.3125	1.16667	.14583	3.0211	3.6039	1.00	5.00
	较远（1001—2000 米）	37	4.1351	.97645	.16053	3.8096	4.4607	1.00	5.00
	很远（2001 米以上）	50	4.4600	.90824	.12844	4.2019	4.7181	2.00	5.00
	Total	185	3.7243	1.24005	.09117	3.5445	3.9042	1.00	5.00
对象范围	很近（500 米）	34	2.4706	.86112	.14768	2.1701	2.7710	1.00	4.00
	一般（501—1000 米）	64	2.5469	.77520	.09690	2.3532	2.7405	1.00	4.00
	较远（1001—2000 米）	37	2.9189	.95389	.15682	2.6009	3.2370	1.00	5.00
	很远（2001 米以上）	50	3.4600	1.01439	.14346	3.1717	3.7483	1.00	5.00
	Total	185	2.8541	.97540	.07171	2.7126	2.9955	1.00	5.00
生活节奏	很近（100 米）	34	2.0000	1.01504	.17408	1.6458	2.3542	1.00	5.00
	一般（101—500 米）	64	2.1406	.81391	.10174	1.9373	2.3439	1.00	4.00
	较远（501—1000 米）	37	2.7297	1.19370	.19624	2.3317	3.1277	1.00	5.00
	很远（1001 米以上）	50	3.4800	1.46022	.20651	3.0650	3.8950	1.00	5.00
	Total	185	2.5946	1.26962	.09334	2.4104	2.7788	1.00	5.00
生活方式	很近（500 米）	34	1.9118	.93315	.16003	1.5862	2.2374	1.00	4.00
	一般（501—1000 米）	64	2.0000	.87287	.10911	1.7820	2.2180	1.00	4.00
	较远（1001—2000 米）	37	2.4595	1.04335	.17153	2.1116	2.8073	1.00	5.00
	很远（2001 米以上）	50	3.3000	1.40335	.19846	2.9012	3.6988	1.00	5.00
	Total	185	2.4270	1.21419	.08927	2.2509	2.6031	1.00	5.00
基础设施	很近（500 米）	34	1.7353	1.28650	.22063	1.2864	2.1842	1.00	5.00
	一般（501—1000 米）	64	1.5625	.70991	.08874	1.3852	1.7398	1.00	4.00
	较远（1001—2000 米）	37	2.2432	1.38254	.22729	1.7823	2.7042	1.00	5.00
	很远（2001 米以上）	50	3.1400	1.57804	.22317	2.6915	3.5885	1.00	5.00
	Total	185	2.1568	1.38794	.10204	1.9554	2.3581	1.00	5.00

续表

		N	Mean	Std. Deviation	Std. Error	95% Confidence Interval for Mean		Minimum	Maximum
						Lower Bound	Upper Bound		
娱乐购物	很近（500米）	34	1.7059	1.05971	.18174	1.3361	2.0756	1.00	5.00
	一般（501—1000米）	64	1.5625	.68718	.08590	1.3908	1.7342	1.00	4.00
	较远（1001—2000米）	37	2.3514	1.47603	.24266	1.8592	2.8435	1.00	5.00
	很远（2001米以上）	50	3.0200	1.63495	.23122	2.5554	3.4846	1.00	5.00
	Total	185	2.1405	1.36801	.10058	1.9421	2.3390	1.00	5.00
交通拥挤	很近（500米）	34	1.1765	.71650	.12288	.9265	1.4265	1.00	5.00
	一般（501—1000米）	64	2.5313	.97539	.12192	2.2876	2.7749	1.00	5.00
	较远（1001—2000米）	37	4.1622	1.19055	.19573	3.7652	4.5591	1.00	5.00
	很远（2001米以上）	50	4.6000	.98974	.13997	4.3187	4.8813	1.00	5.00
	Total	185	3.1676	1.60807	.11823	2.9343	3.4008	1.00	5.00
环保意识	很近（500米）	34	2.0000	1.01504	.17408	1.6458	2.3542	1.00	5.00
	一般（501—1000米）	64	1.9375	1.06719	.13340	1.6709	2.2041	1.00	5.00
	较远（1001—2000米）	37	2.3243	1.22597	.20155	1.9156	2.7331	1.00	5.00
	很远（2001米以上）	50	2.5000	1.16496	.16475	2.1689	2.8311	1.00	5.00
	Total	185	2.1784	1.13519	.08346	2.0137	2.3430	1.00	5.00
对外形象	很近（500米）	34	1.5588	.99060	.16989	1.2132	1.9045	1.00	5.00
	一般（501—1000米）	64	1.6094	.80902	.10113	1.4073	1.8115	1.00	4.00
	较远（1001—2000米）	37	2.2432	1.42215	.23380	1.7691	2.7174	1.00	5.00
	很远（2001米以上）	50	2.8600	1.62895	.23037	2.3971	3.3229	1.00	5.00
	Total	185	2.0649	1.34168	.09864	1.8702	2.2595	1.00	5.00

在本地居住时间方面，和35个变量中的1个变量——"生活受到打扰"存在显著性差异，概率P为0.007，小于显著性水平0.05。具体差异情况见表4—31：

表 4—31   不同本地居住时间者在"生活受到打扰"变量上的群体差异

	N	Mean	Std. Deviation	Std. Error	95% Confidence Interval for Mean		Minimum	Maximum
					Lower Bound	Upper Bound		
10 年以下	37	3.4324	1.36505	.22441	2.9773	3.8876	1.00	5.00
10—19 年	56	3.8571	1.05190	.14057	3.5754	4.1388	1.00	5.00
20—29 年	30	3.2000	1.34933	.24635	2.6962	3.7038	1.00	5.00
30 年以上	62	4.0323	1.17303	.14897	3.7344	4.3302	1.00	5.00
Total	185	3.7243	1.24005	.09117	3.5445	3.9042	1.00	5.00

亲戚朋友是否从事旅游方面，和 35 个变量中的 10 个变量存在显著性差异，这些变量是"经济增长"（0.000）、"个人收入增加"（0.000）、"就业机会增加"（0.001）、"部分人得到好处"（0.001）、"外地人得到好处多于本地人"（0.018）、"生活水平提高"（0.011）、"增多了外地消费和投资"（0.005）、"文化了解"（0.019）、"植被遭到破坏"（0.042）、"环保意识增强"（0.000），其中 7 个集中在正面效应方面。具体差异情况见表 4—32：

表 4—32   亲友从事不同职业者在以上变量上的群体差异

		N	Mean	Std. Deviation	Std. Error	95% Confidence Interval for Mean		Minimum	Maximum
						Lower Bound	Upper Bound		
经济增长	有	62	1.9355	1.34129	.17034	1.5949	2.2761	1.00	5.00
	没有	123	2.7967	1.36682	.12324	2.5528	3.0407	1.00	5.00
	Total	185	2.5081	1.41467	.10401	2.3029	2.7133	1.00	5.00
收入增加	有	62	2.0968	1.45658	.18499	1.7269	2.4667	1.00	5.00
	没有	123	2.9350	1.41850	.12790	2.6818	3.1882	1.00	5.00
	Total	185	2.6541	1.48152	.10892	2.4392	2.8690	1.00	5.00

续表

		N	Mean	Std. Deviation	Std. Error	95% Confidence Interval for Mean		Minimum	Maximum
						Lower Bound	Upper Bound		
机会增加	有	62	2.1935	1.45803	.18517	1.8233	2.5638	1.00	5.00
	没有	123	2.9593	1.42805	.12876	2.7045	3.2142	1.00	5.00
	Total	185	2.7027	1.47929	.10876	2.4881	2.9173	1.00	5.00
部分人好	有	62	2.3226	1.36435	.17327	1.9761	2.6691	1.00	5.00
	没有	123	1.7724	.93924	.08469	1.6047	1.9400	1.00	4.00
	Total	185	1.9568	1.12688	.08285	1.7933	2.1202	1.00	5.00
外地人好	有	62	2.8548	1.38903	.17641	2.5021	3.2076	1.00	5.00
	没有	123	2.3984	1.14333	.10309	2.1943	2.6025	1.00	5.00
	Total	185	2.5514	1.24622	.09162	2.3706	2.7321	1.00	5.00
生活提高	有	62	2.2419	1.36328	.17314	1.8957	2.5881	1.00	5.00
	没有	123	2.7805	1.34003	.12083	2.5413	3.0197	1.00	5.00
	Total	185	2.6000	1.36812	.10059	2.4016	2.7984	1.00	5.00
投资增多	有	62	2.0323	1.26708	.16092	1.7105	2.3540	1.00	5.00
	没有	123	2.6341	1.41577	.12766	2.3814	2.8869	1.00	5.00
	Total	185	2.4324	1.39371	.10247	2.2303	2.6346	1.00	5.00
文化了解	有	62	2.1935	1.26541	.16071	1.8722	2.5149	1.00	5.00
	没有	123	2.7398	1.57770	.14226	2.4582	3.0214	1.00	5.00
	Total	185	2.5568	1.49937	.11024	2.3393	2.7742	1.00	5.00
植被破坏	有	62	2.8387	1.17618	.14937	2.5400	3.1374	1.00	5.00
	没有	123	2.4309	1.32493	.11946	2.1944	2.6674	1.00	5.00
	Total	185	2.5676	1.28834	.09472	2.3807	2.7544	1.00	5.00
环保意识	有	62	1.7581	.78271	.09940	1.5593	1.9568	1.00	4.00
	没有	123	2.3902	1.22564	.11051	2.1715	2.6090	1.00	5.00
	Total	185	2.1784	1.13519	.08346	2.0137	2.3430	1.00	5.00

　　家庭结构是否从事旅游方面，和35个变量中的8个变量存在显著性差异，这8个变量是"文化保护"（0.004）、"风俗习惯"（0.003）、"人际关系"（0.000）、"生活节奏"（0.015）、"生活方式"（0.007）、"对象范围"

（0.049）、"休闲购物"（0.041）、"对外形象"（0.048），其中7个变量集中在正面效应方面。具体差异情况见表4—33：

表4—33　　　　　　　　不同家庭结构者在以上变量上的认知差异

		N	Mean	Std. Deviation	Std. Error	95% Confidence Interval for Mean		Minimum	Maximum
						Lower Bound	Upper Bound		
文化保护	三代同堂	73	2.6164	1.33988	.15682	2.3038	2.9291	1.00	5.00
	两代同堂	80	2.3250	1.06468	.11903	2.0881	2.5619	1.00	5.00
	夫妻二人	9	2.1111	.78174	.26058	1.5102	2.7120	1.00	3.00
	独身	9	1.4444	.52705	.17568	1.0393	1.8496	1.00	2.00
	其他	14	3.2143	1.25137	.33444	2.4918	3.9368	1.00	5.00
	Total	185	2.4541	1.20655	.08871	2.2790	2.6291	1.00	5.00
风俗习惯	三代同堂	73	3.2192	1.13341	.13266	2.9547	3.4836	1.00	5.00
	两代同堂	80	2.7000	1.01133	.11307	2.4749	2.9251	1.00	5.00
	夫妻二人	9	2.5556	.88192	.29397	1.8777	3.2335	1.00	4.00
	独身	9	2.0000	.70711	.23570	1.4565	2.5435	1.00	3.00
	其他	14	3.0714	1.26881	.33910	2.3388	3.8040	1.00	5.00
	Total	185	2.8919	1.10296	.08109	2.7319	3.0519	1.00	5.00
人际关系	三代同堂	73	3.4521	1.35443	.15852	3.1360	3.7681	1.00	5.00
	两代同堂	80	2.8750	1.39959	.15648	2.5635	3.1865	1.00	5.00
	夫妻二人	9	1.6667	.86603	.28868	1.0010	2.3324	1.00	3.00
	独身	9	2.1111	1.05409	.35136	1.3009	2.9214	1.00	4.00
	其他	14	3.2857	1.32599	.35438	2.5201	4.0513	2.00	5.00
	Total	185	3.0378	1.40793	.10351	2.8336	3.2421	1.00	5.00
生活节奏	三代同堂	73	2.8493	1.28745	.15068	2.5489	3.1497	1.00	5.00
	两代同堂	80	2.3500	1.19174	.13324	2.0848	2.6152	1.00	5.00
	夫妻二人	9	1.8889	.92796	.30932	1.1756	2.6022	1.00	4.00
	独身	9	2.4444	1.01379	.33793	1.6652	3.2237	1.00	4.00
	其他	14	3.2143	1.52812	.40841	2.3320	4.0966	1.00	5.00
	Total	185	2.5946	1.26962	.09334	2.4104	2.7788	1.00	5.00

续表

		N	Mean	Std. Deviation	Std. Error	95% Confidence Interval for Mean		Minimum	Maximum
						Lower Bound	Upper Bound		
生活方式	三代同堂	73	3.9863	1.03405	.12103	3.7450	4.2276	1.00	5.00
	两代同堂	80	3.6250	1.35362	.15134	3.3238	3.9262	1.00	5.00
	夫妻二人	9	3.2222	1.39443	.46481	2.1504	4.2941	1.00	5.00
	独身	9	2.5556	1.33333	.44444	1.5307	3.5804	1.00	5.00
	其他	14	4.0000	.87706	.23440	3.4936	4.5064	3.00	5.00
	Total	185	3.7243	1.24005	.09117	3.5445	3.9042	1.00	5.00
对象范围	三代同堂	73	2.6164	1.33988	.15682	2.3038	2.9291	1.00	5.00
	两代同堂	80	2.2500	1.14184	.12766	1.9959	2.5041	1.00	5.00
	夫妻二人	9	1.7778	.66667	.22222	1.2653	2.2902	1.00	3.00
	独身	9	2.2222	.97183	.32394	1.4752	2.9692	1.00	4.00
	其他	14	3.0000	1.03775	.27735	2.4008	3.5992	2.00	5.00
	Total	185	2.4270	1.21419	.08927	2.2509	2.6031	1.00	5.00
休闲购物	三代同堂	73	2.3836	1.44943	.16964	2.0454	2.7217	1.00	5.00
	两代同堂	80	2.0125	1.30717	.14615	1.7216	2.3034	1.00	5.00
	夫妻二人	9	1.4444	.52705	.17568	1.0393	1.8496	1.00	2.00
	独身	9	1.3333	.50000	.16667	.9490	1.7177	1.00	2.00
	其他	14	2.5714	1.65084	.44121	1.6183	3.5246	1.00	5.00
	Total	185	2.1405	1.36801	.10058	1.9421	2.3390	1.00	5.00
对外形象	三代同堂	73	2.2740	1.43624	.16810	1.9389	2.6091	1.00	5.00
	两代同堂	80	1.8875	1.19061	.13311	1.6225	2.1525	1.00	5.00
	夫妻二人	9	1.8889	1.26930	.42310	.9132	2.8646	1.00	5.00
	独身	9	1.2222	.66667	.22222	.7098	1.7347	1.00	3.00
	其他	14	2.6429	1.69193	.45219	1.6660	3.6198	1.00	5.00
	Total	185	2.0649	1.34168	.09864	1.8702	2.2595	1.00	5.00

婚姻状况方面，和35个变量中的2个变量存在显著性差异，这2个变量是"外地人得到好处多"（0.019）、"道德下降"（0.003），都集中在负面效应方面。具体差异情况见表4—34：

表4—34   不同婚姻状况者认知差异

		N	Mean	Std. Deviation	Std. Error	95% Confidence Interval for Mean		Minimum	Maximum
						Lower Bound	Upper Bound		
外地人得到好处多	已婚	108	2.3704	1.22736	.11810	2.1362	2.6045	1.00	5.00
	未婚	77	2.8052	1.23586	.14084	2.5247	3.0857	1.00	5.00
	Total	185	2.5514	1.24622	.09162	2.3706	2.7321	1.00	5.00
道德下降	已婚	108	2.3981	1.27477	.12266	2.1550	2.6413	1.00	5.00
	未婚	77	2.9610	1.21873	.13889	2.6844	3.2377	1.00	5.00
	Total	185	2.6324	1.27902	.09404	2.4469	2.8180	1.00	5.00

和旅游者接触时间方面，和35个变量中的20个变量存在显著性差异，这些变量是"经济增长"（0.000）、"个人收入增加"（0.000）、"就业机会增多"（0.001）、"价格上涨"（0.042）、"文化了解"（0.000）、"对外交流"（0.000）、"文化保护"（0.040）、"人际关系"（0.000）、"色情服务"（0.000）、"犯罪增多"（0.015）、"生活水平"（0.000）、"投资和消费增加"（0.000）、"休闲购物"（0.000）、"生活受到打扰"（0.000）、"生活方式"（0.000）、"基础设施改善"（0.000）、"住房和交通等拥挤"（0.000）、"生活节奏"（0.000）、"植被破坏"（0.048）、"对外形象"（0.003）。具体差异情况见表4—35：

表4—35   和旅游者接触时间不同者认知差异

		N	Mean	Std. Deviation	Std. Error	95% Confidence Interval for Mean		Minimum	Maximum
						Lower Bound	Upper Bound		
经济增长	1天以下	90	3.0333	1.44136	.15193	2.7314	3.3352	1.00	5.00
	2—3天	36	2.4722	1.25325	.20887	2.0482	2.8963	1.00	5.00
	4—5天	26	1.8462	1.00766	.19762	1.4391	2.2532	1.00	5.00
	6天以上	33	1.6364	1.14067	.19857	1.2319	2.0408	1.00	5.00
	Total	185	2.5081	1.41467	.10401	2.3029	2.7133	1.00	5.00

续表

		N	Mean	Std. Deviation	Std. Error	95% Confidence Interval for Mean		Minimum	Maximum
						Lower Bound	Upper Bound		
收入增加	1 天以下	90	3.1333	1.52286	.16052	2.8144	3.4523	1.00	5.00
	2—3 天	36	2.6944	1.28329	.21388	2.2602	3.1286	1.00	5.00
	4—5 天	26	2.1154	1.21085	.23747	1.6263	2.6045	1.00	4.00
	6 天以上	33	1.7273	1.20605	.20995	1.2996	2.1549	1.00	5.00
	Total	185	2.6541	1.48152	.10892	2.4392	2.8690	1.00	5.00
价格上涨	1 天以下	90	2.2000	1.48551	.15659	1.8889	2.5111	1.00	5.00
	2—3 天	36	2.1111	.94952	.15825	1.7898	2.4324	1.00	4.00
	4—5 天	26	1.5385	.94787	.18589	1.1556	1.9213	1.00	5.00
	6 天以上	33	1.6667	1.05079	.18292	1.2941	2.0393	1.00	5.00
	Total	185	1.9946	1.27474	.09372	1.8097	2.1795	1.00	5.00
机会增加	1 天以下	90	3.0667	1.54919	.16330	2.7422	3.3911	1.00	5.00
	2—3 天	36	2.8056	1.23796	.20633	2.3867	3.2244	1.00	5.00
	4—5 天	26	2.2308	1.24283	.24374	1.7288	2.7328	1.00	5.00
	6 天以上	33	1.9697	1.38033	.24028	1.4803	2.4591	1.00	5.00
	Total	185	2.7027	1.47929	.10876	2.4881	2.9173	1.00	5.00
文化了解	1 天以下	90	3.2111	1.57576	.16610	2.8811	3.5411	1.00	5.00
	2—3 天	36	2.4167	1.15573	.19262	2.0256	2.8077	1.00	4.00
	4—5 天	26	1.6538	.93562	.18349	1.2759	2.0318	1.00	4.00
	6 天以上	33	1.6364	1.05529	.18370	1.2622	2.0106	1.00	5.00
	Total	185	2.5568	1.49937	.11024	2.3393	2.7742	1.00	5.00
对外交流	1 天以下	90	3.2556	1.59748	.16839	2.9210	3.5901	1.00	5.00
	2—3 天	36	2.3056	1.23796	.20633	1.8867	2.7244	1.00	5.00
	4—5 天	26	1.6154	.98293	.19277	1.2184	2.0124	1.00	5.00
	6 天以上	33	1.6970	1.15879	.20172	1.2861	2.1079	1.00	5.00
	Total	185	2.5622	1.54908	.11389	2.3375	2.7869	1.00	5.00
文化保护	1 天以下	90	2.7111	1.23838	.13054	2.4517	2.9705	1.00	5.00
	2—3 天	36	2.1389	.93052	.15509	1.8240	2.4537	1.00	4.00
	4—5 天	26	2.3077	1.19228	.23383	1.8261	2.7893	1.00	4.00
	6 天以上	33	2.2121	1.29319	.22512	1.7536	2.6707	1.00	5.00
	Total	185	2.4541	1.20655	.08871	2.2790	2.6291	1.00	5.00

续表

		N	Mean	Std. Deviation	Std. Error	95% Confidence Interval for Mean		Minimum	Maximum
						Lower Bound	Upper Bound		
人际关系	1 天以下	90	3.4333	1.47679	.15567	3.1240	3.7426	1.00	5.00
	2—3 天	36	2.7500	1.20416	.20069	2.3426	3.1574	1.00	5.00
	4—5 天	26	2.9615	1.18257	.23192	2.4839	3.4392	1.00	5.00
	6 天以上	33	2.3333	1.26656	.22048	1.8842	2.7824	1.00	5.00
	Total	185	3.0378	1.40793	.10351	2.8336	3.2421	1.00	5.00
色情服务	1 天以下	90	3.5778	1.34897	.14219	3.2952	3.8603	1.00	5.00
	2—3 天	36	2.5556	1.34046	.22341	2.1020	3.0091	1.00	5.00
	4—5 天	26	2.1538	1.18970	.23332	1.6733	2.6344	1.00	5.00
	6 天以上	33	1.6364	1.11294	.19374	1.2417	2.0310	1.00	5.00
	Total	185	2.8324	1.49602	.10999	2.6154	3.0494	1.00	5.00
犯罪增多	1 天以下	90	3.4333	1.19032	.12547	3.1840	3.6826	1.00	5.00
	2—3 天	36	2.8333	1.13389	.18898	2.4497	3.2170	1.00	5.00
	4—5 天	26	3.1154	1.17735	.23090	2.6398	3.5909	1.00	5.00
	6 天以上	33	2.8182	1.10268	.19195	2.4272	3.2092	1.00	5.00
	Total	185	3.1622	1.18674	.08725	2.9900	3.3343	1.00	5.00
生活方式	1 天以下	90	2.8444	1.28002	.13493	2.5763	3.1125	1.00	5.00
	2—3 天	36	2.1111	.97915	.16319	1.7798	2.4424	1.00	4.00
	4—5 天	26	2.0769	.97665	.19154	1.6824	2.4714	1.00	4.00
	6 天以上	33	1.9091	1.07132	.18649	1.5292	2.2890	1.00	5.00
	Total	185	2.4270	1.21419	.08927	2.2509	2.6031	1.00	5.00
生活打扰	1 天以下	90	4.2222	1.00312	.10574	4.0121	4.4323	1.00	5.00
	2—3 天	36	3.2778	1.08525	.18088	2.9106	3.6450	1.00	5.00
	4—5 天	26	3.1538	1.37673	.27000	2.5978	3.7099	1.00	5.00
	6 天以上	33	3.3030	1.38033	.24028	2.8136	3.7925	1.00	5.00
	Total	185	3.7243	1.24005	.09117	3.5445	3.9042	1.00	5.00
生活节奏	1 天以下	90	2.9889	1.44171	.15197	2.6869	3.2908	1.00	5.00
	2—3 天	36	2.3056	.85589	.14265	2.0160	2.5951	1.00	4.00
	4—5 天	26	2.0769	.74421	.14595	1.7763	2.3775	1.00	4.00
	6 天以上	33	2.2424	1.17341	.20426	1.8264	2.6585	1.00	5.00
	Total	185	2.5946	1.26962	.09334	2.4104	2.7788	1.00	5.00

续表

		N	Mean	Std. Deviation	Std. Error	95% Confidence Interval for Mean		Minimum	Maximum
						Lower Bound	Upper Bound		
生活水平	1 天以下	90	3.0778	1.42393	.15010	2.7795	3.3760	1.00	5.00
	2—3 天	36	2.5278	1.10805	.18468	2.1529	2.9027	1.00	5.00
	4—5 天	26	1.8846	1.07059	.20996	1.4522	2.3170	1.00	5.00
	6 天以上	33	1.9394	1.17099	.20384	1.5242	2.3546	1.00	5.00
	Total	185	2.6000	1.36812	.10059	2.4016	2.7984	1.00	5.00
休闲购物	1 天以下	90	2.5556	1.55867	.16430	2.2291	2.8820	1.00	5.00
	2—3 天	36	1.8056	.92023	.15337	1.4942	2.1169	1.00	5.00
	4—5 天	26	1.4615	.85934	.16853	1.1144	1.8086	1.00	4.00
	6 天以上	33	1.9091	1.20840	.21036	1.4806	2.3376	1.00	5.00
	Total	185	2.1405	1.36801	.10058	1.9421	2.3390	1.00	5.00
交通拥挤	1 天以下	90	4.1000	1.34957	.14226	3.8173	4.3827	1.00	5.00
	2—3 天	36	2.6111	1.20185	.20031	2.2045	3.0178	1.00	5.00
	4—5 天	26	2.4615	1.42073	.27863	1.8877	3.0354	1.00	5.00
	6 天以上	33	1.7879	1.21854	.21212	1.3558	2.2200	1.00	5.00
	Total	185	3.1676	1.60807	.11823	2.9343	3.4008	1.00	5.00
植被破坏	1 天以下	90	2.3778	1.36223	.14359	2.0925	2.6631	1.00	5.00
	2—3 天	36	2.4167	1.25071	.20845	1.9935	2.8398	1.00	5.00
	4—5 天	26	3.0385	1.21592	.23846	2.5473	3.5296	1.00	5.00
	6 天以上	33	2.8788	1.05349	.18339	2.5052	3.2523	1.00	5.00
	Total	185	2.5676	1.28834	.09472	2.3807	2.7544	1.00	5.00
对外形象	1 天以下	90	2.4333	1.55101	.16349	2.1085	2.7582	1.00	5.00
	2—3 天	36	1.7500	.93732	.15622	1.4329	2.0671	1.00	5.00
	4—5 天	26	1.6538	.97744	.19169	1.2591	2.0486	1.00	4.00
	6 天以上	33	1.7273	1.09752	.19105	1.3381	2.1164	1.00	5.00
	Total	185	2.0649	1.34168	.09864	1.8702	2.2595	1.00	5.00
基础设施	1 天以下	90	2.6222	1.56203	.16465	2.2951	2.9494	1.00	5.00
	2—3 天	36	1.8056	.92023	.15337	1.4942	2.1169	1.00	5.00
	4—5 天	26	1.4231	.75753	.14856	1.1171	1.7290	1.00	4.00
	6 天以上	33	1.8485	1.27772	.22242	1.3954	2.3015	1.00	5.00
	Total	185	2.1568	1.38794	.10204	1.9554	2.3581	1.00	5.00

		N	Mean	Std. Deviation	Std. Error	95% Confidence Interval for Mean		Minimum	Maximum
						Lower Bound	Upper Bound		
投资增多	1 天以下	90	2.9889	1.48774	.15682	2.6773	3.3005	1.00	5.00
	2—3 天	36	2.3889	.96445	.16074	2.0626	2.7152	1.00	4.00
	4—5 天	26	1.6538	.93562	.18349	1.2759	2.0318	1.00	4.00
	6 天以上	33	1.5758	1.09059	.18985	1.1890	1.9625	1.00	5.00
	Total	185	2.4324	1.39371	.10247	2.2303	2.6346	1.00	5.00

四 相关分析

群体特征因素不但使旅游效应因子出现群体性差异，也对居民旅游态度存在一定影响。本书在此使用相关分析法对此做验证和分析。

采用 Spearman 相关分析，以"性别"和"我支持旅游业的发展"为例做分析。一般认为，相关系数 R 的取值在 -1—1 之间，当 R > 0 时表示两个变量之间存在正相关关系，当 R < 0 时表示两个变量存在负相关关系，当 R = 1 时表示两个变量之间存在完全正相关关系，当 R = -1 时表示两个变量之间存在完全负相关关系，当 R 绝对值大于 0.8 时表示两个变量之间存在正相关关系较强，当 R 绝对值小于 0.3 时表示两个变量之间相关关系很弱。从表4—36 中可知："性别"和"我支持旅游业的发展"的简单相关系数为0.115，概率值大于 0.05，两者之间没有相关性。另外，散点图也说明两个变量之间不相关（见图4—8）。

表4—36　"性别"和"我支持旅游业的发展"的简单相关分析结果

			性别	支持旅游
Spearman's rho	性别	Correlation Coefficient	1.000	.116
		Sig. (2 - tailed)	.	.115
		N	185	185
	支持旅游	Correlation Coefficient	.116	1.000
		Sig. (2 - tailed)	.115	.
		N	185	185

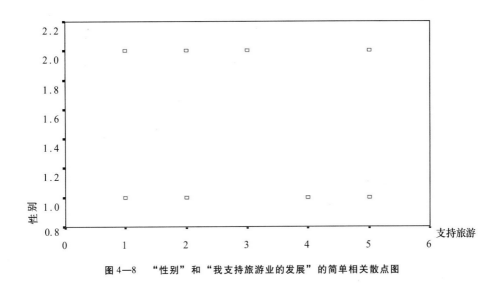

图4—8 "性别"和"我支持旅游业的发展"的简单相关散点图

由于简单相关系数自身存在缺陷，本书引入偏相关系数做进一步探讨。在其他因素作为控制变量的条件下，"性别"和"我支持旅游业的发展"之间的偏相关系数为0.0677，概率值大于0.05，支持前面的观点（见表4—37）。

表4—37 被访者性别特征和支持旅游态度的偏相关分析结果

PARTIAL CORRELATION COEFFICIENTS	
Controlling for...	年龄 民族 职业 家庭结构 婚姻状况 年收入 收入相关 居住时间 从事旅游 住房距离 接触游客 文化程度
	支持旅游 性别
支持旅游	1.0000 .0677 (0) (172) P = . P = .376
性别	.0677 1.0000 (172) . (0) P = .376 P = .

(Coefficient / (D. F.) / 2 - tailed Significance)

"." is printed if a coefficient cannot be computed.

依此方法对所有变量和旅游态度相关系数和偏相关系数计算如下（见表4—38）：

表4—38　　　　　　被访者群体特征和旅游态度相关性数据

		支持旅游业的发展	愿意参与旅游业发展	对旅游发展感到满意	旅游业利大于弊	个人从中得到好处	欢迎外地游客
性别	相关系数	.116	.072	− .017	− .084	.062	.025
	偏相关系数	.0677	.0734	.1051	− .0208	.0929	.0018
年龄	相关系数	.076	.016	− .043	.019	.110	.084
	偏相关系数	.0587	.0463	− .0644	.0996	.0008	− .0689
职业	相关系数	− .095	− .016	.184（**）	.118	− .040	− .094
	偏相关系数	− .0703	− .0411	.1073	.0884	− .0014	− .0493
婚姻状况	相关系数	− .028	− .042	.016	.011	− .152（*）	− .152（**）
	偏相关系数	.0576	.0905	.0644	.1077	− .0532	− .0566
文化程度	相关系数	.035	.113	.485（**）	.162（*）	− .008	.016
	偏相关系数	.0593	.0501	.4096	.0729	− .1207	.0148
民族	相关系数	− .017	.082	.177（*）	.056	.114	.015
	偏相关系数	− .0014	.0595	.0696	.0353	.0921	− .0060
个人收入	相关系数	.030	.027	.153（*）	.128	− .066	− .030
	偏相关系数	.1224	.1616	.1552	.2266	.0102	− .0022
收入来源	相关系数	.246（**）	.335（**）	.278（**）	.184（*）	.492（**）	.293（**）
	偏相关系数	.1637	.2058	.1094	.1177	.3796	.1475
家庭结构	相关系数	.058	.050	− .019	− .032	− .046	− .068
	偏相关系数	− .0269	− .0025	− .1831	− .0986	− .0019	− .0294
居住时间	相关系数	.048	.079	.060	− .031	.112	.175（**）
	偏相关系数	.0215	.0152	.0883	− .0525	− .0166	.1084
景点距离	相关系数	− .032	− .005	.190（**）	.087	.305（**）	.199（**）
	偏相关系数	− .0178	− .1771	.1689	− .0323	.1721	− .0045
亲友职业	相关系数	.222（**）	.296（**）	.231（**）	.138	.297（**）	.285（**）
	偏相关系数	.1080	.1194	.1676	.0884	.0468	.1183
接触时间	相关系数	− .023	− .215（**）	− .244（**）	− .129	− .386（**）	− .293（**）
	偏相关系数	.0015	− .1920	.0182	− .0758	− .0342	− .0912

**　Correlation is significant at the 0. 01 level（2—tailed）.

*　Correlation is significant at the 0. 05 level（2—tailed）.

性别、年龄和旅游态度的相关关系：从相关系数和偏相关系数绝对值看，当显著性水平设定为 0.05 和 0.01 时，性别、年龄和旅游业发展态度零相关假设未遭到检验结果拒绝，说明性别、年龄和旅游业发展态度不相关。

职业和旅游态度的相关关系：从相关系数看，显著性水平设定为 0.05 和 0.01 时，检验结果拒绝职业和"我对旅游业发展现状感到满意"之间的零相关假设，旅游从业者满意度高于其他群体。但是，由于相关系数绝对值均在 0.3 以下，它们之间只存在弱相关关系。从偏相关系数看，两者之间不相关。

婚姻状况和旅游态度的相关关系：从相关系数看，若显著性水平设定为 0.05，婚姻在第 5 个和第 6 个态度上否认零相关假设，两者之间存在负相关关系，不同婚姻状态者的旅游收益率和欢迎游客的态度不同于其他群体；但是，若显著性水平为 0.01 时，检验结果不否认婚姻在第 5 个态度上存在零相关假设，两者之间不存在相关关系。从偏相关系数绝对值看，婚姻状况和旅游业态度之间不相关。

文化程度和旅游态度的相关关系：从相关系数看，若显著性水平为 0.05，检验结果否认"文化教育背景"在"我对旅游业发展现状感到满意"和"我认为旅游业利大于弊"方面存在零相关假设，部分文化程度较低和文化程度较高者的满意度和认可度相对较低；若显著性水平为 0.01，检验结果不否认"文化程度"在"我认为旅游业利大于弊"上存在零相关假设，两者之间不存在相关关系。偏相关系数则表明，不同文化程度者在满意度等态度上不存在相关关系。

"民族"、"个人收入"和"我对旅游业发展现状感到满意"的相关关系：从相关系数看，若显著性水平为 0.05，检验结果拒绝或否认零相关假设，不同经济收入和民族成分者满意度不同。但是，偏相关系数却说明不同民族和收入者的旅游态度之间不存在显著差异。

"收入来源"和旅游态度的相关关系：从相关系数看，若显著性水平为 0.05，"收入来源"和 6 大态度零相关假设遭到检验结果否认或拒绝，其中在参与率（0.335）和收益率（0.492）方面存在中度相关关系；若显著性水平为 0.01，"收入来源"和"我认为旅游业利大于弊"零相关假设遭到检验结果否认或拒绝，两者之间不相关。偏相关系数却说明经济收入来源和旅游态度之间不相关。

"家庭结构"和旅游态度的相关关系：两大系数绝对值都说明"家庭结构"在6大态度上不存在相关关系。

"居住时间"和旅游态度的相关关系：相关系数说明，若显著性水平为 0.05 和 0.01，"居住时间"和"欢迎外来游客"零相关假设遭到否认，但是相关系数不高，相关性很弱。

"居住地点和景点景区距离"与旅游态度的相关关系：相关系数说明，若显著性水平设定为 0.05 和 0.01，"景点距离"在"满意度"、"欢迎外来游客"和"我个人得到好处"3 大态度上零相关假设遭到检验结果否认，其中"旅游业收益率"相关系数绝对值大于 0.3，说明相关性不是很弱；而偏相关系数却说明距离和旅游态度之间不存在相关关系。

"亲友职业是否和旅游相关"和旅游态度的相关关系：从相关系数看，若显著性水平为 0.05 和 0.01，"亲友职业"和"我认为旅游业发展利大于弊"零相关假设未遭到检验结果拒绝，说明亲友职业和居民其他旅游态度之间存在弱相关关系。但是，偏相关系数绝对值却说明熟人职业和居民旅游态度之间不相关。

"和游客接触时间"和旅游态度的相关关系：从相关系数看，若显著性水平为 0.05 和 0.01，"和游客接触时间不同"在"我支持旅游业发展"、"我认为旅游业利大于弊"方面零相关假设未遭到拒绝，不存在相关关系。从偏相关系数绝对值看，和游客接触时间不同者旅游态度之间不存在显著差异。

五　聚类分析

(一) 不同效应认知群体的聚类及命名

选择 K - means 聚类分析法，根据旅游影响项目、旅游态度和居民个人特征特点，把社区居民聚为四类。

表4—39 反映了四类的初始类中心的情况；表4—40 反映了四个类每次迭代时的偏移情况；表4—41 反映了最终类中心的情况；表4—42 反映了不同类的均值情况；表4—43 反映了聚类结果：第一类有 41 个样本，第二类有 37 个样本，第三类有 79 个样本，第四类有 28 个样本。

表 4—39　　　　基于居民个人特征、旅游认知的聚类初始类中心情况

	Cluster			
	1	2	3	4
年龄	3.00	5.00	2.00	2.00
性别	1.00	1.00	1.00	2.00
民族	1.00	1.00	2.00	1.00
婚姻	1.00	1.00	2.00	2.00
文化程度	5.00	1.00	5.00	4.00
职业	3.00	1.00	3.00	6.00
家庭结构	1.00	1.00	2.00	1.00
年收入	3.00	1.00	1.00	2.00
收入相关	4.00	1.00	2.00	1.00
居住时间	4.00	4.00	1.00	1.00
从事旅游	2.00	2.00	1.00	1.00
住房距离	4.00	4.00	1.00	4.00
接触游客	1.00	1.00	3.00	4.00
支持旅游	5.00	1.00	1.00	1.00
愿意参与	5.00	1.00	2.00	1.00
感到满意	5.00	1.00	1.00	5.00
利大于弊	4.00	1.00	2.00	1.00
得到好处	5.00	1.00	3.00	5.00
欢迎游客	4.00	1.00	1.00	1.00
经济增长	5.00	1.00	1.00	5.00
收入增加	3.00	1.00	1.00	5.00
机会增加	3.00	1.00	1.00	5.00
部分人好	1.00	1.00	1.00	1.00
外地人好	1.00	1.00	1.00	1.00
生活提高	3.00	1.00	1.00	5.00
投资增多	3.00	5.00	1.00	5.00
价格上涨	1.00	5.00	1.00	5.00

续表

	Cluster			
	1	2	3	4
文化了解	4.00	1.00	1.00	5.00
本外交流	4.00	1.00	1.00	5.00
宗教淡化	2.00	1.00	1.00	2.00
道德下降	2.00	4.00	1.00	2.00
经济观念	3.00	1.00	1.00	2.00
文化保护	3.00	1.00	1.00	5.00
风俗习惯	3.00	4.00	1.00	5.00
语言变化	3.00	1.00	1.00	2.00
妇女地位	5.00	5.00	1.00	2.00
家庭关系	1.00	4.00	5.00	5.00
人际关系	1.00	5.00	1.00	5.00
色情服务	4.00	4.00	1.00	5.00
犯罪增多	1.00	4.00	2.00	5.00
酗酒行为	2.00	4.00	5.00	3.00
生活节奏	2.00	5.00	1.00	5.00
生活打扰	5.00	5.00	1.00	5.00
对象范围	3.00	3.00	1.00	5.00
生活方式	3.00	5.00	2.00	5.00
水质下降	2.00	4.00	3.00	5.00
垃圾增多	1.00	5.00	1.00	5.00
基础设施	3.00	5.00	1.00	5.00
休闲购物	1.00	5.00	1.00	5.00
交通拥挤	5.00	5.00	1.00	5.00
环境破坏	1.00	4.00	2.00	5.00
植被破坏	1.00	1.00	5.00	3.00
环保意识	3.00	1.00	1.00	3.00
对外形象	2.00	5.00	1.00	5.00

表 4—40　　　　　　　　　　　　　　**四个类中心点迭代偏移情况**

Iteration	Change in Cluster Centers			
	1	2	3	4
1	7.737	9.455	8.063	7.782
2	.727	1.733	.206	1.051
3	.417	1.603	.362	.556
4	.334	1.283	.355	.313
5	.000	.696	.303	.000
6	.000	.378	.189	.000
7	.000	.183	.087	.000
8	.000	.000	.000	.000

a Convergence achieved due to no or small change in cluster centers. The maximum absolute coordinate change for any center is .000. The current iteration is 8. The minimum distance between initial centers is 15.620.

表 4—41　　　　　　　　　　　　　　**聚类分析结果（一）**

	不满群体		支持群体		乐观支持群体		强烈不满群体	
	Mean	Std. Deviation	Mean	Std. Deviation	Mean	Std. Deviation	Mean	Std. Deviation
支持旅游	1.9756	1.36908	1.2432	.49472	1.4051	.49404	1.5714	.95950
愿意参与	2.7073	1.45334	2.0541	.94122	2.0633	1.07824	2.0714	.89974
感到满意	3.3171	1.60373	2.0270	1.04047	2.6329	1.31244	3.6071	1.47421
利大于弊	2.5366	1.32472	1.8378	.64608	1.6709	.76328	1.9643	.88117
得到好处	3.3659	1.37397	2.1351	1.05836	2.4557	1.22785	4.5000	.88192
欢迎游客	2.2927	1.10100	1.7838	.62960	1.4684	.61676	1.8571	.59094
经济增长	3.2439	1.17857	1.8378	.64608	1.7342	.97018	4.5000	1.00000
收入增加	3.4634	1.16399	1.8108	.77595	1.9367	1.16950	4.6071	.87514
机会增加	3.4878	1.14285	2.0541	1.10418	1.9494	1.15358	4.5357	.92224
部分人好	1.4634	.67445	2.7838	1.31519	2.0886	1.07644	1.2143	.62994
外地人好	2.0976	1.06782	3.4324	1.04191	2.7595	1.15709	1.4643	.92224
生活提高	3.2683	1.11858	2.3784	.95310	1.6456	.71679	4.6071	.78595
投资增多	2.6585	1.17494	2.2432	1.01120	1.5949	.79290	4.7143	.65868
价格上涨	1.9268	1.12673	1.9730	1.14228	1.5696	.79556	3.3214	1.80644

	不满群体		支持群体		乐观支持群体		强烈不满群体	
Mean	Std. Deviation	Mean	Std. Deviation	Mean	Std. Deviation	Mean	Std. Deviation	
文化了解	3.4634	1.22673	2.4865	1.16956	1.5316	.82951	4.2143	1.44932
本外交流	3.6585	1.21675	2.1892	1.04981	1.5063	.87521	4.4286	1.25988
宗教淡化	2.7805	1.12943	3.0811	1.06402	2.4684	1.27938	3.1429	1.14550
道德下降	2.4146	1.13964	3.4865	.96095	2.0886	1.17876	3.3571	1.22366
经济观念	1.9268	.72077	2.4595	.93079	1.6456	.86288	2.2857	.85449
文化保护	2.7805	1.15135	2.5946	1.09188	1.8354	.89772	3.5357	1.23175
风俗习惯	3.0244	1.03653	3.2162	.88616	2.3924	1.00534	3.6786	1.09048
语言变化	2.4634	.97718	2.2162	.78652	1.8608	.76350	3.1786	1.30678
妇女地位	2.5366	1.28642	2.2973	1.15145	2.0127	.94045	3.3929	1.59488
家庭关系	2.4146	1.26443	3.7838	.75038	3.0127	.91278	4.2143	.91721
人际关系	2.3171	1.17130	3.9459	.77981	2.3924	1.15933	4.7143	.85449
色情服务	3.1707	1.28262	3.6486	1.18360	1.7975	1.03006	4.1786	1.33482
犯罪增多	2.7073	1.20921	3.9189	.72182	2.7215	1.02453	4.0714	1.08623
酗酒行为	2.8780	1.05345	3.3784	.86124	2.9494	1.07296	3.1429	1.17739
生活节奏	2.3902	1.06953	2.7568	.92512	1.8861	.78426	4.6786	.54796
生活打扰	3.7073	1.36462	3.8919	.96563	3.2405	1.21122	4.8929	.31497
对象范围	2.7805	.85183	3.0270	.68664	2.4304	.81151	3.9286	1.05158
生活方式	2.2439	.91598	2.5405	1.04335	1.8608	.85836	4.1429	1.07890
水质下降	2.2927	1.22971	3.2162	1.08359	2.8987	.99479	3.6071	1.06595
垃圾增多	1.7561	1.06725	3.0811	1.06402	2.1013	.98182	3.3214	1.44154
基础设施	2.1951	1.20871	2.2703	1.19370	1.3544	.69868	4.2143	1.16610
休闲购物	1.9512	1.16084	2.2703	1.19370	1.4810	.74869	4.1071	1.37003
交通拥挤	3.6098	1.56330	3.8108	1.32995	2.0886	1.25259	4.7143	.59982
环境破坏	2.1463	1.27595	3.4324	.92917	2.4810	1.02358	3.0714	1.46385
植被破坏	1.8049	1.24939	3.2432	1.11568	2.5949	1.19313	2.7143	1.30120
环保意识	2.6341	1.42752	2.1622	1.04119	1.7848	.87223	2.6429	1.06160
对外形象	1.9024	1.04415	2.4324	1.30257	1.3165	.58931	3.9286	1.38587

表 4—42 聚类分析结果（二）

	Cluster		Error		F	Sig.
	Mean Square	df	Mean Square	df		
年龄	3.441	3	1.327	181	2.592	.054
性别	.279	3	.249	181	1.122	.341
民族	.322	3	.246	181	1.308	.273
婚姻	.563	3	.239	181	2.357	.073
文化程度	6.705	3	1.512	181	4.435	.005
职业	4.301	3	3.276	181	1.313	.272
家庭结构	4.756	3	1.269	181	3.748	.012
年收入	2.748	3	1.259	181	2.183	.092
收入相关	13.774	3	1.053	181	13.075	.000
居住时间	3.322	3	1.276	181	2.602	.053
从事旅游	1.279	3	.207	181	6.190	.001
住房距离	31.295	3	.662	181	47.294	.000
接触游客	21.918	3	1.007	181	21.771	.000
支持旅游	4.153	3	.705	181	5.887	.001
愿意参与	4.425	3	1.265	181	3.498	.017
感到满意	17.831	3	1.850	181	9.638	.000
利大于弊	6.905	3	.838	181	8.243	.000
得到好处	39.272	3	1.406	181	27.938	.000
欢迎游客	6.202	3	.563	181	11.022	.000
经济增长	65.744	3	.945	181	69.586	.000
收入增加	66.876	3	1.123	181	59.560	.000
机会增加	59.917	3	1.231	181	48.655	.000
部分人好	17.365	3	1.003	181	17.311	.000
外地人好	24.559	3	1.172	181	20.959	.000
生活提高	68.298	3	.771	181	88.612	.000
投资增多	68.208	3	.844	181	80.805	.000
价格上涨	21.256	3	1.300	181	16.356	.000
文化了解	64.610	3	1.214	181	53.199	.000
本外交流	80.012	3	1.113	181	71.872	.000
宗教淡化	4.885	3	1.408	181	3.469	.017

续表

	Cluster		Error		F	Sig.
	Mean Square	df	Mean Square	df		
道德下降	22.334	3	1.293	181	17.275	.000
经济观念	6.682	3	.717	181	9.320	.000
文化保护	22.697	3	1.104	181	20.565	.000
风俗习惯	13.883	3	1.007	181	13.793	.000
语言变化	12.660	3	.840	181	15.072	.000
妇女地位	13.535	3	1.390	181	9.737	.000
家庭关系	23.143	3	.950	181	24.365	.000
人际关系	54.472	3	1.112	181	48.974	.000
色情服务	54.900	3	1.365	181	40.214	.000
犯罪增多	22.720	3	1.055	181	21.533	.000
酗酒行为	2.081	3	1.096	181	1.899	.131
生活节奏	54.649	3	.733	181	74.568	.000
生活打扰	19.259	3	1.244	181	15.481	.000
对象范围	15.946	3	.703	181	22.687	.000
生活方式	36.539	3	.893	181	40.914	.000
水质下降	10.865	3	1.164	181	9.337	.000
垃圾增多	21.660	3	1.202	181	18.016	.000
基础设施	56.642	3	1.019	181	55.560	.000
休闲购物	48.249	3	1.103	181	43.753	.000
交通拥挤	60.760	3	1.622	181	37.467	.000
环境破坏	13.345	3	1.303	181	10.244	.000
植被破坏	13.801	3	1.459	181	9.462	.000
环保意识	8.935	3	1.162	181	7.689	.000
对外形象	49.195	3	1.015	181	48.489	.000

The F tests should be used only for descriptive purposes because the clusters have been chosen to maximize the differences among cases in different clusters. The observed significance levels are not corrected for this and thus cannot be interpreted as tests of the hypothesis that the cluster means are equal.

表4—43　　　　　　　　　　　　聚类分析结果（三）

Cluster	1	41.000
	2	37.000
	3	79.000
	4	28.000
Valid	185.000	
Missing	.000	

结合认知和态度等特点，可把社区居民进行聚类并命名如下：

类别1——不满群体（the Dissatisfied Group）

此类居民共占社区居民总数的22.2%。他们参与旅游的程度很低，从旅游发展中收益较少，因此认为旅游业发展弊大于利，对旅游业的支持度、满意度都很低，不欢迎游客到来，对部分负面效应认知很明显。

类别2——支持群体（the Supporting Group）

此类居民共占社区居民总数的20.0%。他们从旅游业发展中得到的好处最多，因此对旅游业发展参与愿望最高，支持度、满意度也比较高，对旅游业的负面效应缺少明显认知。

类别3——乐观支持群体（the Satisfied and Supporting Group）

此类居民共占社区居民总数的42.7%。他们认为旅游业发展利大于弊，对外来游客特别欢迎，对旅游业的正面效应认知最强烈，同时支持度、满意度和收益率也很高。

类别4——强烈不满群体（the Greatly Dissatisfied Group）

此类居民共占社区居民总数的15.1%。他们旅游参与度很低，不能从旅游发展中获益，因此满意度最低，对旅游业发展的正面效应基本持反对态度，但是却对部分负面效应如两极分化等完全赞同。

（二）不同效应认知群体的人口学特征比较分析

见表4—44所示。

表4—44　　　　　　　不同效应认知群体的人口学特征　　　　　　　　单位

特征		不满群体	支持群体	乐观支持群体	强烈不满群体
性别	男	65.9	48.6	54.4	46.4
	女	34.1	51.4	45.6	53.6

续表

特征		不满群体	支持群体	乐观支持群体	强烈不满群体
年龄	18 岁以下	17.1	29.7	17.7	14.3
	19—29 岁	17.1	37.8	29.1	35.7
	30—39 岁	41.5	21.6	38.0	17.9
	40—49 岁	12.2	5.4	8.9	17.9
	50 岁以上	12.2	5.4	6.3	14.3
婚姻	已婚	73.2	45.9	54.4	64.3
	未婚	26.8	54.1	45.6	35.7
民族	汉族	51.2	70.3	54.4	50.0
	少数民族（写出民族）	48.8	29.7	45.6	50.0
文化程度	小学及以下	2.4	8.1	5.1	10.7
	初中	22.0	35.1	16.5	35.7
	高中（中专）	22.0	24.3	20.3	14.3
	大专	12.2	21.6	30.4	25.0
	本科及以上	41.5	10.8	27.8	14.3
职业	农牧民	14.6	35.1	11.4	39.3
	科教文卫人员	7.3	13.5	15.2	10.7
	公务员	31.7	10.8	20.3	3.6
	学生	7.3	10.8	11.4	17.9
	商业及旅游服务人员	26.8	10.8	22.8	28.6
	其他	12.2	18.9	19.0	39.3
家庭结构	三代同堂	36.6	56.8	29.1	50.0
	两代同堂	46.3	40.5	45.6	35.7
	夫妻二人	9.8	2.7	6.3	
	独身	4.9	56.8	8.9	
	其他	2.4	40.5	10.1	14.3
个人年收入	1 万元以下	43.9	56.8	38.0	57.1
	1—2 万元	7.3	18.9	17.7	17.9
	2—3 万元	31.7	16.2	27.8	10.7
	3 万元以上	17.1	8.1	16.5	14.3
收入来源	主要来自旅游	2.4	24.3	21.5	7.1
	部分来自旅游	2.4	32.4	16.5	10.7
	较少来自旅游	17.1	18.9	26.6	17.9
	不来自旅游	78.0	24.3	35.4	64.3

续表

特征		不满群体	支持群体	乐观支持群体	强烈不满群体
居住时间	10 年以下	9.8	16.2	29.1	14.3
	10—19 年	26.8	35.1	29.1	32.1
	20—29 年	19.5	21.6	13.9	10.7
	30 年以上	43.9	27.0	27.8	42.9
亲友职业和旅游业关系	有	12.2	51.4	40.5	21.4
	没有	87.8	48.6	59.5	78.6
住房距离	很近（500 米）	9.8	2.7	36.7	
	一般（501—1000 米）	24.4	35.1	51.9	
	较远（1001—2000 米）	39.0	40.5	2.5	14.3
	很远（2001 米以上）	26.8	21.6	8.9	85.7
接触游客	1 天以下	65.9	45.9	24.1	96.4
	2—3 天	22.0	29.7	20.3	
	4—5 天	2.4	21.6	21.5	
	6 天以上	9.8	2.7	34.2	3.6

类别 1——不满群体（the Dissatisfied Group）：男性多于女性；已婚者较多；年龄多在 19—29 岁，属于青年人群；职业以公务员和旅游商业服务业为主；文化教育背景较好，本科以上学历者居多；个人年收入集中在 1 万元以下和 2—3 万元两个族群中间；在本地居住时间多在 10 年以上；较少参与旅游开发活动。

类别 2——支持群体（the Supporting Group）：男性少于女性；未婚者较多；年龄多在 30 岁以下，属于青年群体；职业以农牧民、公务员、科教文卫和旅游商业服务业为主；文化教育程度不高，初高中学历者居多；个人年收入集中在 1 万元以下；在本地居住时间多在 10—20 年之间；收入来源和旅游业相关。

类别 3——乐观支持群体（the Satisfied and Supporting Group）：男性和女性数量相当；年龄多在 19—39 岁，属于中青年群体；职业以公务员、科教文卫和旅游商业服务业为主；文化教育背景较好，大专和本科以上学历者居多；个人年收入集中在 1 万元以下和 2 万元以上；在本地居住时间多在 20 年以下；居住地点和旅游景点景区很近，居住地点和旅游者接触时间最多。

类别4——强烈不满群体（the Greatly Dissatisfied Group）：在性别、民族方面无差异；年龄多在19—29岁，属于年轻人群体；职业以农牧民和其他为主；文化教育程度较低，初中学历者居多；个人年收入集中在1万元以下，并且不来自旅游活动；在本地居住时间多在30年以上或10—19年之间；较少参与旅游开发活动，和旅游者接触时间很少，居住地点和景点景区距离很远。

（三）人口学特征群体的效应认知比较分析

旅游效应认知方面：经济效应方面，不满群体和强烈不满群体都认为旅游业不能实现"收入增加"和"机会增加"，而支持群体和乐观支持群体恰好相反，如在"经济增长"方面的指数达到了1.8378和1.7342，和前两大群体的认知差距达到了2.7658。另外，不同群体对收入差距的认知不同，支持群体和乐观支持群体没有感受到差距扩大，而未参与旅游业者却对此感受明显；文化效应方面，不满群体和强烈不满群体对旅游业发展中的文化交流、文化保护和文化变迁认知不明显。社会效应方面，乐观支持群体和支持群体在"色情服务"、"犯罪率上升"、"妇女地位上升"方面认知深刻。环境效应方面，支持群体和乐观支持群体对正面和负面效应都有一定认知，认为旅游业对"基础设施"、"休闲购物"、"对外形象"、"环保意识"等有影响的同时，也带来了"水质下降"、"环境破坏"和"植被破坏"等问题。

旅游发展态度方面：不满群体和强烈不满群体的满意度最低，指数分别为3.3171和3.6071，和支持群体（2.0270）、乐观支持群体（2.6329）存在明显差异；态度的差异和个人收益率有关，强烈不满群体的指数为4.5000，和支持群体的最优值2.1351之间相差2.3649。因此，直接导致不同群体在旅游业认知方面出现差距，利益受损或不能受惠者多认为旅游业弊大于利。

表4—45　　　　　　　　　不同人口学特征群体的效应认知比较

	不满群体		支持群体		乐观支持群体		强烈不满群体	
	Mean	Std. Deviation	Mean	Std. Deviation	Mean	Std. Deviation	Mean	Std. Deviation
支持旅游	1.9756	1.36908	1.2432	.49472	1.4051	.49404	1.5714	.95950
愿意参与	2.7073	1.45334	2.0541	.94122	2.0633	1.07824	2.0714	.89974
感到满意	3.3171	1.60373	2.0270	1.04047	2.6329	1.31244	3.6071	1.47421
利大于弊	2.5366	1.32472	1.8378	.64608	1.6709	.76328	1.9643	.88117

续表

	不满群体		支持群体		乐观支持群体		强烈不满群体	
	Mean	Std. Deviation	Mean	Std. Deviation	Mean	Std. Deviation	Mean	Std. Deviation
得到好处	3.8798	1.37397	2.1351	1.05836	2.4557	1.22785	4.5000	.88192
欢迎游客	2.2927	1.10100	1.7838	.62960	1.4684	.61676	1.8571	.59094
经济增长	3.2439	1.17857	1.8378	.64608	1.7342	.97018	4.5000	1.00000
收入增加	3.4634	1.16399	1.8108	.77595	1.9367	1.16950	4.6071	.87514
机会增加	3.4878	1.14285	2.0541	1.10418	1.9494	1.15358	4.5357	.92224
部分人好	1.4634	.67445	2.7838	1.31519	2.0886	1.07644	1.2143	.62994
外地人好	2.0976	1.06782	3.4324	1.04191	2.7595	1.15709	1.4643	.92224
生活提高	3.2683	1.11858	2.3784	.95310	1.6456	.71679	4.6071	.78595
投资增多	2.6585	1.17494	2.2432	1.01120	1.5949	.79290	4.7143	.65868
价格上涨	1.9268	1.12673	1.9730	1.14228	1.5696	.79556	3.3214	1.80644
文化了解	3.4634	1.22673	2.4865	1.16956	1.5316	.82951	4.2143	1.44932
本外交流	3.6585	1.21675	2.1892	1.04981	1.5063	.87521	4.4286	1.25988
宗教淡化	2.7805	1.12943	3.0811	1.06402	2.4684	1.27938	3.1429	1.14550
道德下降	2.4146	1.13964	3.4865	.96095	2.0886	1.17876	3.3571	1.22366
经济观念	1.9268	.72077	2.4595	.93079	1.6456	.86288	2.2857	.85449
文化保护	2.7805	1.15135	2.5946	1.09188	1.8354	.89772	3.5357	1.23175
风俗习惯	3.0244	1.03653	3.2162	.88616	2.3924	1.00534	3.6786	1.09048
语言变化	2.4634	.97718	2.2162	.78652	1.8608	.76350	3.1786	1.30678
妇女地位	2.5366	1.28642	2.2973	1.15145	2.0127	.94045	3.3929	1.59488
家庭关系	2.4146	1.26443	3.7838	.75038	3.0127	.91278	4.2143	.91721
人际关系	2.3171	1.17130	3.9459	.77981	2.3924	1.15933	4.7143	.85449
色情服务	3.1707	1.28262	3.6486	1.18360	1.7975	1.03006	4.1786	1.33482
犯罪增多	2.7073	1.20921	3.9189	.72182	2.7215	1.02453	4.0714	1.08623
酗酒行为	2.8780	1.05345	3.3784	.86124	2.9494	1.07296	3.1429	1.17739
生活节奏	2.3902	1.06953	2.7568	.92512	1.8861	.78426	4.6786	.54796
生活打扰	3.7073	1.36462	3.8919	.96563	3.2405	1.21122	4.8929	.31497
对象范围	2.7805	.85183	3.0270	.68664	2.4304	.81151	3.9286	1.05158
生活方式	2.2439	.91598	2.5405	1.04335	1.8608	.85836	4.1429	1.07890
水质下降	2.2927	1.22971	3.2162	1.08359	2.8987	.99479	3.6071	1.06595
垃圾增多	1.7561	1.06725	3.0811	1.06402	2.1013	.98182	3.3214	1.44154

续表

	不满群体		支持群体		乐观支持群体		强烈不满群体	
	Mean	Std. Deviation	Mean	Std. Deviation	Mean	Std. Deviation	Mean	Std. Deviation
基础设施	2.1951	1.20871	2.2703	1.19370	1.3544	.69868	4.2143	1.16610
休闲购物	1.9512	1.16084	2.2703	1.19370	1.4810	.74869	4.1071	1.37003
交通拥挤	3.6098	1.56330	3.8108	1.32995	2.0886	1.25259	4.7143	.59982
环境破坏	2.1463	1.27595	3.4324	.92917	2.4810	1.02358	3.0714	1.46385
植被破坏	1.8049	1.24939	3.2432	1.11568	2.5949	1.19313	2.7143	1.30120
环保意识	2.6341	1.42752	2.1622	1.04119	1.7848	.87223	2.6429	1.06160
对外形象	1.9024	1.04415	2.4324	1.30257	1.3165	.58931	3.9286	1.38587

六　回归分析

目前，学术界多对旅游社区居民满意度进行回归分析，而在民族地区居民对旅游业的"认可度"方面（认为旅游业好处多于坏处）较少探讨。为此，本书利用问卷调查所得信息，通过回归分析法对其做研究，以深入了解居民旅游态度。

首先采取强制进入策略，进行多重线性回归分析。解释变量和被解释变量的复相关系数、判定系数（R^2）、回归发出的估计标准值等如表4—46所示，其中：概率 P 值为 0.000，小于显著性水平 0.05，因此被解释变量"旅游业认可度"和 10 大解释变量之间存在线性关系，具备建立线性模型的前提条件（见表4—47）。

表 4—46　　　　　旅游认可度多元线性回归分析结果（一）

Model	R	R Square	Adjusted R Square	Std. Error of theEstimate	Change Statistics					Durbin Watson
					R Square Change	F Change	df1	df2	Sig. F Change	
1	.735（a）	.540	.514	.67472	.540	20.457	10	174	.000	1.683

a Predictors：(Constant)，整体满意度，社会关系，日常生活，文化发展，发展差距，社区环境，传统观念，传统文化，社会环境，经济发展。

b Dependent Variable：认可度。

表 4—47　　　　　　　旅游认可度多元线性回归分析结果（二）

Model		Sum of Squares	df	Mean Square	F	Sig.
1	Regression	93.132	10	9.313	20.457	.000（a）
	Residual	79.214	174	.455		
	Total	172.346	184			

a Predictors：（Constant），整体满意度，社会关系，日常生活，文化发展，发展差距，社区环境，传统观念，传统文化，社会环境，经济发展。

b Dependent Variable：认可度。

　　但是，下面数据显示变量之间存在多重共线性，需要重新建立回归方程。主要原因是：从概率 P 值看，除了"社会环境"、"传统观念"和"整体满意度"小于 0.05 外，其余都大于显著性水平；从条件指数看，第 7—11个条件都大于 10；从方差比看，第 10 个特征根值既能解释"传统观念"的 61%，也可解释"传统文化"的 52%；从方差膨胀指数看，远大于 1.000（见表 4—48 和表 4—49）。

表 4—48　　　　　　　旅游认可度多元线性回归分析结果（三）

Model		Unstandardized Coefficients		Standardized Coefficients	t	Sig.	Collinearity Statistics	
		B	Std. Error	Beta			Tolerance	VIF
1	（Constant）	.185	.331		.559	.577		
	社会环境	-.170	.072	-.181	-2.378	.018	.454	2.201
	经济发展	.028	.060	.036	.463	.644	.433	2.307
	文化发展	-.024	.053	-.031	-.456	.649	.583	1.715
	传统观念	.297	.089	.215	3.334	.001	.634	1.578
	社会关系	-.680	1.976	-.018	-.344	.731	.943	1.060
	社区环境	-.003	.069	-.003	-.051	.960	.750	1.334
	日常生活	.352	.532	.035	.661	.510	.938	1.066
	传统文化	.030	.068	.028	.440	.661	.646	1.548
	发展差距	-.069	.057	-.075	-1.205	.230	.679	1.474
	整体满意度	.661	.060	.670	10.944	.000	.705	1.418

a Dependent Variable：认可度。

表 4—49　　　　　　　　旅游认可度多元线性回归分析结果（四）

Model	Dimension	Eigenvalue	Condition Index	Variance Proportions										
				（Constant）	社会环境	经济发展	文化发展	传统观念	社会关系	社区环境	日常生活	传统文化	发展差距	整体满意度
1	1	8.201	1.000	.00	.00	.00	.00	.00	.00	.00	.00	.00	.00	.00
	2	1.005	2.856	.00	.00	.00	.00	.00	.85	.00	.07	.00	.00	.00
	3	.924	2.980	.00	.00	.00	.00	.00	.07	.00	.82	.00	.00	.00
	4	.351	4.833	.00	.02	.05	.03	.00	.01	.01	.04	.00	.18	.00
	5	.168	6.995	.00	.01	.00	.05	.00	.01	.03	.00	.03	.00	.43
	6	.100	9.041	.00	.10	.01	.58	.00	.01	.14	.00	.02	.05	.00
	7	.071	10.775	.00	.03	.44	.14	.03	.00	.21	.01	.01	.30	.05
	8	.064	11.351	.01	.02	.11	.13	.32	.01	.14	.00	.28	.05	.00
	9	.056	12.151	.02	.73	.27	.05	.01	.00	.01	.03	.00	.13	.00
	10	.044	13.697	.00	.04	.03	.02	.61	.01	.01	.00	.52	.15	.16
	11	.018	21.577	.96	.06	.08	.00	.02	.00	.42	.05	.04	.13	.34

a Dependent Variable：认可度。

　　因此，采取向后筛选策略重新进行回归分析（见表 4—50）。可以看出，最终保留在方程中对被解释变量有显著影响的应该是"整体满意度"、"传统观念"和"社会环境"；当显著性水平为 0.05 时，概率 P 值小于 0.05，说明线性关系显著。

表 4—50　　旅游认可度多元线性回归分析结果（向后筛选策略之一）

Model	R	R Square	Adjusted R Square	Std. Error of the Estimate	Change Statistics					Durbin Watson
					R Square Change	F change	df1	df2	Sig. F change	
1	.735（a）	.540	.514	.67472	.540	20.457	10	174	.000	
2	.735（b）	.540	.517	.67280	.000	.003	1	174	.960	
3	.735（c）	.540	.519	.67111	.000	.119	1	175	.730	
4	.735（d）	.540	.521	.66956	.000	.182	1	176	.670	
5	.734（e）	.539	.524	.66788	.000	.109	1	177	.741	

续表

Model	R	R Square	Adjusted R Square	Std. Error of the Estimate	Change Statistics					Durbin Watson
					R Square Change	F change	df1	df2	Sig. F change	
6	.734（f）	.539	.526	.66635	.000	.178	1	178	.674	
7	.733（g）	.538	.528	.66518	-.001	.369	1	179	.544	
8	.730（h）	.533	.525	.66684	-.005	1.903	1	180	.169	1.648

a Predictors：（Constant），整体满意度，社会关系，日常生活，文化发展，发展差距，社区环境，传统观念，传统文化，社会环境，经济发展。

b Predictors：（Constant），整体满意度，社会关系，日常生活，文化发展，发展差距，传统观念，传统文化，社会环境，经济发展。

c Predictors：（Constant），整体满意度，日常生活，文化发展，发展差距，传统观念，传统文化，社会环境，经济发展。

d Predictors：（Constant），整体满意度，日常生活，文化发展，发展差距，传统观念，传统文化，社会环境。

e Predictors：（Constant），整体满意度，日常生活，发展差距，传统观念，传统文化，社会环境。

f Predictors：（Constant），整体满意度，日常生活，发展差距，传统观念，社会环境。

g Predictors：（Constant），整体满意度，发展差距，传统观念，社会环境。

h Predictors：（Constant），整体满意度，传统观念，社会环境。

i Dependent Variable：认可度。

非显著相关变量被剔除的过程见表4—51、图4—9。

表4—51　　旅游认可度多元线性回归分析结果（向后筛选策略之二）

Model		Unstandardized Coefficients		Standardized Coefficients	t	Sig.	Collinearity Statistics	
		B	Std. Error	Beta			Tolerance	VIF
1	（Constant）	.185	.331		.559	.577		
	社会环境	-.170	.072	-.181	-2.378	.018	.454	2.201
	经济发展	.028	.060	.036	.463	.644	.433	2.307
	文化发展	-.024	.053	-.031	-.456	.649	.583	1.715
	传统观念	.297	.089	.215	3.334	.001	.634	1.578
	社会关系	-.680	1.976	-.018	-.344	.731	.943	1.060
	社区环境	-.003	.069	-.003	-.051	.960	.750	1.334

续表

Model		Unstandardized Coefficients		Standardized Coefficients	t	Sig.	Collinearity Statistics	
		B	Std. Error	Beta			Tolerance	VIF
	日常生活	.352	.532	.035	.661	.510	.938	1.066
	传统文化	.030	.068	.028	.440	.661	.646	1.548
	发展差距	-.069	.057	-.075	-1.205	.230	.679	1.474
	整体满意度	.661	.060	.670	10.944	.000	.705	1.418
2	(Constant)	.176	.277		.635	.526		
	社会环境	-.171	.068	-.182	-2.504	.013	.495	2.020
	经济发展	.028	.059	.037	.473	.637	.439	2.280
	文化发展	-.024	.053	-.031	-.457	.648	.583	1.715
	传统观念	.297	.089	.215	3.348	.001	.637	1.571
	社会关系	-.681	1.970	-.018	-.346	.730	.943	1.060
	日常生活	.355	.527	.035	.673	.502	.951	1.052
	传统文化	.030	.068	.028	.440	.661	.647	1.546
	发展差距	-.069	.057	-.075	-1.216	.226	.683	1.464
	整体满意度	.662	.056	.671	11.844	.000	.819	1.221
3	(Constant)	.168	.276		.610	.542		
	社会环境	-.170	.068	-.181	-2.494	.014	.497	2.012
	经济发展	.025	.058	.033	.427	.670	.449	2.228
	文化发展	-.023	.053	-.029	-.428	.669	.588	1.700
	传统观念	.296	.088	.215	3.351	.001	.637	1.570
	日常生活	.359	.525	.036	.683	.496	.951	1.051
	传统文化	.033	.067	.031	.489	.625	.658	1.521
	发展差距	-.071	.056	-.077	-1.257	.211	.689	1.452
	整体满意度	.663	.056	.672	11.922	.000	.822	1.216
4	(Constant)	.195	.268		.727	.468		
	社会环境	-.158	.062	-.168	-2.541	.012	.592	1.690
	文化发展	-.017	.051	-.021	-.331	.741	.629	1.589
	传统观念	.298	.088	.216	3.390	.001	.639	1.565
	日常生活	.319	.516	.032	.619	.537	.981	1.019
	传统文化	.033	.067	.031	.501	.617	.658	1.520

续表

Model		Unstandardized Coefficients		Standardized Coefficients	t	Sig.	Collinearity Statistics	
		B	Std. Error	Beta			Tolerance	VIF
	发展差距	-.078	.053	-.086	-1.465	.145	.762	1.312
	整体满意度	.666	.055	.675	12.087	.000	.834	1.199
5	（Constant）	.187	.266		.701	.484		
	社会环境	-.164	.060	-.175	-2.746	.007	.641	1.560
	传统观念	.295	.087	.214	3.383	.001	.648	1.543
	日常生活	.319	.515	.032	.619	.537	.981	1.019
	传统文化	.027	.064	.025	.422	.674	.723	1.383
	发展差距	-.075	.052	-.081	-1.431	.154	.799	1.252
	整体满意度	.664	.055	.673	12.131	.000	.840	1.191
6	（Constant）	.220	.253		.870	.386		
	社会环境	-.157	.057	-.167	-2.738	.007	.689	1.452
	传统观念	.306	.083	.222	3.682	.000	.711	1.407
	日常生活	.312	.513	.031	.608	.544	.982	1.018
	发展差距	-.068	.050	-.075	-1.370	.172	.871	1.148
	整体满意度	.659	.053	.668	12.433	.000	.893	1.120
7	（Constant）	.246	.250		.984	.327		
	传统观念	.302	.083	.219	3.653	.000	.715	1.399
	发展差距	-.069	.050	-.075	-1.380	.169	.872	1.147
	整体满意度	.657	.053	.666	12.440	.000	.896	1.116
8	（Constant）	.012	.184		.068	.946		
	社会环境	-.139	.056	-.148	-2.495	.013	.733	1.365
	传统观念	.303	.083	.220	3.661	.000	.715	1.399
	整体满意度	.669	.052	.679	12.837	.000	.923	1.083

a Dependent Variable：认可度。

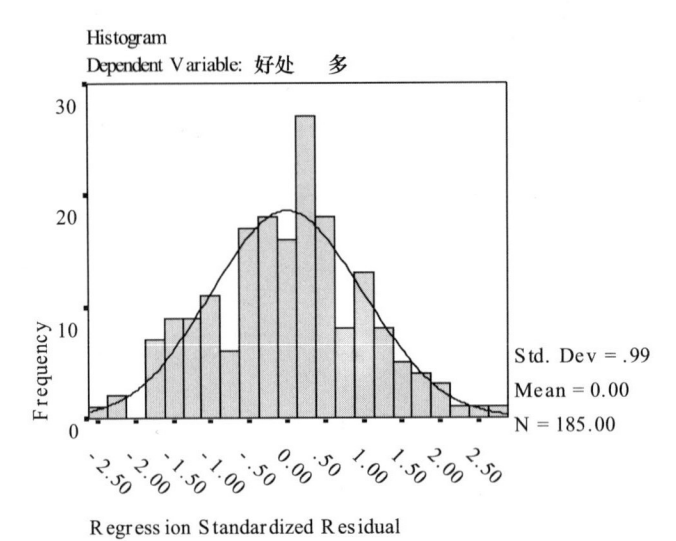

图4—9　旅游认可度多元线性回归分析的标准化残差图

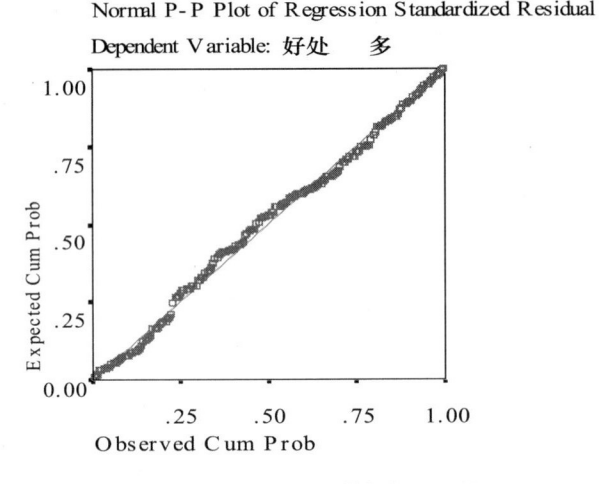

图4—10　标准化残差的标准 P—P 图

由此，回归方程为：旅游认可度 = 0.012—0.139 社会环境 + 0.303 传统观念 + 0.669 整体满意度。即：社会环境每减少 1 个单位，认可度就降低 0.139 个单位；传统观念和整体满意度每增加 1 个单位，旅游业认可度（认为旅游业利大于弊）分别平均增加 0.303 个和 0.669 个单位。

最后，对是否存在异方差现象做检验。图 4—10 显示方差具有一定的分布规律——散点分布在从左下到右上的一条倾斜 45 度的对角线附近，直方图呈现钟形曲线，符合正态分布特征；同时标准化残差和学生化残差的绝对值都小于 3，杠杆值、库克距离等数据较小（见表 4—52），因此可以得出结论：不存在明显异常现象，所建模型正确。

表 4—52　　　　　　　　　　残差统计表

	Minimum	Maximum	Mean	Std. Deviation	N
Predicted Value	.5928	4.3603	1.9405	.70657	185
Std. Predicted Value	−1.907	3.425	.000	1.000	185
Std. Error of Predicted Value	.04969	.21682	.09331	.03021	185
Adjusted Predicted Value	.5599	4.2847	1.9394	.70280	185
Residual	−1.6064	1.9077	.0000	.66138	185
Std. Residual	−2.409	2.861	.000	.992	185
Stud. Residual	−2.429	2.902	.001	1.005	185
Deleted Residual	−1.6329	1.9632	.0011	.67907	185
Stud. Deleted Residual	−2.462	2.964	.001	1.010	185
Mahal. Distance	.027	18.457	2.984	2.837	185
Cook's Distance	.000	.081	.007	.013	185
Centered Leverage Value	.000	.100	.016	.015	185

a Dependent Variable：认可度。

第三节　结论

一　关于研究方法的分析

分析软件方面：本书主要利用 SPSS 软件，对问卷数据进行了挖掘。但是，由于软件本身具有难以避免的缺陷，因此所得结论未必完全准确。这就需要利用其他软件做比较和验证。在今后的研究中，不妨采用 EVIEWS 等软件做深度数据挖掘和分析。

分析方法方面：本书采取了均值分析、因子分析、单因素方差分析、相关分析、聚类分析、回归分析等多种统计学分析方法，但是部分方法尚缺深入，今后研究者不妨在研究认可度时从人口群体特征入手做分析，或者把满意度、认可度、参与愿望、收益率、支持度都一一分析，建立模型。

问卷设计方面：本问卷就民族地区旅游效应设计了系列问题，虽然能反映概况，但是尚缺乏民族地区特色，今后需要做改进和完善，突出民族性、文化性和地域性，如对"民族关系"因子的分析就需要深入，从居住格局、交往次数、冲突原因等方面做细致探讨。

样本选取点方面：本次调查选取了两大样本点，但是甘南旅游业发展已经呈现多极带动格局势头，不妨增加样本点，做横向对比分析。

二　关于统计结果的分析

本书从以上分析中就甘南旅游业发展的效应得出以下结论：

（1）甘南旅游业发展的社会效应和文化效应比较明显，和其他地区调查结论有所区别——一般社区旅游效应是经济效应大于文化效应，文化效应大于社会效应。主要原因是民族地区的特殊性所致，甘南传统社会和文化已经发生嬗变甚至大规模涵化，旅游业推动的民族地区现代化模式具有两面性，需要对其负面效应给予高度关注。

（2）影响社区居民旅游效应认知的因素可以归纳为几类：人口特征（性别、年龄、文化程度、民族、婚姻等）、和旅游业密切关系特征（职业、收入来源、亲戚朋友职业、和景点景区距离远近、和旅游者接触时间等），其中最主要的变量是经济收入、收入来源、文化程度等。因此，如何提高社区旅游参与率，进而提高满意度、支持度，是今后工作的重点和难点。这也同时验证了"社会交换理论"在旅游发展中的适用性。

（3）从聚类分析和均值分析看，甘南旅游业发展的整体效应呈现良性，最主要表现是居民多认为旅游业利大于弊，参与愿望强烈，因此甘南旅游业战略地位可以继续提升，不妨定位为"引领民族地区发展的先导性战略支柱产业"。

（4）从居民认知看，两社区旅游效应存在一定差异：拉卜楞居民对社会文化效应认知特别敏感，而冶力关对经济效应比较明显，主要原因是前者社区参与度相对低于后者，而后者文化性弱于前者，并且开发时间短，旅游业发展所处生命周期各不相同。这也说明生命周期理论在本调查中具有一定的解释力。

第五章

民族地区旅游民生效应相关者行为和调适

第一节　民族地区旅游民生效应相关者行为

一　风景管理局和社区：完善参与机制，规范市场竞争

（一）加强"农家乐"投资和补助

为使社区居民参与"农家乐"发展，临潭县和冶力关镇加大了对居民的扶持力度，在土地、税收、电力、信贷等方面采取了系列优惠措施，并给予资金支持，具体是：2004 年，通过扶贫项目无偿给每户补助了 4000 元；2005 年，风景管理局对 42 户开办农家乐者给予扶持，每户发放扶持专项资金 3000 元；2006 年，县政府通过甘肃省开发银行为 300 户农民提供 1—3 万元农家乐专项贷款。[①] 扶持力度的加大使企业下岗职工、低收入农民等弱势群体得以参与旅游开发，并吸引了部分外地客商前来投资，社区参与旅游积极性进一步提高。

（二）大力规范旅游市场，提升服务质量

"农家乐"在发展初期存在无序竞争、服务质量欠佳等现象。因此冶力关镇党委、镇政府和风景管理局对骑马、游船、餐饮、娱乐、住宿、购物、车辆出租等接待业发展进行规范和升级。

一是建立健全行业服务规范标准。为实施"管理标准化"工程先后出台了《甘南州冶力关景区旅游管理条例》、《冶力关风景管理局管理办法》、

---

① 冶力关镇农家乐协会：《冶力关景区农家乐发展情况简介》，2009 年 6 月 22 日，第 1—2 页。

《各景区管理站管理制度》、《旅游投诉制度》、《冶力关景区马匹出租管理办法》、《冶力关旅游车辆管理制度》、《冶力关风景区停车场管理制度》等，对马匹、游船、滑索、滑道、漂流、滑草等旅游项目制定了管理办法，并对农家乐推出了专门的管理制度，如实施《临潭县冶力关旅游景区农家乐管理办法（试行）》（见图5—1）、《农家乐建设星级评定标准》等，和经营户签订了《冶力关农家乐经营户规范经营及游客接待协议》和《冶力关镇农家乐联保经营承诺书》，使管理制度逐步规范化、科学化。①

临潭县冶力关镇农家乐协会文件

潭冶农协字（2007）03 号

关于印发《临潭县冶力关旅游景区农家乐
管理办法（试行）》的通知

各农家乐经营户：

　　为了进一步加强和理顺冶力关旅游景区农家乐行业管理，规范景区农家乐经营秩序，促进农家乐经营活动稳步、健康发展，现将《临潭县冶力关旅游景区农家乐管理办法（试行）》印发给你们，希望你们在农家乐经营过程中遵守相关规定，规范经营。

　　特此通知

二〇〇七年七月二十七日

主题词：农家乐　管理办法　通知
抄　送：冶力关风景管理局
临潭县冶力关镇农家乐协会　2007 年 7 月 27 日印发

共印 200 份（存档 2 份）

图5—1　冶力关镇农家乐管理文件

二是提高旅游接待服务水平。针对接待能力和服务水平不高的现状，风景管理局近年来加大了管理规范化力度，致力于提高旅游从业人员服务水平，尤其是及时成立了"冶力关镇农家乐协会"，不断完善农家乐管理，开展了"农家乐星级评选"等活动，定期培训经营和服务人员，先后举办了"农家乐"从业人员

---

① 《临潭县志》编撰委员会：《临潭县志》，甘肃人民出版社 2008 年版，第 76 页。

和导游培训班6期，收效显著。农家乐协会负责人王晔谈到：

> 我们这两年的工作主要是规范竞争。首先是给农家乐评定了等级，分为三个等级，无证者不可接待游客。目前整个冶力关已经没有了原来那种无证经营的现象；再就是我们对卫生情况比较重视，现在县上、镇上对卫生案件都特别关注，会上领导们都说千万不要出事，谁出事谁走人，我们就要求他们（开办农家乐者）必须到医院去做体检，拿到《健康证》、《卫生许可证》；我们还不定期进行检查，对卫生状况不良者进行批评教育。实际上你的卫生差，游客人家也不愿意住，他们在这方面比我们清楚。还有就是餐饮要跟上，光住宿，饭跟不上，游客来了吃不好也不行。所以我们就请外面的大师傅专门来教，手把手地教，把开农家乐的人叫到一起，看，学，炒菜，然后大家一起尝，看味道如何。我们已经进行了6期培训，现在在开办第7期培训班，培训总人数达5000多人。

（三）农家乐建筑群风貌改造

开发之初，由于忽视了文化特性，社区建筑缺少区域特色。在专家建议下，相关部门加强了城市规划，强调深度挖掘文化内涵，对农家乐建筑风格做了统一改造，在建筑上突出和凸显洮州文化个性，要求居民和经营户均修建大门、围墙、厕所、院落硬化、房屋油漆等附属设施，同时以明清建筑风格打造草原深处的江淮人家。[①]

不过，对于政府打造的建筑文化，本地人认知度低。在旅游宣传材料上宣传的所谓"江淮一条街"，许多人知之甚少，就是政府工作人员也言之不详：

> 好像是按照明清风格走，但是为什么要这样，我们也不太清楚，也许是一种古老吧。说不上，2005年建的时候不是这样，是后来做的。这条街的具体位置我不知道。你找镇长问问，他们应该知道。

---

① 冶力关镇政府：《冶力关镇新农村建设及农牧互补一特四化2009年度工作进展情况汇报》，2009年10月23日，第3页。

（四）公开农家乐服务标准

为了杜绝宰客欺客现象，农家乐协会和管理部门制定并披露了收费标准，消费者可依此论价。由于《农家乐菜单》（见表5—1）的推出和举报电话的设置，社区内农家乐提供的餐饮价格统一，作者专门走访了好几家，同类餐饮价格均是如此，游客满意度很高。

表5—1　　　　　　　　冶力关景区农家乐菜单（部分）

大众类		清真类	
凉拌荟菜12元	蒜泥鹿角菜10元	凉拌荟菜12元	蒜泥鹿角菜10元
凉拌蕨菜14元	蒜泥柳花菜14元	凉拌蕨菜14元	蒜泥柳花菜14元
凉拌卧龙头14元	凉拌土豆丝8元	凉拌卧龙头14元	凉拌土豆丝8元
凉拌笋片10元	蒜泥茄子10元	蒜泥黄瓜8元	凉拌笋片10元
蒜拌豆角8元	凉拌水萝卜4元	凉拌胡萝卜丝6元	蒜泥茄子10元
凉拌木耳16元	凉拌莲花菜8元	蒜泥豆角8元	凉拌水萝卜4元
凉拌油白菜8元	蒜泥黄瓜8元	凉拌木耳16元	凉拌莲花菜8元
凉拌胡萝卜丝6元	凉拌菠菜8元	青椒变蛋10元	泡椒凤爪14元
凉拌苦苦菜12元	油炸花生米8元	凉拌油白菜8元	凉拌肚丝16元
凉拌牛肉16元	青椒变蛋10元	凉拌菠菜8元	凉拌苦苦菜12元
凉拌肚丝16元	泡椒凤爪14元	油炸花生米8元	凉拌牛肉16元
大盘鸡50元	爆炒土鸡50元	大盘鸡50元	爆炒土鸡50元
清炖土鸡45元	土鸡炖蘑菇50元	清炖土鸡45元	土鸡炖蘑菇50元
酸辣鲤鱼25元	清炖鲤鱼25元	酸辣鲤鱼25元	清炖鲤鱼25元
酸辣虹鳟鱼45元	清炖虹鳟鱼45元	酸辣虹鳟鱼45元	红烧金鳟鱼80元
红烧金鳟鱼80元	清炖金鳟鱼80元	清炖金鳟鱼80元	清炖虹鳟鱼45元
手抓羊肉（斤）28元	蒜苔炒肉14元	手抓羊肉（斤）28元	蒜苔炒肉14元
番瓜炒肉14元	木耳炒肉16元	青椒炒肉片12元	鱼香肉丝14元
蘑菇炒肉14元	青椒土豆丝8元	蘑菇炒肉14元	洋葱炒肉14元
油菜炒肉14元	青椒茄子8元	番瓜炒肉14元	木耳炒肉16元
酸辣土豆丝8元	洋葱炒木耳16元	笋子肉片14元	菜花炒肉14元
洋葱炒肉14元	醋溜土豆片8元	青椒肉丝14元	油菜炒肉14元
蕨菜炒腊肉16元	虎皮辣子8元	酸辣土豆丝8元	酸辣大白菜8元
菜花炒肉14元	木耳炒鸡蛋14元	西红柿炒鸡蛋12元	木耳炒鸡蛋14元
笋子肉片14元	煮土豆10元/盘	醋溜土豆片8元	洋青椒茄子8元
青椒炒肉片12元	西红柿炒蛋12元	青椒土豆丝8元	葱炒木耳16元
腊肉排骨28元	菠菜汤8元	家常豆腐8元	虎皮辣子8元

续表

大众类		清真类	
鱼香肉丝 14 元	米饭 1.5 元/碗	西红柿鸡蛋汤 12 元	酸菜粉丝汤 8 元
青椒肉丝 14 元	旗花面 2.0 元/碗	菠菜汤 8 元	醪糟鸡蛋汤 8 元
西红柿鸡蛋汤 12 元	干拌面 5.00 元/盘	家常土豆面 2.0 元/碗	西红柿蛋面 2.5 元/碗
羊肉饺子 20.0 元/斤	炒面 5.00 元/碗	臊子面 3.00/碗	浆水面 2.00 元/碗
正餐 4 荤 4 素 1 汤，180 元/桌	正餐 6 荤 4 素 1 汤，240 元/桌	羊肉饺子 20.0 元/斤	早点 2 荤 2 素：稀饭、花卷、鸡蛋每人各 1 份，6 元/人

资料来源：作者根据相关文件和菜单整理而得。

（五）优化社区参与环境

一是优化市场环境。对扰乱市场行为给予坚决打击，以建立公平公正和健康有序的市场竞争机制。如开发之初，个别人在网络上发帖，企图捣乱市场，被农家乐协会发现后依法给予惩处，极大地规范了农家乐市场。

二是优化自然环境。在完善基础设施和配套设施的同时，对生态环境问题给予关注，如 2007 年 4 月—2007 年 5 月实施"冶海防漏工程"，投资约 75 万元，以控制湖底渗透量；[1] 2008 年天池冶海遭遇特大旱灾，水位下降到极点，风景管理局投资 120 万元实施了"防渗工程"，提升水位 5—7 米；2009 年下峡修建隧洞，风景管理局领导和专家亲临施工现场进行勘察和监督，避免了对自然生态和核心区域的破坏。[2]

二 文化旅游部门：推进文旅结合，打造文化旅游

（一）加大文化和旅游宣传，提高甘南旅游知名度

影视模式：冶力关景区于 2009 年和《西游记》剧组达成外景拍摄合作协议，并举办新闻发布会，人民日报甘肃分社、新华社甘肃分社等 30 多家著名媒体应邀参加；2009 年 9 月，《西游记》剧组在景区正式开机，于 2009 年 10 月完成拍摄；同时还在 CCTV（1、4、7）、旅游卫视和甘肃知名频道播放了系列风光宣传片，在 CCTV10《探索发现》栏目中开设景区《请您欣

---

① 《临潭县志》编撰委员会：《临潭县志》，甘肃人民出版社 2008 年版，第 75 页。
② 甘南州冶力关风景管理局：《甘南州冶力关风景管理局二〇一〇年上半年工作总结》，2010 年，第 1—5 页。

赏》专题风光节目,播放了冶力关旅游风光宣传片。① 而夏河拉卜楞相继拍摄完成《拉卜楞文化》、《拉卜楞寺》、《桑科草原藏族风情》、《中国名寺——拉卜楞寺》(上下两集,配有6种国际语言)、《前进中的夏河》等大型电视电影宣传片,后成为冯小刚导演电影《天下无贼》的外景拍摄地,和"中国藏人文化发展促进会"联合拍摄电影《拉卜楞人家》,外景拍摄地主要包括拉卜楞寺、桑科草原、达尔宗湖、商业一条街等地,并与日本BS电视台《中国神秘之旅》摄制组联合拍摄景点景区纪录片,对宣传和推介拉卜楞文化旅游具有强劲推动作用。②

消费券模式:如冶力关于2009年在西安等地发放200万元旅游消费券,在北京、天津、大连等城市发放价值为700万元的旅游消费券,促进了二级客源市场的启动。

广告模式:甘南旅游开发之初,拉卜楞在广告宣传上独占鳌头,在《兰州铁路局旅客服务指南》和"香巴拉专列"上分发了重点介绍夏河旅游文化的推介画册,在县城繁华地带设置了中英文旅游广告;目前冶力关景区后来居上,在甘肃主要频道(旅游卫视、甘肃经济频道、甘肃数字电视等)和人民网开设了冶力关景区天气预报和宣传栏目,在《文汇报》、《东方航空》、《政治协商报》、《民主之声》、《中国自驾游旅游手册》、《中国自驾游》、《甘南日报》、《兰州晨报》、《兰州晚报》、《西部商报》等报刊杂志上刊发大幅宣传资料,在甘肃冶力关旅游网、新华网上发布了网络广告,在兰州市楼宇电视、张掖路LED大屏幕数字电视等播放滚动式广告,引发大量游客前去旅游观光。③

书刊模式:拉卜楞方面,于2007年开始编辑10本系列文化丛书(包括《拉卜楞藏传佛教文化》、《拉卜楞民俗文化》、《拉卜楞文化遗存》等),目前该丛书已正式出版;甘肃省第一本英文版旅游手册——《拉卜楞文化之旅》由兰州大学出版社于2005年出版。冶力关在《中国水利报》、《丝绸之路》、《甘肃旅游》等杂志上刊发景区介绍,2010年利用甘肃省旅游协会旅游景区分会2010年年会之机,散发了《山水冶力关、生态大观园》报刊广告材料,使冶力关受到广泛关注。

---

① 王明仁:《临潭旅游业二次创业成效喜人》,《甘肃经济日报》2010年1月20日。
② 夏河县旅游局:《旅游"十一五"发展计划及2020年远景目标》,2006年,第3页。
③ 包广德:《冶力关景区晋升为国家AAAA级旅游景区》,http://www.gansudaily.com.cn,2006年2月12日。

公共关系模式：在大型活动和事件举办时不失时机地开展宣传促销。拉卜楞方面，举办了"拉卜楞文化旅游推介会"、"陇台联谊会"、华东三省 25 家媒体"圆梦夏河——神秘拉卜楞"大型采风活动，承办了"法国长跑团"长跑比赛，招待中外记者及《寻梦香巴拉》大型实地踩线团共计 300 多人次。[①] 冶力关方面，主要活动是邀请高空王子阿迪力前来高空走钢丝横渡冶木河，重点推出"赏红叶"主题秋季旅游活动，邀请参加"绿色长征"活动团 100 余人前去考察，进一步提升了旅游知名度。

歌舞模式：组建文化艺术团、歌舞团，创作和表演优秀文艺作品，以艺术形式使旅游形象深入人心。冶力关方面，于 2009 年组织冶力关艺术团在西安市曲江国际会展中心会场进行了民族风情浓郁、内容丰富的大型歌舞文艺表演，在八达岭长城、北京城市学院等地进行了"九色甘南香巴拉、山水冶力关、生态大观园"为主题的文艺会演。夏河拉卜楞在此模式方面也成就不菲，夏河县文体局局长贡保南杰谈起来激情十足，作者对他做了深度访谈。下面是访谈片段：

问：以前有哪些重大的歌舞演出？

答：以前县上就有这样的举措，曾经邀请一批藏族歌手前来表演，录制了《拉卜楞神韵》。现在，县上很想让我们文体局在这方面做点事情，我们也很重视。去年 11 月举办了以"拉卜楞之恋"为主题的大型演唱会，场面很宏大，很震撼。我们制作了歌碟，除了赠送还面向市场出售，各方评价都很好。

问：是在县城演出吗？

答：不是的。在合作。主要是因为合作城市大，对外影响大，交通比夏河便利，客流量较大。

问：来的歌星有哪些？

答：主要是藏族歌星，有岗毅、央金拉姆等 30 多位，来自五省藏区。

问：现在县上有哪些主要的文艺团体？

---

① 夏河县旅游局：《旅游"十一五"发展计划及 2020 年远景目标》，2006 年，第 5 页。

答：有拉卜楞艺术团、红教寺的"南木特"藏戏队、阿木去乎镇德的合曲演出队等。其中，县拉卜楞艺术团最著名（注：该团前身为1975年成立的夏河县拉卜楞民族歌舞团，1989年更名为拉卜楞民族歌舞团，2005年更名为拉卜楞艺术团），属专业藏族艺术团，现有演职人员45人。已多次在国内外进行表演，深受好评。

问：还有其他措施吗？例如有没有制作光盘等？

答：有的，光盘有《拉卜楞民歌》、《拉卜楞民间舞"卓"》和《拉卜楞锅庄》。我们的策划是推出"一个专题片、一部数字电影、一场晚会、一张通俗歌碟、一张原生态民歌专辑、一张拉卜楞锅庄"，采取集锦模式展示藏文化精髓。

网站模式：为便于游客全面、直观和迅速地了解拉卜楞文化，夏河县制作了英文版国际互联网网页（http：//www.labrang.com.cn）；另外，在甘南旅游网、甘肃旅游网上都有专题介绍。

（二）开展文化和旅游研究，挖掘旅游文化遗产

在甘南旅游开放开发之际，甘南文化研究也同时展开。1984年，甘肃省在夏河成立甘肃省拉卜楞寺藏书研究所，1990年更名为甘肃省藏学研究所。目前，研究所隶属于甘肃省民族事务委员会，下设历史研究室、当代问题研究室、宗教文化研究室和《安多研究》编辑部4大部门，实有研究人员18人，其中高级职称4名，博士后1名。大部分人员熟练掌握藏文和汉文。根据访谈和相关文件、报告，研究所在旅游文化和经济发展研究方面取得的成就可归纳如下：

第一，编辑出版《安多研究》。《安多研究》（藏文、汉文）于1993年创办，主要刊发藏学专业论文，被学术界誉为"继《西藏研究》和《中国藏学》之后的第三家专门进行藏学研究的学术刊物"。目前已经出版共十多期。作者调研期间，该所研究人员华锐·东智赠送了2期刊物，里面载有2篇旅游类论文。

第二，开展藏学研究。主要研究地方民族史、民族文化艺术。目前，已经完成多项大型课题，出版专著30多部（见表5—2），约830万字，发表学术论文近200篇，约200万字，为旅游开发提供了理论支撑。

表 5—2　　　　　　　　　　甘肃省藏学研究所部分专著

著作	出版社	作者	备注
《甘肃藏族部落的社会与历史研究》(1994)	甘肃民族出版社	王洲塔	此书为 1986 年国家"七五"期间重点课题"藏族地区社会历史及佛教寺院调查研究"阶段性成果；由瑞典国家博物馆译成英文向世界发行；被列入英国皇家学院博士文库，并通过该院两次成果评审
《拉卜楞寺简史》(1994)	甘肃民族出版社	丹曲	1995 年获甘肃省社会科学图书三等奖
《安多地区藏族文化艺术》(1997)	甘肃民族出版社	丹曲	1998 年获十五省区社会科学图书二等奖
《藏传佛教僧侣与寺院文化》(2001)	甘肃民族出版社	嘎藏陀美	2003 年获第六届全国藏文优秀图书二等奖
《拉卜楞寺的社会政教关系》(2002)	青海民族出版社	扎扎	2005 年获甘肃省第九次社会科学优秀成果三等奖
《藏传佛教宇宙学通论》(2003)	甘肃民族出版社	嘎藏陀美	获第五届全国藏文优秀图书一等奖
《拉卜楞民俗文化》(2004)	青海民族出版社	华锐·东智	在民族学、藏学和拉卜楞研究中属于众多学者参考书目

资料来源：根据内部资料《藏学研究——甘肃省藏学研究所》整理而得。

　　第三，开展学术交流。多次邀请和组织国内外科研人员前来考察，先后50 多次和来自美、德、法、日等国家以及中国台湾、中国香港、北京、四川、西藏、青海等省区的专家学者进行学术交流，扩大了拉卜楞旅游文化的世界影响力。作者调研期间，该所正在策划举办首届拉卜楞文化与民族地区经济社会发展学术研讨会。

　　除了藏学研究所，以夏河为依托对拉卜楞文化进行研究的学术机构还有甘肃省佛学院、文学艺术联合会等。它们的研究工作使拉卜楞修学旅游步入良性发展轨道。

　　（三）开展文物普查，保护文化遗产

　　文物保护方面，设立了八角古城文保所，内有工作人员 2 人，专门负责文物普查和保护。目前，拥有全国重点文物保护单位 2 个（拉卜楞寺和甘加八角古城）、省级文物保护单位 1 个（桑科古城遗址）、县级文物保护单位19 处（甘加作海寺、怀羌古城遗址、洒索玛将军墓、甘加斯柔古城遗址、甘加白石崖寺等），新发现文物点 34 处（夏河王爷府、桑科墓葬、夏河烈士陵园、王府民居、唐乃合水磨房、甘加尕代拉卡古城遗址、黄祥故居、夏河县平娃桥、夏河县甘加八角墓葬群、麻当墓群等）。但是，由于文物遗址遗迹在全县范围内呈分散分布态势，加之近年来盗窃文物现象有所抬头，珍贵文物保护和监管工作任务极其繁重。

非物质文化遗产保护方面，夏河县自 2004 年起启动"民族民间文化遗产"保护工程，对非物质文化进行全面实地调查、采录，设立了"非遗展示室"，整理印刷了《夏河县非物质文化遗产图解》，最终申报后经国家批准，确定其中 10 大类 47 项为县级第一批保护名录（见表 5—3），53 项为州级保护名录，2 项为国家级保护名录；民间艺人久西草、达老和准格吉、宗者加措等获准成为省级乃至国家级非物质文化遗产传承人。冶力关也建设了洮州文化博物馆，搜集展示各类珍贵文物，在甘肃具有一定影响。作者调研期间，该馆冯馆长表示拟组织专人前去江淮一带收集文化遗物遗迹，以追寻历史记忆。

表 5—3　　　　　　　　夏河非物质文化遗产项目名录

项目类别	具体内容
民间文学类	《格萨尔王传》传说
民间音乐类	拉卜楞寺佛殿音乐"道得尔"、弹唱、民歌、拉伊、鹰笛
民间舞蹈类	夏河"则肉"、拉卜楞民间舞蹈、拉卜楞寺法舞
传统戏剧类	拉卜楞寺院"南木特"藏戏
曲艺类	说唱、白格尔说唱
杂技与竞技类	尼玛龙"乘马砸冰"、乘马捡哈达、达久滩赛马节、大象拔河（"押架"）、倒立"叼糖"、举沙包、捡"台盖"、藏棋、"抛尕"
民间美术类	剪纸（窗花）、唐卡画、印染、面具制作、酥油花制作
传统手工技艺类	金属饰品制作工艺、烤箱制作工艺、擀毡技艺、拉卜楞服饰制作工艺、拉卜楞面包制作工艺、牦牛绳编织工艺、帐篷制作工艺、帽子制作工艺
传统医药类	藏医药、民间接骨
民俗类	香浪节、瞻佛节、插箭节、正月法会、七月法会、吾吉合服饰、成年礼（上头）、娘乃节、煨桑、儿童插箭节、二月默朗

资料来源：根据夏河县文化馆等机构相关内部资料整理而得。

　　文化产业方面，两个调查社区都实施"项目支撑"战略，推出和规划若干具有重大深远意义的产业项目（见表5—4和表5—5），力求促进文旅联姻，打造文化品牌；同时积极发展文化娱乐产业，截至2009年年底，夏河县文化经营单位近百家，相关从业人员达300人，其中歌舞娱乐场所5家，电子游艺场所1家，营业性演出场所1家，台球经营场所6家，零售书店5家，音像制品租铺18家，网吧9家。[①] 新的文化产业格局正在逐步形成，夏河旅游业竞争力得到了提高。

表5—4　　　　　　　　　夏河规划实施的重大文化旅游项目

项目名称	规划意义	规划内容
《拉卜楞神韵》项目	修建夏河机场将带来大量高端客流，推出民族特色晚会是市场需求；大型文艺晚会必将带来巨大经济效应	集歌舞、服装、音乐等于一体，以大型晚会形式充分展示拉卜楞文化
桑科赛马场项目	活化草原文化，增强旅游娱乐性、参与性和刺激性	修建赛马场；推出赛马和马术训练等子项目
拉卜楞文化产业园区项目	建设文化产业园区有助于展示安多藏区文化和社会现状	拟包括8大园区，专门研究和展示音乐、藏戏、歌舞、唐卡、服饰、手工艺等文化
拉卜楞寺申报世界文化遗产项目	有助于保护和传承藏族文化和佛教文化，有助于藏区稳定，有助于促进藏区旅游业竞争力发生质的提升	组织专家学者和高僧大德规划申报、编辑出版图片画册、拍摄申报纪录片等
甘加八角古城保护项目	八角城故址为国家重点文物保护单位，对其进行保护将极大提升甘加景区旅游品质	搬迁安置附近居民，修缮城墙和护城河，修建文物展示厅
拉卜楞寺藏书出版项目	该寺已经成为全国重点古籍保护单位，拥有1200多位高僧大德67000多部著作；该寺藏书多属于孤本，出版藏书功在当代、利在千秋	组织专人搜集、整理、编辑、出版藏书
拉卜楞文化研究中心建设项目	文化研究是旅游和经济发展的保证	成立专门科研机构；出版专业刊物；挖掘和传播拉卜楞文化
民族传统运动会体育项目	以民族运动会形式传播民族旅游文化	举办比赛，推出赛马、赛牦牛、骑马捡哈达、押架（大象拔河）、摔跤等竞赛项目

[①]　夏河县文化体育局：《夏河县文化体育产业发展专题研究报告》，2010年，第7页。

续表

项目名称	规划意义	规划内容
甘加白石崖攀岩项目	有助于增强甘加草原旅游文化性和娱乐性	建设停车场、更衣室、餐厅、住宿等基础设施
夏河县综合体育馆项目	修建大型体育活动场所将以体育赛事形式延长拉卜楞旅游效应链条	修建体育馆，包括篮球场、羽毛球厅、健身房、综合活动室、网球场、旱冰场、游泳池、保龄球馆等

资料来源：根据夏河县文体局相关文件和工作报告等整理而得。

表5—5　　　　　　　　　冶力关规划实施的重大旅游项目

项目名称	规划意义	规划内容
冶力关博物馆建设项目	冶力关历史悠久，齐家文化、藏回汉文化、江淮文化底蕴深厚，保护和挖掘文化资源极具旅游价值	修建博物馆展厅、生态园、别墅、停车场、钓鱼池、曲桥流水等
冶力关生态旅游区建设项目	冶力关自然景观奇特秀美，开发生态旅游产品极具市场前景	修建旅游商业一条街、旅游纪念品综合加工厂和道路等，架设输电线路
冶力关堡子民俗小吃、娱乐休闲一条街开发项目	客源市场调查结果显示，目前冶力关旅游以生态旅游为特色，缺少娱乐休闲项目，而该项目的推出和实施可使无娱乐项目之现状大为改观	采用江南园林理念设计手法和"粉墙黛瓦"风格，建设综合型、外向型、全天候集餐饮、购物、娱乐为一体的江南水乡建筑群
冶力关池沟温泉开发项目	天池冶海景区和常爷庙属于冶力关品牌景点，客流量大，并且有地热温泉资源，开发该项目既可满足市场需求，也具有很大市场潜力	建设温泉浴场所，提供农家乐服务（包括品尝水磨面、红鳟鱼和金鳟鱼，吃农家饭菜等）
冶力关睡佛山庄建设项目	冶力关山崖上的"十里睡佛"栩栩如生，1994年，被《人民日报》和新华社电讯做了报道。可惜有景无区，修建游览区可弥补听点多而娱点少的不足	修建集度假、餐饮、娱乐、住宿于一体的旅游避暑山庄及相应的配套设施
冶力关冶海游乐园建设项目	冶海属于国家级地质公园，和青海湖、夏河达尔宗湖并称"藏族三圣湖"；另有传说明代常玉春曾饮马于此。该项目可满足市场娱乐需求，开发前景巨大	购置马匹、古战袍、铠甲、弓箭装束，推出骑马、射箭、骑驴和骑牦牛等项目；修建索道、观景亭，推出望远镜远眺冶力关全景等项目；搭建休闲厅、休闲娱乐室、节目表演厅、餐厅等

续表

项目名称	规划意义	规划内容
冶力关下峡水上漂流开发项目	冶力关下峡峡谷幽深漫长，具备开发漂流项目的天然条件	配置河道清理、漂流艇等配套服务设施；修建休息厅
冶力关江淮风情演艺园建设项目	冶力关为明代二十四关之一，居民渊源和江淮移民有关，可推出江淮遗风游项目	修建徽派建筑群；开展花儿会等活动；推出娱乐项目
冶力关亲昵沟七月七情人节景点建设项目	亲昵沟景区有情人谷、相思崖、相思洞、阴阳石等自然奇观，可结合六月六花儿会打造以爱情为主题的主题公园	开展相思崖悬情人铃、相思桥挂情人锁、对歌台情人对歌等系列活动；修建观景亭、对歌台、环绕形和"之"字形悬梯；配置配套设施
冶力关五星级农家乐建设项目	提升农家乐品质，打造"陇原第一农家乐"品牌	在池沟河畔建设水上庭院式主题休闲农庄（农家乐、藏家乐各30家）、五星级宾馆，提供配套服务

资料来源：根据冶力关文体局相关招标广告、文件和工作报告等整理而得。

三　寺院：有限市场模式，拒绝完全开放

（一）积极开展旅游开发

为挖掘寺院艺术文化，寺院拍摄、出版了反映拉卜楞宗教文化的宣传片。经过一年多的艰苦工作，以寺院文化和宗教生活为主题，由甘肃省宗教局监制，甘肃省佛教协会、拉卜楞寺寺管会和甘肃雪域藏人文化传播有限责任公司等联合摄制的《圣地梵音——甘肃拉卜楞寺道德尔佛殿音乐精选》VCD 已出版，内容包括八首曲目——吉祥右旋音（供乐）、八十位成就者颂（迎宾乐）、登基颂（戏剧演唱）、甘丹新宫（欢庆乐）、"巴火尔"（迎宾乐）、妙哉深山（弹唱）、邦锦梅朵（欢庆乐）、雪域之音（《登基颂》之音乐版），填补了寺院音乐文化无现代化传播方式的一大空白。

另外，出于增加收入的考虑，寺院开放了食堂，推出了藏餐等项目，主要食品包括羊肉、奶茶、火锅、酸奶等。和寺外餐馆相比，这里无世俗的喧嚣，多了几分安静、几分平和。

为了提高寺院旅游服务满意度，寺院积极提高导游人员素质，在选拔新导游喇嘛的同时，和甘肃省佛学院开展合作，联合培训导游；同时委托甘肃省藏学研究所编写了导游词。

为了保护寺院建筑等文化艺术，创造更好的学习和旅游环境，拉卜楞寺一直

开展维修工作。2009 年，国家有关部门对拉卜楞寺维修报告给予批复并立项（见图 5—2），委托清华大学文化遗产保护研究所、甘肃省文物局等单位共同编制了《拉卜楞寺文物保护总体规划》，目前大规模维修工作已经启动。

关于《拉卜楞寺文物保护总体规划》的批复

〔2009—04—07〕

文物保函〔2008〕1162 号

甘肃省文物局：

你局《关于呈报〈拉卜楞寺文物保护总体规划〉的报告》（甘文局发〔2008〕100 号）收悉。经研究，我局批复如下：

一、原则同意该规划。

二、文本尚需作以下补充、修改：

（一）围绕保护宗旨，进一步明确和界定文物本体，并简化非物质文化遗产的规划内容。

（二）补充周边山体、河谷地质勘察报告和水文资料，并制定相关防灾措施。

（三）寺院的基础设施建设应与城市建设规划相衔接，并注意保持文物整体风貌。

（四）寺院与县城之间宜设立缓冲区域。

（五）深化寺院建筑历史、布局的研究，为复原提供依据。

三、请你局组织规划编制单位根据上述意见对规划进行修改、完善，经你局审定、核准后，按照《国务院关于加强文化遗产保护的通知》、《全国重点文物保护单位保护规划编制审批办法》等的要求，报请省人民政府批准公布，并督促地方人民政府将其纳入当地经济和社会发展计划以及城乡总体规划，积极组织有关部门逐步实施。

四、规划中提出的各类文物保护和展示以及环境整治、相关基础设施建设等项目，实施前应制订具体方案并按程序另行报批。

国家文物局

二〇〇八年十一月十三日

图 5—2　国家对拉卜楞寺维修项目批复文件

特别值得一提的是，拉卜楞寺和少林寺一样，不但举办佛事活动，也开始走出寺门甚至国门，大力宣传佛教文化，提高了拉卜楞寺的旅游知名度。最为典型的是寺院音乐开始走向外界。拉卜楞寺寺院音乐为"佛殿音乐"，俗称"道得尔"，英语为 Mdo - dar，在古代是藏族民间和王宫以管乐与打击乐相结合的传统音乐，据说始于第一世嘉木样时期（1709—1721 年），在研究宫廷仪礼音乐、见证藏汉文化（该音乐是清朝宫廷音乐、五台山寺庙音乐和藏区佛教音乐的结合体）交流方面具有重要价值和意义。旅游开发后，拉卜楞寺于 1980 年 11 月组建新 "道得尔" 佛殿乐团,一方面挖掘传统文化遗产,一方面外出表演,出访美、英、法等国家与地区,在台湾高雄市文化中心、台北林口体育馆、台北国父纪念馆、澳门文化中心、香港文化中心、旧金山美生堂中心,加拿大温哥华伊丽莎白女皇剧院等各大剧院演出,极大地增强了藏传佛教文化的旅游影响力。如 1997 年 6 月,共 21 人(闻思学院 10人,其他五大学院各 2 人,另从僧人中挑选技艺高超者 1 人)组成寺院音乐乐团出访法国,在 "圣·佛罗朗艺术节" 上和法国著名宗教音乐歌唱家热拉尔·莱斯先生在天主教堂内同台演唱,使天主教音乐和藏传佛教音乐和谐交流,极大地震撼了西方世界。[①] 2010 年 2 月,艺术团在瑞士苏黎世举行了春节和藏历年演出,受到了西方和华人世界的热烈欢迎。

(二) 坚持非完全市场化模式

寺院在旅游开发中保持了自我,不完全以市场为资源配置手段。作者在拉卜楞寺调研时,寺院管理委员会办公室主任嘉华对寺院态度作了表示:

> 我们和青海塔尔寺、西藏布达拉宫有明显区别。他们已经完全市场化了,寺院内外地导游可以带旅游团随便进入,喇嘛也可以收取小费,我们这里不可以,有严格的管理制度,这也是寺院高僧大德和著名学者辈出不穷的原因之一。另外,夏河县要我们把寺院路面和院落进行硬化处理,我们感觉不太好,这和佛教教义不相符,水泥是化学材料加工而成,对人体和健康不好;即使选择使用石块铺地,也不太好,因为它阻隔了人体和天地之间的自然交流,而佛教讲究的是一切顺应自然、天地人和谐一体。我们这里是修行的地方,主要目的是弘扬佛法,而不是发展旅游。再说,寺院一旦大规模开放,必将减弱它本身存在的必要和价值。

四　政府:纠正市场失灵,营造旅游环境

(一) 制定旅游发展战略

夏河县方面,已经把旅游业定位为三大产业(以旅游业为主的民族文化产业、以草产业和畜产品加工流通企业为龙头的特色产业、以水泥建材和水电矿产企业为首的优势产业)之一,积极实施 "136363" 战略,努力把夏河建设为 "旅游强县" (见图 5—3)。

---

① 瞿学忠:《神秘的佛教音乐 "道得尔"》,http://www.sina.com.cn,2010 年 6 月 28 日。

冶力关方面，也在实施"旅游带县"和"32341"发展战略，以生态和历史文化为主线，以市场需求为导向，以提高产业效益、提升产业竞争力为突破口，以整合旅游资源为手段，着力促进旅游产业又好又快发展。

图5—3　夏河县旅游产业定位和发展战略示意图

(二) 完善基础设施

甘南在"旅游二次创业"中首先关注的是改善旅游基础设施现状，力争在道路、停车场、水电、通信、绿化等方面有所突破。副省长刘永富主管旅游以来，对甘南旅游厕所问题高度关注，2009年，仅冶力关就开工建设景区厕所6个，已建成3个，设移动厕所2个，使上厕所"老大难"问题得到缓解。作者在调研期间，观察和感受到的主要集中在以下几个方面：

街心花园建设：夏河县投资426万元修建。位于县城中心，2005年动工，2007年完成，占地面积为15720平方米，耗资1340万元。其修建的目的主要是改善文化娱乐场所的现状。但是作者看到，由于缺少基本设施，来此休闲散步的游客和本地居民甚少。

洮州文化广场：2006年开工修建，占地面积10050平方米。总投资约423万元。配置有巨石、巨柱、演艺台、音乐喷泉等设施，主要用于大型文艺演出。东面建有冶力关旅游接待中心，东北部属于休闲健身区，安装有各类健身器材。

冶木河大桥：修建于开发之初，沟通了居民区和文化广场演艺区和商业区，也便于游客参与漂流项目。

建筑风貌改造：为了体现建筑文化特色，两个社区都规定所有建筑物必须体现区域特色，如夏河拉卜楞要求建筑必须呈现宫殿式、庙宇式等样式，窗户为黑色梯形，在墙壁上涂饰宗教文化图案，使旅游文化内涵得以直观、形象、充分展示。

商业一条街改造：拉卜楞街区近两年来致力于基础设施改善，修建和改造商业街区地下排水系统、通信系统，修建排洪设施，同时硬化部分路面。

白海螺广场建设（见图5—4）：该广场位于拉卜楞旅游局附近，以白海螺雕像为中心。白海螺，藏语称为"法螺贝"，在藏民眼中为圣洁乐器。作者认为该广场虽然面积小于街心花园，但却更具民族性和文化特色。

移动通信建设：冶力关和周边村落电信通信方式取得巨大改变，移动、联通用户逐年增多。

冶木河南北滨河路建设（见图5—5）：位于冶力关，沿冶木河修建，2005年竣工。该路段建设有总长度达15公里的冶木河防洪河堤和护栏。2006年国家实施"南北滨河路亮化工程"，安装了130盏路灯、灯箱和8座彩虹桥，[①] 集防洪、观赏于一体，结束了昔日道路狭窄和雨雪天泥泞不堪的历史；夜幕降临时，灯光通明，建筑倒映水中，别有一番风景。

图5—4　白海螺广场

---

① 《临潭县志》编撰委员会：《临潭县志》，甘肃人民出版社2008年版，第75页。

图5—5a　冶木河滨河路一段

图5—5b　冶木河滨河路一段

（三）处置安全问题

拉卜楞方面，自"3·14"事件后，甘南各级政府加大了旅游安全和藏区维稳工作。一是依法处理犯罪人员，刑事拘留432人，逮捕8人；二是披露事件真相，组织群众观看录像，对外公布参与打砸抢烧暴力事件的人数，消除了外界猜疑；三是加强监控，如在关键路段安放了监控摄像头，以信息网络化监控手段加强了文化旅游安全监管；四是派遣宣讲团和工作队在各地进行宣传，向广大农牧民宣传党的民族政策和相关法律法规，使群众了解藏区发展现状，增强了自觉维护政治稳定的责任感；五是组织武装部队巡逻，以维护社会秩序；六是考虑到入境游客和记者安全，对出入境者实行有限开放政策；七是对受损者主要是个体工商户出台免税政策，并给予经济补偿。

冶力关方面，为预防突发事件和提高旅游安全度，政府完善了应急预案，在加大景区景点和相关企业自查和检查的同时，特别注意做好"五一"和"十一"等节庆期间的安全保障工作，对各类隐患和潜在问题做了及时整改。由于措施得当，目前社区继续保持了安全事故的零纪录。

（四）开展区域合作

合作制度方面，为协调各利益相关者的群体关系，甘南州于 2008 年下发《关于甘南藏族自治州冶力关风景管理局职能配置、内设机构和人员编制方案的通知》，成立甘南州冶力关风景管理局，并与临潭县、卓尼县、合作市及景区内省属企业进行协作协商，决定联合临潭县（八角乡、羊沙乡）、卓尼县（恰盖乡、康多乡、勺哇乡、康多峡）、合作市（佐盖多玛乡等）、洮河林业局、冶力关国家森林公园、莲花山国家级自然保护区管理局等展开区域合作，联合打造"大冶力关旅游经济圈"，[①] 塑造"山水冶力关、生态大观园"旅游品牌，为处理各类利益冲突搭建了平台。

旅游实践方面，冶力关已于 2007 年和洮河林业局、冶力关国家森林公园达成协议，开始联合申报国家级水利风景区。

旅游研究方面，两个社区都主动和学术界展开合作，其中冶力关和西北师范大学旅游学院达成旅游战略合作伙伴协议，成为教学和培训实习基地，获得了对方的学术和智力支持；邀请北京绿维创景规划设计院完成了《临潭县旅游业发展总体规划》、《临潭县冶力关镇总体规划》、《临潭县冶力关镇景区景点修建详细规划》，邀请甘肃金土测绘公司完成了冶力关地区地形土地测绘工作，邀请甘肃省地矿局对冶力关地热资源进行了勘查，邀请中国科学院地理科学与资源研究所完成了《冶力关水利风景区总体规划 2010—2025（征求意见稿）》，邀请西安设计院完成了池沟地热温泉开发规划，使旅游开发获得了学术支撑。

---

① 冶力关风景管理局：《甘南州冶力关风景管理局对冶力关国家 AAAA 级旅游景区调研的报告》，2009 年 4 月 21 日，第 1 页。

五　文化传承人：利用市场传承，坚守文化道德

在旅游开发背景下，部分文化传承人开始利用市场经济体制开发和利用文化，使文化保护宣传形成良性互动机制。如第六代弹唱艺术传承人毛兰木于1987年录制首张弹唱曲目《拉卜楞寺》后，先后在甘南、青海、成都等地录制录音带和光盘40多张（盘）；第七代弹唱艺术传承人贡保当智也自2001年以来多次录制光碟。他们对现代媒体和市场机制的大胆利用，使弹唱艺术得到了更好的保护和发展。

在文化遗产保护方面最具有典型性和代表性的是唐卡传承人希热布大师。希热布，国家特级画师和著名非物质文化遗产传承人，13岁开始走南闯北，广访名家，博采众长，在唐卡绘画艺术上取得突出成就：不但独成风格，集多唐卡画派、四川噶玛噶赤画派、中国画派、西洋油画特色于一体，画风具有较强的丰满感和立体感，而且把唐卡艺术发扬光大：参加绘制的《"彩绘大观"——十世班禅大师像》荣获吉尼斯纪念奖（1998—1999年）；出版了个人画册（2000年）；先后在众多地方讲学和举办画展（福建省美术馆和福建省画院，2005年；江苏省美术馆，2006年；悉尼，2010年）；参加了甘肃省"香巴拉·风情节"在深圳市"锦绣中华·民俗村"举行的促销活动（2010年）。

来到夏河后，于2008年筹资1000万元开办"夏河县拉卜楞摩尼宝藏族文化艺术有限责任公司"，向国内外游客展示民族文化艺术瑰宝。目前产品已远销欧美。作者在调研期间，专门对这位艺术大师进行了深度访谈：

> 问：您好！请问您除了绘制唐卡和举办展览外，也开办讲学，给其他人传授唐卡绘制技艺吗？
>
> 答：是的。楼上有唐卡学习班。现在就有学生在上面学习画画。你可以去看看。
>
> 问：这样就改变了传统家族传承和亲友传承模式，使学习机会增加了。来学习的人多吗？
>
> 答：挺多的。不过到底具体有多少人来这里学习过，我没有记住。现在有20多人。
>
> 问：主要是夏河的吗？
>
> 答：不是，有甘肃的、青海的、四川的，也有其他地方的。还有一

个从英国来的。这是最远的。现在就在楼上。

问：麻烦您具体说说从英国来的这位学生的情况。

答：他今年 17 岁。是英籍华人。待会儿你可以和他聊聊。

问：这些学生前来学习，你收费不？

答：不收学费。如果家庭经济困难，但对唐卡感兴趣，我们也考虑免除住宿等费用。

问：来学习者的主要是哪些人？

答：有大学生，有农民，也有老师。有的学了以后继续到别处去进修，有的毕业后就在本地绘画或从事艺术品生产和出售。

作者为了了解唐卡爱好者的学习情况，在访谈结束后专门前去学习班做了调研。房间很大，音乐飘扬，七八位学生正在认真绘制唐卡（见图5—6）。有来自四川某艺术学院的大学生和英籍华人，还有几位喇嘛。

图5—6a　唐卡艺术学习者

图5—6b　唐卡艺术学习者

下面是作者和英籍华人的谈话记录。

　　问：你好。请问你来这里多长时间了？
　　答：放假后就来了。不过我每年都来这里。
　　问：你感觉学习唐卡难吗？
　　答：难。需要静下心来画。从选布、铺底到备料，然后绘制，完成唐卡后最后是装裱，需要花费很多时间，至少需要3个月。好点的需要好几年。时间短肯定无法保障质量。
　　问：你现在进行到哪一步了呢？
　　答：在素描阶段，离"开光"（画佛像眼睛）还远。（作者看到他正在素描佛像头部。）
　　问：现在国外学习唐卡的人多不多？
　　答：别说学习，连听说的都不多。
　　问：是吗？那你是怎么知道的？
　　答：我爸妈知道。他们对唐卡很感兴趣，因此叫我前来学习，主要是假期来学学。
　　问：你有没有想过以后成为唐卡大师呢？
　　答：（摇头）没有。我主要是想学习画法。和西方的很不同，可以取长补短。

　　希热布大师还经营其他文化旅游产业：修建和开办了梅多赛茶艺园，内部气派十足，外部天人合一；加盟了国际青年旅社，内部设书吧、话吧、茶吧、网吧，同时举办各类休闲娱乐活动如"土人部落"活动等（见图5—7）；策划投资100多万元，于2012起扩建青年旅舍。这将使文化传承人在拉卜楞旅游中的作用有所提升。

图5—7　国际青年旅舍举办的各类休闲娱乐活动和组织

第二节　典型民族地区旅游民生效应调适案例分析及启示

一　国内外典型民族地区旅游民生效应调适案例分析

（一）巴厘岛旅游民生效应调适个案分析

　　巴厘岛，印度尼西亚岛屿，和另外一著名岛屿——爪哇岛相距近3公里。该岛为世界著名旅游目的地，发展旅游业具备优良条件：这里临近赤道，但周围有海洋环抱，气候舒适，花木葱茏，素有"花之岛"、"南海乐园"、"神仙岛"之称；民族文化源远流长，宗教和历史文化多元（10—13世纪为印度文明发展时期，16世纪为伊斯兰文明发展时期，16—20世纪初期为欧洲文明发展时期）；艺术文化（歌舞、建筑、绘画、雕塑等）独具特色，被称为"诗之岛"和"东方的希腊"；岛上寺庙众多，各类祭祀庆典和宗教节日几乎终年不断，被称为"千寺之岛"。因此，从殖民时代开始后，游客不断光临巴厘岛，旅游业成为巴厘岛的支柱产业，目前大约有90%的居民从旅游业中受益，旅游业收入对岛屿GDP的贡献率超过30%，巴厘岛年均旅游者总人数约为250万人。[①]

但是，这一旅游天堂也显示出旅游业发展的民生效应问题。主要表现是：

旅游安全问题。一是恐怖主义威胁。2002年10月12日夜11时8分，巴厘岛"萨里俱乐部"发生"9·11"事件后最为严重的特大恐怖事件，夜总会爆炸，202人遇难，424人受伤，包括8名美国人、28名英国人和88名澳大利亚人，现场惨不忍睹，恐怖阴云笼罩了整个被称为"最值得一游"的巴厘岛，旅游业一度瘫痪：游客不敢停留或前去休闲度假，各类接待设施闲置，小公司纷纷破产，大量旅游从业者失业。而事件发生3年后，即2005年10月8日，恐怖爆炸事件再次发生，游客再次锐减；受到恐怖事件的影响，外商在投资决策时格外谨慎和保守，多倾向于理性地选择中国。二是自然灾害。主要是2002年爆发海啸，旅游业发展遇到阻碍。巴厘岛旅游安全的另一威胁来自狂犬病，整个岛屿约有60多万只狗，狗咬人事件不断发生，2008年爆发疫情，导致78人由于未得到及时救治而死亡。狂犬病也对巴厘岛旅游业形成了一定的负面影响。

旅游文化展示和保护问题。一是由于游客和移民的大量到来，现代化的高楼大厦拔地而起，许多建筑物高度远远超过寺庙，对此印度教信徒们感到不可接受，认为这样的做法对他们宗教信仰和生活方式形成了威胁；建筑过度现代化，本地建筑文化特色日益消失；外来人口和本地居民在就业岗位、语言（印度尼西亚统一使用印度尼西亚语，而巴厘人希望使用族群语言）、人口结构（移民者子女数量多于本地居民）方面都存在一定冲突，对巴厘人身份认同形成威胁；大量游客随时进入村寨观看居民的生活方式、宗教仪式，不利于居民保持正常生活和宗教仪式的神圣性。

环境和生物多样性问题。部分人为了寻求巨额利益，开始捕杀穿山甲等珍稀动物，从事非法贸易；海滩边游客和建筑设施的迅速增多，使海水污染、环境变迁，对海龟的捕捞和食用量也随之增大，这类已经在地球上存活

---

① 纪春：《浅析世界著名岛屿旅游发展经验及对海南的启示》，《特区经济》2010年第3期，第149页。

了 2 亿多年的"活化石"濒临灭绝；气候不断变暖，巴厘岛有可能在若干年后面临海水上涨、温度升高带来的致命打击；红树林面积在不断缩小，部分地区的森林已经消失。

为了应对以上民生效应问题，巴厘岛在旅游发展中采取了以下措施：

防止狂犬病流行。一是大肆捕杀狗，目前已经杀狗 20 多万只；一旦出现狗咬人事件，医疗机构立即实施救治；注射狂犬疫苗；向游客发布警告，劝告游客在旅游前最好注射狂犬疫苗，在旅游时不要和狗进行"亲密接触"。以上措施对防止疫情扩散起到了一定作用。

维护旅游安全。在恐怖事件发生以后，政府立即改变以往的暧昧态度，把"伊斯兰祈祷团"等组织列入恐怖主义名单予以打击，并且监禁了涉嫌恐怖事件的该组织领袖巴希尔，逮捕了 20 多名参与袭击的恐怖分子，包括关键人物阿姆鲁兹和穆赫拉斯；加大了安全检查，增强了警力。在自然灾害发生后，政府和旅游部门积极开展灾后旅游恢复重建工作，邀请和组织国际著名人士和团队前去观光、考察，努力重塑安全形象。

大力开拓中国市场。由于中国经济飞速发展，出境游增多，巴厘岛对中国市场特别重视，采取了相应措施：价格优惠，游客只要出示中国护照就可享受打折优惠；提供中文导游服务；简化旅游签证手续；增加中国和印度尼西亚航班航线等。

挖掘和保护传统文化。一是编排各类文化节目，推出民族文化艺术，以增强旅游吸引力；二是采取有限展示模式，如宗教仪式不展示最私密的部分，以保持神圣性。

保护环境。号召各地游客珍惜环境，2007 年召开了联合国气候变化大会，号召全球尤其是发达国家关注巴厘岛命运和气候变化威胁；实行节能减排措施，减缓污染，避免今日人类梦幻般的"旅游天堂"沦落为他日噩梦般的"没落天堂"。

（二）云南丽江旅游民生效应调适个案分析

丽江，位于云南省西北，和迪庆、大理、怒江、四川凉山和攀枝花连接。为多民族聚居地区，共有 12 个世居民族，其中纳西族、彝族和傈僳族为主要民族。近年来，丽江先后推出古城、玉龙雪山、白沙古镇、虎跳峡、老君山等景区景点，先后获得"世界文化遗产地"、"世界自然遗产地"、"世界记忆遗产地"、"世界非物质文化遗产地"、"中国历史文化名城"、"中国首批旅游名片"等称号，旅游业发展态势良好。仅 2010 年 1—5 月就接待游客 326.41 万人次，比去年同期增长 14.35%，其中入境游客 23.65 万人次，比去年同期增长 12.14%，国内游客 302.76 万人次，比去年同期增长 14.53%。

但是，伴随着旅游业的迅猛发展，不良旅游民生效应问题随之出现。主要表现是：由于客流增多，外地客商增加，本地人生活颇为不便，加之生活用品购买难，大量本地居民搬迁出城，形成"空巢"现象；古城内污水横流，垃圾遍地，消防设施和措施欠佳，存在火灾隐患；旅游市场规范性差，部分人员拉客、宰客现象泛滥，中央电视台经济频道《消费主张》曾以"游丽江，生态游还是野游?"为题做了专题报道，旅游形象严重受损；市场中出现了一些劣质旅游产品如杂牌螺旋藻，损害了消费者权益；部分人员违规销售旅游产品，出现了丽江导游实名上书市长揭黑幕事件；发生吉林导游徐敏超砍伤 20 名游客的突发事件，一时丽江旅游美誉度下降；昆明—丽江列车的开通对周边地区尤其是大理旅游业发展具有一定冲击，旅游"外部性"问题凸显；部分服务人员素质偏低、态度恶劣；旅游产品逐渐不适应市场需求，需要推出新的项目；等等。

为调适旅游民生效应，使丽江旅游步入"快车道"，相关部门采取了如下措施：

第一，打击违规行为，规范市场秩序。为打击销售劣质产品等等行为，旅游局设立了投诉电话，加大了检查力度和处罚成本，一旦发现将处以 10 万元罚款，若连续出现 2 次以上违规行为者将直接勒令其停业；局长和耀新还亲自带头在景区检查监督，使旅行社或其他人销售产品现象锐减；同时对农副产品、药材、珠宝等旅游产品经营店进行了细致整顿；为遏制和打击拉客现象，专门组织召开旅游协调会议，开展了整治活动，共查处违规行为 62 起，处理了 30 多名违规人员，理赔金额 5160 元；成立了关坡等检查点，要求所有旅游团队都进入结算平台，对违规团处以 2 万元罚款，违规带团人员立即停团，使地方接待旅行社利益得到了保障；为杜绝周边闲散村民拉客，规划推出乡村度假旅游，提高社区参与度和收益率。

第二，提高服务质量，提升游客满意度。为应对旅游突发事件，政府强化了旅游安全管理，在 2007 年"4·1"事件发生后，丽江市出台旅游突发公共事件应急预案，规定从事散客接待人员必须持证上岗，和游客签订服务合同，防止突发意外于未然；为了打击导游误导以及强迫游客购物等现象，旅游部门咨询站点设立了投诉电话，加大了监督管理力度；为提高解说水平，于 2009 年举办了"丽江市旅游行业服务技能大赛"，并在各类媒体做了宣传报道，提升了丽江旅游形象；启动了"丽江旅游数据库"和"丽江旅游短信平台"，设立了诚信档案、诚信红黑榜公示等信息公告，使服务不良行为数量和投诉量有所下降；加大了对导游的监督，仅 2009 年就检查纠正了导游违规行为一千多起，查处无合法证件和无正当手续从事导游活动行为 121 起；开通了网上监控，有效提升了游客旅游满意度。

第三，加大了文化保护、开发和研究力度。文化保护方面，2007 年，丽江出台《丽江市丽江古城维护费征收暂行办法》，将丽江古城维护费征收标准调整为 80 元／人（次），征收对象包括在丽江古城和玉龙县境内的游客及旅游从业人员等；同时完善垃圾处理系统、污水排放系统、导览系统、消防系统，使城市管理日益精细化。文化产业发展方面，努力促使文化产业和旅游产业互动互融，实现旅游景区升级，成为国家 AAAAA 级旅游景区，着力挖掘纳西文化、茶马古道文化，策划开发束河古镇观光游、纳西文化走廊体验游等项目，拟把丽江打造为国际化旅游教育大学城。文化研究方面，举办了丽江茶马古道文化研讨会、第三届世界旅游文化论坛，成立了丽江文化研究会、丽江市多元文化开发促进会等团体，举办雪山音乐节，力争使文化旅游项目和产品多元化、精品化。

第四，构建区域旅游合作平台，构建合作新格局。已经建议昆明、大理、楚雄、迪庆等州市加强旅游协作合作，实现无障碍旅游；就昆明—丽江列车到达时间提前、"丽江号"旅游专列开通等问题进行了协商。

二　国内外典型民族地区旅游民生效应调适对甘南的启示

巴厘岛和丽江均属于世界著名民族地区旅游目的地，因此它们对旅游业发展民生效应的调适也具有典型意义。分析其个案特点和经验，对甘南等民族地区旅游业发展民生效应调适具有借鉴价值。

（一）要坚持"五大原则"

一是"另类或个性原则"。丽江的古城文化、纳西文化、摩梭人风情、雪山风光，巴厘岛的海岛风光、宗教文化、民俗风情等，都在市场上具有非凡的诱惑力。甘南也必须树立和推出"与众不同"的旅游形象，充分彰显地域文化和民族个性特征，从而凸显民族地区文化旅游价值。二是"可持续发展原则"。无论是中国云南还是印度尼西亚巴厘岛，都曾经面临文化同化、弱化和自然环境等问题，但是都在积极探讨和谐、可持续发展之路，并且积累了一定经验。甘南作为后发展地区，旅游业必须寻求低碳旅游模式，做到低消耗、少污染，使文化、自然和经济协调发展，形成民族地区社会良性发展机制。三是"政府主导原则"。政府应在产业定位、政策制定、旅游规划、体制改革、项目实施等方面充分发挥引导职责，纠正"市场失范"现象，做好利益协调，实现全民受惠。四是"市场导向原则"。以市场化机制运作产业，按照市场经济规律进行产品生产、销售和管理，切不可无视市场变化规律，造成资源浪费和环境破坏。五是统筹原则。一方面，旅游开发规划要与区域总体发展规划，特别是国民经济发展规划和城乡建设规划相结合，统筹安排开发模式、项目规模及投资区域，降低投资成本和风险；另一方面，旅游规划与开发要在整体考虑文化旅游系统中各组成部分有机联系的同时，努力保持各旅游区、各景区、各景点相对独立，体现共性中的个性。

（二）要实施"五大战略"

一是"创新战略"。强化创新意识，建立创新体系，提高创新能力，以创新提升文化旅游竞争力。二是"旅游人才战略"。加大人才建设投入力度，创新人才培养和使用机制，积聚各类旅游人才和文化精英，健全和壮大旅游产业人才队伍，逐步形成人才高地，以人才优势保证文化旅游产业繁荣昌盛。三是"走出去战略"。主要是：时刻进行市场调研，根据市场需求使文化旅游产品走向市场、走向世界；在经济全球化和区域一体化背景下，积极顺应国际旅游开发潮流和趋势，加强区域与国际旅游合作，走旅游国际化之路，在产品本土化、项目特色化的同时提高旅游服务的国际化水准；积极汲取世界多元文化养分，取长补短，为文化旅游开发注入新鲜血液。四是"品牌战略"，通过实施甘南整体形象和旅游品牌塑造战略，策划和建设一般精品项目和产品，以品牌效应不断拓展客源市场。五是"合作战略"。与周边省、区（市）建立政府间、行业间、企业间的协作互动机制，通过资源整合、产品整合和旅游形象整合，实现优势互补、资源共享、成本共担，构建无障碍旅游区。

（三）要做到"五大结合"

一是文化与旅游相结合，文旅互动，文旅联姻。以网络游戏、数字电影、电子音像等文化创意产业支撑旅游业发展，以旅游业促进文化创意产业发展，文化以旅游为载体进行展示，旅游以文化为核心提升品质，使文化与旅游如水交融、形神一体。二是开发、保护与传承相结合。开发的目的是为了保护和传承，文化保护是旅游开发的前提和条件，既要使文化与世人见面，也要防止文化遭到破坏性开发。三是观光与体验、休闲相结合。国内外成功案例不仅提倡旅游有听点、看点，开发以"看"为主的景区文化，更要有玩点，还要重视提供饮食、民俗、娱乐等体验性、参与性项目，甘南也应开发体验休闲之旅，变传统观光旅游业为休闲度假产业，把增加文化旅游业的休闲性作为产业发展的重要内容和任务，使文化旅游融趣味性、有益性、知识性于一体。四是传统与现代相结合。在深厚的文化底版上涂抹时尚文化元素，在悠久的传统中赋予现代审美情趣，在原生态文化中添加科技色彩和艺术手法，在古朴典雅中渗透时代气息和浪漫情调。五是专题性与多样性相结合。由于国籍、民族、文化背景、职业、性别、收入、年龄的人口学特征各不相同，旅游者的需求和行为模式差异很大，因此开发时既要根据群体需求特征推出修学、会议、商务等专项旅游产品，又要形成观光型、休闲娱乐型、悦心悦智型产品谱系，使产品丰富多样，从而有效拓展客源市场。

第三节　甘南旅游业发展民生效应调适战略及对策

一　"未雨绸缪，沉着应对"——旅游安全战略

（一）民族地区：旅游危机凸显

作为敏感性、脆弱性很强的产业，旅游对安全环境具有天然的依赖性。民族地区自古以来就是自然灾害和社会危机事件频发地区，战争、地震、泥石流、雪灾、大风、沙尘暴等发生周期相对较短，对旅游业发展必然带来不良影响。甘南作为民族地区，旅游危机问题在近年来有所凸显：一是自然灾害危机。由于不合理的开发活动和地质结构等复杂因素影响，白龙江流域甘南段生态环境越发脆弱，地质灾害增多，自然灾害频发，2010年8月7日22时，全国滑坡、泥石流和地震三大地质灾害多发区舟曲突发泥石流灾害，泥石流长约5000米，平均宽度300米，平均厚度5米，总体积750万立方米，流经区域被夷为平地，造成重大生命财产损失。另外，众所周知，甘南也是2008年中国特大地震受灾区。二是社会危机。包括犯罪、恐怖主义等。最为严重的是"3·14"事件，2008年奥运会举办之际，在西方某些国家的支持和达赖集团的策划下，部分人群冲击政府机关，共造成直接经济损失2.3亿元，打砸和烧毁房屋4279间、车辆74辆，打伤94名公安民警、武警官兵、

党政干部和群众，其中10人重伤，影响波及了整个安多藏区。

以上突发性危机已经对甘南旅游业发展形成威胁：第一，目的地形象严重受损。自然灾害突发事件和社会危机事件无疑在客源地形成"甘南不安全，不可轻易前去"的心理反应，旅游者在恐惧心理的作用下裹足不前，市场萎缩，形成衰退。第二，旅游基础设施遭到破坏。由于泥石流、地震的发生，部分路段无法通车，游客难以进入旅游区域。第三，旅游开发活动被迫停止。为了应对危机、处理善后事务，政府和相关部门不得不暂时改变工作重点，把维护稳定放在首位，许多旅游项目无法上马，延缓了旅游发展进程。作者调研期间，夏河县许多群众都坦然相告："旅游业在三四年内恐怕无新起色"，有的则更为悲观，称"能恢复到5年前的水平都需要很长时间"。损失之大，可见一斑。

（二）旅游危机的应对和化解

旅游危机应对的思路是：以科学发展观为指导，以政府为主体，完善预警和应对机制，强化目的地和游客管理，建立健全"预防为主，沉着应对，及时恢复"的旅游安全管理体系，塑造安全旅游目的地形象，确保旅游业安全运行。

危机预警方面：一是思想上高度重视，克服麻痹大意和侥幸心理，从血的代价中吸取教训，总结经验。二是加大对白龙江、黄河等流域的保护力度，坚决禁止在生态脆弱区和灾害频发区乱砍滥伐、乱修乱挖、大兴土木、修建大型工程和住宅项目，防止生态恶化，消除安全隐患；同时建设生态防护带、灾害缓冲带，加大治理力度。三是普及公共安全和科技知识，给游客分发《旅游安全行动指南》，在群众中开展自救和互救演练，使其掌握各类应对措施，提高涉旅人员安全意识和应对能力。四是完善旅游安全应对机制和救援系统，一旦突发事件发生，立刻启动危机化解机制和预案，对玩忽职守而造成恶劣影响和不良后果者追究安全事故责任。五是成立危机管理机构，如成立甘南旅游安全管理领导小组和构建定期联席会议机制，组织安全、司法、卫生、医疗、旅游、企业、宣传、高校等部门参加，互通信息，强化管理，及时完善危机预警和应对机制中存在的不足之处；成立灾害预报机构如旅游安全信息中心，通过网络、手机、电视等渠道及时发布相关信息，提前告知公众气象、地质灾害等情况，建立健全安全预警机制。六是加大旅游安全检查监管力度，如为防止意外事件发生，务必在骑马、滑索、划船、漂流、篝火晚会、野营烧烤等具有一定危险性项目中加强保护措施，及时检查配套设施，保护游客安全；务必在客流密集地带强化卫生和疫情检查，防止发生疾病传染事故。

危机恢复方面：一是在恐慌期过后，在客源地开展新一轮旅游促销，借助节庆、论坛、法会等活动刺激市场，通过在国内外举行高级别新闻发布会等形式，在短期内提高消费者的信心指数，促进旅游市场的复苏和发展。二是利用危机事件推出新产品，形成市场新卖点、新爆点。如在泥石流灾害地开展"黑色"旅游，在地震灾害地开发地震旅游，建设灾害纪念馆，使旅游市场重新启动。三是在合作市和各县城或主要景区成立客流集散中心，设立服务中心，做好安全指导工作，增强游客安全感。四是建立和完善旅游保险制度，与保险公司加强合作，开设特种保险，通过降低风险和成本使旅游业健康发展。

二　"凸显亮点，主推差异"——旅游形象战略

目前，世界旅游业发展模式已经发生深刻变化，从最初的资源导向转化为市场导向和形象导向，树立鲜明旅游形象并极力推广，对市场形成巨大感召力是各成功旅游目的地的制胜法宝。甘南作为后发型旅游目的地，尽管拥有世界旅游资源，但是整体知名度很低，处在西藏、云南（丽江、大理、香格里拉等）"形象阴影"之下。因此，如何塑造鲜明而光亮的旅游形象，从众多藏区和典型民族文化旅游区中脱颖而出，是当前甘南旅游业发展的当务之急。

（一）旅游形象定位

一是采取科学多样的定位方法。结合市场分析，甘南旅游形象定位适宜选择比附定位（适于级别次之者）、领先定位（适于唯我独尊者）、空隙定位（适于与众不同者）等方法。甘南属于青藏高原东部，在资源特色、级别、规模等方面均无法和西藏相提并论，却是低海拔地区，特别适合于旅游者以最低成本领略藏文化魅力，因此不妨采用比附手法，推出"卫藏第二"的形象，同时突出低海拔优势，从而突破西藏拉萨等目的地的阴影屏蔽；甘南的宗教文化、历史文化、红色文化、民俗文化博大久远，在中国同类旅游资源中独领风骚，如"天堑腊子口"为红军北上通道，"西道堂"为中国汉学派伊斯兰教，拉卜楞寺为"世界藏学府"……这些垄断性资源使甘南成为名副其实的世界遗产宝库，一旦得到有效配置，将增强甘南旅游品牌实力；甘南属于自然生态极度脆弱区，自然灾害频发，在发生地震后不久又发生舟曲特大泥石流灾害而震撼世界，甘南可在此建立地质灾害纪念馆或博物馆，开展"黑色"旅游，使世人悼念同胞、增强科学素养，融旅游、科考、探险、怀古、悼念和教育于一体，有助于消除宗教文化旅游地形象制约，树立甘南旅游新光环。

二是依据地方性（地脉、文脉）等对甘南旅游形象进行定位。旅游形象的定位还要和旅游发展目标定位保持一致。作为新兴产业，甘南旅游业目前的定位虽然明确（战略产业、支柱产业）却不够准确，应该把旅游产业培育为引领甘南国民经济发展的重要战略性支柱产业；作为目的地，甘南旅游发展目标不妨升级为"世界知名民族文化旅游目的地"、"中国最佳民族文化旅游首选目的地"；作为藏区，"香格里拉"品牌不宜泛化和遭到分割，也不宜单纯以"第二卫藏"为主题自损形象。基于此，可以旅游资源为基础，以市场为依据，将甘南旅游形象定位为"九色安多香巴拉"，从安多藏区角度突出区域旅游特色。

相关文化旅游促销口号可设计如下，以对特定市场群体产生不同吸引力：

省内："汉藏走廊"；"人间净土，生态甘南"；"茶马古道，江淮遗韵"；"走进甘南，领略青藏高原风情"；"多彩甘南，休闲之旅"；"家门口的青藏高原"；"我的甘南我的家，我的舟曲我的伤"。

省外："文化安多，生态甘南"；"第二卫藏，汉藏走廊"；"羌人世居地，江淮遗韵处"；"人间仙境，大美甘南"；"九色甘南香巴拉"；"江淮遗韵地，茶马古道情"；"悲情甘南，情系舟曲"。

国外："世界最佳藏文化旅游胜地"；"走进安多，情归香巴拉"；"寻梦香巴拉，醉美一路，震撼一生"；"丝路风韵，汉藏走廊，茶马古道"；"重走洛克之旅，感受甘南神奇"；"了解藏区，首选甘南"。

（英文）Traveling in Anduo Tibet as Returning Shambhala；The Best Cultural And Holly Tourism Destination of Tibet Region；A real Tibet Region，Ganan first；etc..

三是进行次级旅游形象定位。由于甘南旅游地域性差异比较明显，结合行政区划，可把市县旅游形象定位设计如下（见表5—6）：

表5—6　　　　　　　　　甘南主要旅游区名称及其主题形象设计

旅游区名称	形象定位	形象依据
合作旅游区	"香巴拉之都"	甘南首府，九层米拉日巴佛阁为藏区独一无二的纪念宗师的高层佛格式建筑
夏河旅游区	"世界藏学府"	拉卜楞寺为安多地区宗教文化中心，著名旅游刊物 Lonely Planet Guidebook 专门做了推介，国内外游客络绎不绝
临潭旅游区	"中国拔河之乡，江淮遗韵之地"	临潭居民为江淮移民后裔，拔河运动已经演化为民俗和节日，并且打破吉尼斯世界纪录；花儿会更是吸引无数游客前来参观
碌曲旅游区	"东方瑞士，尕海石林"	拥有国家级自然保护区则岔石林、世界著名高原淡水湖尕海；郎木寺被誉为"小瑞士"，以一块风景宝地世界闻名
舟曲旅游区	"陇上江南，悲情舟曲"	生态优美，为藏区气候条件最好的区域；藏族文化别具一格，潮水节和采花节等集中体现了甘南藏文化特征；舟曲泥石流灾害使天地同悲
玛曲旅游区	"黄河第一弯，格萨尔故里"	黄河在此出现第一次拐弯；专家考证，这里是格萨尔王的发祥地，弹唱艺术文化、部落制度文化等保留得比较完整
卓尼旅游区	"土司之都，藏王故乡"	这里有藏区第一土司文化，杨土司支持红军长征北上更是家喻户晓；这里是藏王诞生地，藏王及其陵园、藏王宴等文化有助于提升旅游品质
迭部旅游区	"革命圣地，北上通道"	当年红军长征时，在此遇到敌人三面围攻，毛泽东命令强攻腊子口，终于打开了北上通道。此地有毛泽东故居、俄界会议遗址

（二）旅游形象设计和推广

形象设计方面，首先是人—人感知形象设计，要求政府及旅游相关部门工作人员爱岗敬业、廉政文明，依法治旅，转变"管理型政府"为"服务型政府"，推出和改革管理制度，实施量化、细节化、微笑化服务考核标准体系；企业要对员工开展定期培训，通过外出参观、实地考察、工作研讨、专家指导等形式提高服务意识和技能，讲究诚实经营，服务到位，注重礼仪，杜绝各类非法违规行为；本地居民要关心和参与旅游业，热情好客，掌握和应用旅游服务基础知识和基本技能，提升服务的个性化、规范化和国际化水准，形成"人人皆为旅游形象，人人皆为旅游环境"的氛围。其次是人—地感知形象设计，包括：视觉识别系统设计，在第一印象区（主要是车站）、光环效应区（拉卜楞寺、郎木寺）、最后印象区（离境处或最后旅游观光点)、典型镜头区(如舟曲泥石流灾害发生地)、地标区(合作世纪文化广场、冶力关文化广场等)进行规划设计,同时邀请专家策划旅游地标识形象、标徽、标准字体、吉祥物等,公开选拔和聘请名人担当旅游形象大使,以名人效应提升旅游形象;听觉识别系统,创作、播放原生态或现代民族歌曲,激发游客对民族地区藏文化、民俗文化和高原风光的无限向往;味觉识别系统,打造特色餐饮街、美食城、小吃街,推出系列绿色菜肴,全方位刺激游客感官,带给游客强劲的旅游冲动。

形象推广方面,一是采取"多部门联动,市场化运作"的多样推广模式,继续以歌舞模式、广告模式、名人模式、公共关系模式、节庆模式(主要是"九色甘南香巴拉旅游文化艺术节"、"正月法会"、"格萨尔赛马大会"、"香浪节")、影视模式等形式传播旅游形象,同时转化目的地行业营销为目的地营销,把甘南的"三神"(神奇、神秘和神圣)全力推向世界,吸引全球游客眼球。二是创新机制,改变政府部门主打营销为企业负责市场促销,成立"香巴拉旅游集团",吸引投资,建立专项基金,负责营销,大造声势,向外界强势强力推介甘南。三是实施差异化推广,在集中塑造"九色甘南香巴拉"旅游品牌之同时,设计和推广区域内各目的地旅游形象,提高营销的丰满度、立体性。四是采取市场有效区隔战略模式,细分客源市场,主攻重点阶层和消费群体,提高旅游营销的精准性。五是加大信息化建设,构建旅游数字化信息大平台,在旅游行业开展信息披露、咨询服务,发挥旅游信息网络优势。六是努力采取"事件引爆"营销模式,策划创意旅游事件,如藏学大会、世界高原发展论坛等,引爆甘南旅游。

三 "外强展示,内重传承"——旅游文化战略

(一)文化展示

一是采取多元全方位旅游文化展示模式。开发之初,甘南主打的是"藏传佛教文化",以宗教文化引领文化旅游业发展,集中打造拉卜楞寺、郎木寺等品牌效应,对甘南旅游业效应优化具有促进作用。但是,目前甘南旅游业已经处于转型阶段,市场需求也发生变化,甘南景区景点建设已经出现新格局,需要适时推出多元旅游文化,开发民俗文化、生态文化、红色文化、黑色文化旅游,推出组合式旅游产品(如红黑结合、红绿结合),全面彰显甘南旅游文化魅力。

二是采取文化活化模式。挖掘文化内涵,把静态文化转化为动态文化,

把历史抽象文化转化为可触摸实体文化，使现代人可以感知到古代久远历史文化的脉搏和气息。例如：名人文化开发目前基本停留在书籍资料和照片阶段，游客感知很弱，不妨采取雕塑、书画、影视等形式加以展示，如格鲁派创始人宗喀巴大师的开发，可以建设名人雕塑群，拍摄名人影视专题片，修建名人纪念馆，给游客以强烈的信息刺激。

三是引入市场化模式。目前，甘南文化企业普遍规模小、实力弱，缺少协作生产，加之市场经济理念较弱，缺少文化产业经营观念和行为，致使文化旅游展示受到限制，需要进行文化的资本化运作。如拉卜楞寺部分僧侣制作唐卡技艺高超，但是由于缺乏市场意识，加之严格寺规限制，目前无法使唐卡艺术走向市场和民间，制约了艺术文化的流传和传承，不妨允许部分高级喇嘛专门开班讲学、招收门徒，从而在为寺院增收的同时也让文化和艺术生产自由表达，达到市场和文化同时发展的双赢目的；作者在调研期间，许多沿海发达地区游客表示很想修习密宗，但是寺院无专门项目，不妨顺应时代潮流，突破传统陈规，采取"文化搭台，旅游唱戏"模式，确定目标顾客后开设培训班，兴起研习藏传佛教文化热，满足游客了解佛教文化和修身养性的市场需求；甘南藏族服饰类别在全国少数民族中最多，但是游客到甘南后难有感受，可建设藏族服饰展厅、藏服吧，制作各类服饰让游客观看、试穿、购买，举办藏服节，开展服饰秀、模特展演活动，借以宣传和展示藏民族生活习俗文化。

（二）文化保护和传承

旅游业发展和全球化背景下民族传统非物质文化遗产的保护对象主要有三个：人、物、空间生态。"人"指的是传承人，"物"指的是保护物，"空间生态"指的是文化赖以存在的环境（自然和文化环境）。目前，在甘南旅游开发中，以上三者保护方面均存在诸多问题：第一，投资渠道单一，资金严重短缺，文化保护和文物保护政策难以落实。夏河县文化馆馆长段西义对作者说："文化馆全年日常经费只有2000元，你不会想到吧。"他给作者的《夏河县文化馆图书馆工作总结》中，对存在问题的总结共有4点，其中3点就是经费问题："2.博物工作滞后，不能很好地赢得上级经费支持。3.非物质文化遗产保护工作的整理工作走在全州前列，但经费缺乏。4.文物普查工作已近尾声，年内经费需要解决。"临潭县洮州博物馆馆长冯学俊告诉作者：博物馆目前贷款已经达到15万元，勉强可以维持2年运转，迫切需要经费投入。第二，老一代传承人日渐老去，大有人亡艺去的危机。如说唱艺人尕藏智华的说唱艺术独具风格，已形成安多藏区特有的"羌"，不幸的是在夏河县将说唱艺术申报该县第一批非物质文化遗产之时撒手去世，如今在甘青川藏区不少爱好者虽尽力模仿、表演，却都无法领会和达到尕藏智华特有的曲音技巧；"白格尔"（俗称"乞讨歌"）传承人才让仁增（原夏河县文体局干部）于两年前病故，致使艺术表演和整理严重受挫。① 第三，年轻人不愿意接受严格教育，文化艺术传承后继乏人。即使唐卡艺术的传承也是如此。由于急功近利，许多学习者不能平心静气、长期坚持，而是接受短期培训后就走向市场，作品质量低劣，严重影响文化品牌打造。第四，保护模式多静态化。大多以实物、文本、标本、资料等形式保存，旅游价值很低，除个别研究者外，普通游客难以接受，文化价值普及度低。第五，文化保护和传承局限于政府相关部门，和居民、学术界、教育界联系松散。第六，文化文物的保护传承工作虽然取得不小成就，但是宣传力度小，和旅游结合不紧密。第七，对文化生态保护重视不够，部分建筑和文化生态形成巨大冲突，破坏了和谐的人文环境，如郎木寺建筑过于现代化，传统风格消失殆尽；街道上现代化交通工具密集停放，民族文化氛围荡然无存。第八，市场需求和文化保护规律形成冲突，如游客渴望部分仪式随时上演，但如此一来必将导致文化完全商业化。

基于此，文化保护和传承需要在以下方面取得突破：第一，以人为本，保护"活体"。出台科学的传承人、传承团体合法资格的认定标准体系，建档上网，确定并公布一批传承人名单，在给予经济补助、特殊津贴的同时开展文化传承工作，尤其是尽早保护民间老艺人。第二，科教结合，以旅促保。开展非物质文化遗产传承人进学校、进课堂、进研究机构举措，编写相关教材，开设相关课程、讲座，形成制度，将其纳入政绩考核和学业考试范围，重奖青年传承人才，努力使传统传承模式多样化；同时，以鲜活有趣的形式展示保护成果，把非物质文化遗产推向市场和外界，通过产业经营模式和旅游开发模式解决经费短缺困难，以高传承收益来激发新一轮传承热情。第三，整体保护，凸显本真。如果说非物质文化遗产是"花"，环境则是"壤"、是"根"、是"水"，一旦文化生态环境遭到不合理开发行为的破坏，必将成为"无本之木、无源之水"，枯萎凋零是必然结果。在对单体文化遗产进行保护的同时，必须对文化生态或空

---

① 夏河县文化馆：《夏河县非物质文化遗产项目名录》，2010年，第18—19页。

间做整体保护，禁止在寺院周边、草原、森林等地区建筑过多现代化设施，严防与文化风格格格不入。第四，制造声势，强化效应。对保护和传承工作进行及时宣传，巧妙利用知名媒体制造创意型轰动效应，吸引游客。第五，局部开发，对部分文化实施有限局部展示模式。借鉴巴厘岛宗教旅游开发经验，对部分宗教仪式不对外开放，保持其神圣性。第六，借鉴人类学"舞台理论"，实施"舞台化"保护模式。在"后台"或文化保护区域，禁止开发（除少量科学考察）；在"帷幕"或缓冲区域，适度开发（或控制性开发），防止居民生活受到打扰，避免文化出现同化；在"前台"或核心区域（舞台化空间），坚持科学开发原则，允许游客自由进入，同时争取在商业性开发中保持和体现原生性。

四　"产品升级，市场扩张"——旅游经济战略

（一）旅游产品方面

目前，甘南旅游产品开发存在以下三大突出问题：

文化和自然类旅游产品不断推出，但文化内涵挖掘不够。在成功推出以拉卜楞寺为核心的宗教文化旅游产品后，甘南相继开发和推出了民俗文化旅游产品、生态旅游产品、节庆文化旅游产品、红色文化旅游产品等，产品类别趋于丰富，但是无论何类都停留在简单观光阶段，文化内涵挖掘不够。如拉卜楞寺旅游局限于观看寺院，游客只需半小时就可在喇嘛导游的指引下游完寺院，而同类目的地如少林寺等却推出了《禅宗音乐大典》等项目，游客好评如潮，使甘南面临市场强力竞争；冶力关天池冶海也是如此，游客在完成划船、骑马、吃饭后无事可做，对山水文化毫无感知和体验，结果使产品和景观失去吸引力，客源流失，正面口碑效应难以形成。因此，需要在开发中突出民族文化特质，凸显区域文化差异性。

景区景点数量逐渐增加，但品牌效应尚未提升。在甘肃乃至全国叫得响、拿得出手的王牌景点屈指可数，和云南丽江、大理等相比，在知名度、美誉度上皆大为逊色。

线路囿于区内，对外协作很少。周边藏区已经推出著名旅游景区，但是缺少联合开发，不能形成合力，不会借力造势，反而使自己处于弱势区、阴影区，更加边缘化。

产品结构类型单一，休闲度假类旅游产品不足。旅游产品体系以观看为主，缺少适合本地居民休闲和外地居民在此度假的产品系列，游客

参与性小，不能有效延长游客停留时间，消费链条短，经济效益难以提升。

为此，甘南需要主动迎合市场需求变化和趋势，在以下四个方面取得突破：（1）转化旅游功能，完善产品谱系，重点开发文化体验、文化休闲和生态度假几大主体产品，促使旅游从静态死板展示转变为活态动感体验，从无趣参观游览转化为积极参与互动，从传统单一类型转化为多元结合。（2）区域合作，跨越发展。在线路设计上，多推介区域合作新线路，与四川阿坝、青海黄南、果洛、西宁、海南、海北、海西等建立安多或东藏旅游区，和周边知名景区如九寨沟、黄龙等形成旅游共同体，推出宗教朝觐、历史文化、民俗风情、自然生态、休闲度假、红色旅游等旅游产品（见表5—7）。（3）完善空间结构，适时调整"点—轴发展模式"，开发边缘区域旅游资源，构建四大旅游区域——宗教文化区（合作、夏河、碌曲）、民俗文化区（临潭、卓尼）、黄河首曲区（玛曲）、高山峡谷区（迭部、舟曲），扩大少数民族居民的旅游参与度和受惠度。（4）改善和优化投资环境建设。针对投资、融资乏力现状，改革现有投资机制，进行制度创新，支持和鼓励民营企业家（如陕西煤老板、陇南金老板、兰州房地产老板等）和外资参与旅游开发，并在税收等方面提供优惠政策。

表5—7　　　　　　　　　　甘南旅游产品谱系表

产品类别	旅游产品	依托资源（支撑景区）
游览观光类	遗产观光游	拉卜楞寺、郎木寺、禅定寺、八角城遗址、米拉日巴佛阁
	生态观光游	天池冶海、赤壁幽谷、大峪沟、则岔石林
	产业观光游	拉卜楞摩尼唐卡制作中心、拉卜楞寺印刷厂
文化体验类	历史文化体验游	宗教礼仪、藏族文艺、回族花儿
	宗教文化体验游	佛教、伊斯兰教、基督教建筑群
	民俗文化体验游	服饰文化、饮食文化、歌舞文化、丧葬文化等
	节庆文化体验游	九色甘南香巴拉旅游文化艺术节、格萨尔旅游文化节、香浪节、正月法会、花儿会
	红色文化体验游	毛泽东故居、杨土司纪念馆、腊子口战役遗址、俄界会议旧址、
	艺术文化体验游	唐卡艺术、弹唱、酥油花、道格尔等

续表

产品类别	旅游产品	依托资源（支撑景区）
休闲度假类	生态休闲游	黄河首曲湿地、白龙江
	草原休闲游	桑科草原、当周草原
	文化休闲游	天池冶海、桑科草原
	生态度假游	腊子口森林公园
	温泉度假游	池沟温泉等
	体育休闲游	中国拔河节、赛马节
时尚专题类	节庆活动游	《江淮遗韵，乐舞临潭》
	会展商贸游	拉卜楞经济贸易洽谈会、安多论坛、藏区高峰论坛、格萨尔文化研讨会
	文化创意游	拉卜楞文化创意园区
	科考基地游	甘南科普夏令营基地、甘南生态研究基地
	影视休闲游	冶力关影视基地
	艺术修学游	道格尔、唐卡、法舞
	名人寻踪游	宗喀巴、杨吉庆、洛克
	民族社区游	"觉乃"藏族社区、拉卜楞社区、西道堂穆斯林社区

（二）旅游市场方面

一是对客源市场进行正确定位。甘南入境旅游基础市场是欧美客源市场，以探险和文化体验为主要目的；高潜力市场为东南亚、日韩和中国港澳台地区市场，以宗教朝觐、休闲度假、商务会议等为主；机会市场为南亚等国家和地区，以观光游览和文化体验为主要目的。国内基础客源市场是甘肃省客源市场，主要以甘南、兰州为主，以观光游览、文化体验、休闲度假为主要目的；高潜力市场主要是陕西、河南、四川、长三角、珠三角、环渤海等地区，以观光游览、休闲度假等为主；机会市场主要是东北等远程客源市场，以观光等为主要目的。开发中要注意目标导向和导向目标相结合，近期在近程市场上有所突破，然后逐步开发远程客源市场，形成甘肃省内、周边、沿海客源市场共同增长格局。二是根据市场需求特征，逐一突破。欧美市场所占比例较大的原因主要是该市场喜欢探险，对异文化好奇心强，而甘南属于青藏高原边缘，藏传佛教和民俗文化极具特色，主流旅游宣传书籍也对此有专门介绍，因此后续开发时应该继续加大在该市场的旅游宣传力度，多主打刺激性强的产品，创造自由灵活的参与项目。东南亚和中国港澳台地区等市场也对拉卜楞等宗教文化很感兴趣，可以联合天水等地主打寻根牌；相比之下，日韩市场对甘南文化认同度小，应该加大宣传，和敦煌建立合作关系，互送客源，同时针对日韩居民喜欢出游、旅游消费高等特点，推出新婚蜜月游、老年度假游、女性购物游等项目。至于甘肃等国内客源市场，应该及时进行产品的更新升级，推出自驾游、亲子游、休闲度假游，同时实施精细化服务工程，提升游客满意度和忠诚度。

第六章

结论和展望

第一节 结论

　　旅游业发展效应问题是国内外学术界研究薄弱之处，适时采用多样科学研究方法，密切结合中国边疆地区多个民族、多种宗教、多样文化、多类景观等复杂特点和我国改革开放时代特色、社会转型与发展背景，对旅游民生效应展开深入研究，具有很高的学术意义和实践价值。

　　基于此，本研究以中国典型民族地区——甘肃甘南为个案，依据相关理论和知识，以典型多民族旅游社区——拉卜楞和冶力关社区为样本，通过实地调查、软件统计和影视记录等多学科交叉手段和方法，运用民族学、人类学、旅游学、社会学、经济学等理论，对民族地区旅游业发展的民生效应进行了实证研究。通过分析，初步得出以下几点核心结论：

一　发展特色旅游业是解决民族地区民生问题的最佳路径选择

　　从理论角度看，民族地区尤其是西部边疆月牙形或 C 形地区属于典型"文化边缘区"和"生态破碎区"，文化和生态环境极度脆弱，加之历史原因和"非均衡发展"模式的影响，区域经济相对落后，工业化、信息化程度低，资本积累不足，以大规模工业化模式实现和谐社会建设目标并非最优博弈结果，而该区域属于多元原生文化和大尺度自然景观荟萃区，草原、沙漠、绿洲、高原、冰川相得益彰，宗教文化、民俗文化、历史文化、红色文化、山水文化绚丽多姿，形成了西南奇山异水民族风景区、西北丝绸之路大漠绿洲民族文化旅游区、塞外草原风光民族风情旅游区、雪域高原宗教文化旅游区等，具备开发民族风俗、科学考察、体育探险、文化休闲、生态度假、边界贸易等旅游产品的良好条件。因此，学术界一致认为：通过文化产业化、资本化运作模式实现民族地区现代化和解决民生问题是最佳路径选择。

从国家边疆治理策略和模式看，民族地区民生问题得到解决则民族地区稳定，民族地区稳定则边疆稳定，边疆稳定则国家稳定，因此民族地区的民生问题关乎国家长治久安和各民族繁荣共存。回顾历史，历代王朝为治理边疆绞尽脑汁，各显神通，留下了宝贵经验，也有过沉痛教训，其中，两汉时期屯田的推行、郡县的设立、丝绸之路的开通、族际之间的和亲，隋唐时期边界贸易的开通、都护府的设置，宋元明清时期的"榷场"和"互市"贸易等，在发挥积极性的同时也具有消极影响。目前，时代变迁，传统模式已经成为历史，但吸取有益成分却是明智之举。唯有树立"三个离不开思想"，促进民族团结和繁荣，才能加强各民族各族群国家认同，才能处置内忧，消除外患。而因地制宜大力发展旅游业，无疑是新时期实现睦民富边的有效策略和符合我国国情的特色治理方式。

从国家政策角度看，对旅游业的认识逐步深化，产业地位定位逐渐提升，从改革开放前的接待型事业转化为经济产业，再升级为战略产业、支柱产业、优势产业、窗口产业、文明载体产业等，配套政策逐步出台，支持力度逐渐加大，并且逐渐纳入国家发展战略。这对民族地区民生事业发展无疑是难得的机遇。

从人类学调查结果看，旅游流伴随的是资金流、文化流和信息流，将使目的地系统发生结构性变化，甘南两个社区都通过旅游业发展提高了居民就业率和收入水平，扩大了文化交往圈层，开阔了眼界视野，改善了生活环境，改变了生活方式和生活节奏，转变了传统落后的思想观念和价值体系，也使人生价值实现具备了一定保障。

因此，民族地区旅游业理所当然应该定位为"改善百姓安居和幸福的民生产业，保障民族人权价值的福利产业"。当然，由于旅游发展效应优化机制的不完善，部分已有民生问题未得到很好解决，而新的民生问题随之出现，如两极分化、民族文化流失、民族关系冲突、社会安全欠佳等，这都需要及时建立效应调控体系加以调适，以实现旅游和谐发展。

二　社区居民对旅游业民生效应认知具有群体异同性

SPSS 软件包数据挖掘和分析结果显示：社区居民对各项影响的积极性

认知和评价强于消极性、否定性认知和评价，说明旅游业发展的民生效应值得肯定；社会文化效应比较明显，社区认知也比较强烈，说明民族地区旅游业发展必须转换传统模式，对文化命运和社会问题予以及时评估和解决；社区认知效应存在群体差异，具体是：性别、民族、婚姻状况对旅游业发展的民生效应认知影响微弱，而文化程度、收入水平、参与程度、距离远近等和认知效应有一定的相关性，这说明旅游业效应及其社区认知在空间结构、资本占有、收益回报等方面具有一定演化规律，因此，民族地区在开发中需要及时改变策略，制定出针对性政策和方案，集中解决就业、收入、住房、医疗、教育、休闲娱乐、族群地位、文化价值、资源权益、社会福利、社会安全、遗产保护、民族认同、生态环境等民生热点和难点问题，以强化旅游正面认知。检验结果同时也说明，"刺激—反应理论"、"社会交换理论"、"冲突理论"等在旅游业效应研究和旅游规划编制中具有很强的阐释力、说服力，支持了其他学者已有的观点和结论。

三　民族地区旅游业发展的关键和难点是建立旅游发展和民生效应耦合机制

本书主张：民族地区在未来发展旅游业时，必须树立可持续发展与和谐发展理念，采取"五位一体"模式，建立寺院、社区、政府、企业、学者联动机制，发挥各自资本优势，履行各自职能，采取四大战略（旅游安全战略、文化发展战略、形象塑造战略和旅游经济战略），建立旅游效应回馈机制，及时评估旅游效应理应尽快成为旅游业发展规划编制和政府机构业绩评价的衡量指标体系；同时，以人为本，以政府为主导，以市场为导向，以科研机构为支撑，以社区为主体，转化传统经济增长和旅游发展方式，转变"GDP本位"发展价值观为"民生幸福本位"发展价值观，积极完善社区参与机制和模式，实施"旅游民生工程"、"旅游惠民工程"，加强社区培训和教育，提升居民旅游参与能力和意识，扶持边缘化群体和族群有效参与旅游开发活动，优化旅游民生的空间、时间和群体效应，确保民生问题得到切实解决，以化解民生矛盾和冲突，使民生难题得到根本性破解，使少数民族和民族地区各族群享有充分的生存权、发展权和人格尊严，提高生活满意度和幸福指数，从而消除和谐社会背景下区域、民族、族群发展差距，实现少数民族社区多维协调发展与旅游业开发的互动和"双赢"，落实"科学发展观"，确保改革开放、旅游开发、社会稳定、人类发展之间关系和谐，进而最终实现人自身身心和谐、人地和谐、文化和谐、社会和谐，实现人的自由解放和全面健康发展，使各民族、各族群尽情共享中华民族伟大复兴所带来的物质和精神成果，共享我国和平崛起和中国特色社会主义建设带来的"和谐之乐，和谐之福"。

第二节　展望

本研究尽管通过人类学调查就民族地区旅游业发展的民生效应做了研究，但是仍然存在诸多局限性。因此，作者后续研究拟在以下方面取得突破：

一　开展时序调查研究

本研究属于现时调查研究，所得分析结论仅能解释旅游社区目前的民生效应及其居民认知，而旅游业发展处于不同周期时，旅游民生效应各不相同，因此后续研究须开展跟踪调查，对结论和相关理论进行进一步验证，总结民族地区旅游业民生效应的阶段性演化特征和规律，以弥补以往学术界经验研究之不足。

二　开展效应优化机制研究

由于知识素养、社会资本和时间等因素制约，本研究在效应优化机制构建方面略显不足，尤其在旅游安全和危机应对方面缺少一手资料，理论分析更缺乏高度和深度。后续研究将专门设计指标体系和调查问卷，加大人类学调查力度和广度，结合多学科知识，对这一民生难点问题进行集中研究。

三　开展对比性个案研究

民族地区经济文化类型众多，区域特色各不相同，民族心理千差万别，旅游业发展规模和层次不一，旅游业发展的民生效应及其居民认知研究仅以甘肃甘南为例进行实证分析略显单薄，结论尚缺乏说服力。因此，后续研究拟选择中国不同典型民族地区旅游社区展开大规模调查和比较分析，使所得结论更为可靠，进而提升对旅游业民生效应空间演化特征、规律、机制的认识。

四　开展民生效应的旅游人类学理论研究

本研究尽管使用了人类学研究方法和视野，但是对主流人类学理论应用不足，制约了对旅游民生效应的拓展性深度分析。后续研究将在旅游与民族族群认同、旅游与传统社会文化结构变迁、"真实性"、"舞台化"和"现代性"、主客关系等方面凸显人类学特色，以提升研究质量。

参考文献

一 著作

（一）外文类

1. Smith Ved. Hosts and Guest. *The Anthropology of Tourism*. University of Pennsylvania Press, 1977.

2. Alister Mathieson, Geoffery Wall. *Tourism: Economic, Physical and Social Impacts.* Longman Group limited, 1982.

3. Van. Den. Berghe, P. L. *The Quest For Other: Ethnic Tourism in San Cristobal.* University of Washington Press, 1994 .

4. C. John Powers. *Introduction toTibetan Buddism.* Snow Lion Publications, 1995.

5. Kai – Sun Kwong. *Tourism and the Hong Kong Economy.* City University of Hong Kong Press, 1997.

6. World Tourism Organization （WTO）. *Rural Tourism: A Solution for Employment*, Local Development and Environment. WTO, 1997.

7. Domotaya Brown. *Tourism Analysis.* Longman Group, 1998.

8. Kirkinen, J. Heikki. *Protection and Development of Our Intangible Heritage.* OENSUU, 1999.

9. Bruner, Edward M. *Culture on Tour.* the University of Chicago Press, 2005.

（二）中文类

10. ［美］埃佛里特·M. 罗吉斯等：《乡村社会变迁》，浙江人民出版社 1988 年版。

11. 费孝通：《中华民族多元一体格局》，中央民族学院出版社 1989 年版。

12. 〔美〕克莱德、伍兹、施惟达，胡华生译：《文化变迁》，云南教育出版社 1989 年版。

13. 林惠祥：《文化人类学》，商务印书馆 1991 年版。

14. 黎宗华、李延恺：《安多藏族史略》，青海民族出版社 1992 年版。

15. 王洲塔：《甘肃藏族部落的社会与历史研究》，甘肃民族出版社 1996 年版。

16. 王铭铭：《村落视野中的文化与权力》，三联书店 1997 年版。

17. 费孝通：《乡土中国生育制度》，北京大学出版社 1998 年版。

18. 钟敬文：《民俗学概论》，上海文化出版社 1998 年版。

19. 宋蜀华、白振声：《民族学理论与方法》，中央民族大学出版社 1998 年版。

20. 黄淑娉、龚佩华：《文化人类学理论方法研究》，广东高等教育出版社 1998 年版。

21. 保继刚、楚义芳：《旅游地理学》，高等教育出版社 1999 年版。

22. 纳日碧力戈：《现代背景下的族群建构》，云南教育出版社 2000 年版。

23. 李天元：《旅游学概论》，南开大学出版社 2001 年版。

24. 〔美〕威廉·瑟厄波德：《全球旅游新论》，中国旅游出版社 2001 年版。

25. 宋蜀华、陈克进：《中国民族概论》，中央民族大学出版社 2001 年版。

26. 丹珠昂奔：《藏族文化发展史》，甘肃教育出版社 2001 年版。

27. 吴必虎：《区域旅游规划原理》，中国旅游出版社 2001 年版。

28. 〔美〕瓦伦·L. 史密斯主编，张晓萍等译：《东道主与游客：旅游人类学研究》，云南大学出版社 2002 年版。

29. 庄孔韶：《人类学通论》，山西教育出版社 2002 年版。

30. 马波：《现代旅游文化学》，青岛出版社 2002 年版。

31. 巴比：《社会研究方法基础》，华夏出版社 2002 年版。

32. 王铭铭：《人类学是什么》，北京大学出版社 2002 年版。

33. 丹珠昂奔、周润年：《藏族大辞典》，甘肃人民出版社 2003 年版。

34. 赵利生：《民族社会学》，民族出版社 2003 年版。

35. 宋振春：《当代中国旅游发展研究》，经济管理出版社 2003 年版。

36. 林耀华：《民族学通论》，中央民族大学出版社 2003 年版。

37. 杨建新：《中国西北少数民族史》，民族出版社 2003 年版。

38. 高永久：《西北少数民族文化专题研究》，民族出版社 2003 年版。

39. 谢彦君：《基础旅游学》，中国旅游出版社 2004 年版。

40. 何琼：《西部民族文化研究》，民族出版社 2004 年版。

41. ［美］丹尼逊·纳什，宗晓莲译：《旅游人类学》，云南大学出版社 2004 年版。

42. 马仲炜、陈庆德：《民族文化资本化》，人民出版社 2004 年版。

43. 马戎：《民族社会学》，北京大学出版社 2004 年版。

44. 凌纯声、林耀华：《20 世纪中国人类学民族学研究方法与方法论》，民族出版社 2004 年版。

45. 陶汉军、伍柳、盛嗣清：《旅游经济学简明教程》，上海财经大学出版社 2005 年版。

46. 郑杭生：《民族社会学概论》，中国人民大学出版社 2005 年版。

47. 黄静：《品牌管理》，武汉大学出版社 2005 年版。

48. 张晓萍：《民族旅游的人类学透视》，云南大学出版社 2005 年版。

49. 何效祖：《走进甘南：寻梦香巴拉》，甘肃人民出版社 2005 年版。

50. 贡保南杰：《拉卜楞文化之旅》，兰州大学出版社 2005 年版。

51. 李伟：《民族旅游地文化变迁与发展研究》，民族出版社 2005 年版。

52. 马戎：《民族社会学导论》，北京大学出版社 2005 年版。

53. 刘晖：《旅游民族学》，民族出版社 2006 年版。

54. 郝苏民、文化：《抢救保护非物质文化遗产：西北各民族在行动》，民族出版社 2006 年版。

55. 宗晓莲：《旅游开发与文化变迁——以云南省丽江县纳西族文化为例》，中国旅游出版社 2006 年版。

56. 王明珂：《华夏边缘：历史记忆与族群认同》，社会科学文献出版社 2006 年版。

57. 尹德涛：《旅游社会学研究》，南开大学出版社 2006 年版。

58. 杨建新、崔明德：《中国民族关系研究》，民族出版社 2006 年版。

59. 陈理：《民族历史文化资源与旅游开发》，民族出版社 2006 年版。

60. 王文章：《非物质文化遗产概论》，文化艺术出版社 2006 年版。

61. 谢元鲁：《旅游文化学》，北京大学出版社 2007 年版。

62. ［美］史蒂文·瓦戈，王晓黎等译：《社会变迁》，北京大学出版社2007年版。

63. 许宪隆：《民族文化发展与保护研究》，民族出版社2007年版。

64. 章海荣：《旅游文化学》，复旦大学出版社2007年版。

65. 马耀峰：《旅游者行为研究》，科学出版社2008年版。

66. 贡保草：《拉卜楞"塔哇"的社会文化变迁》，民族出版社2009年版。

67. 窦开龙：《甘肃文化旅游开发论》，人民出版社2010年版。

二　学位论文

（一）博士学位论文

1. 付磊：《奥运会影响研究：经济与旅游》，中国社会科学院研究生院，2002年。

2. 陈进国：《事生事死：风水与福建社会文化变迁》，厦门大学，2003年。

3. 崔敬昊：《北京胡同的社会文化变迁与旅游开发》，中央民族大学，2003年。

4. 冯昆思：《试论云南历史名人旅游资源及其保护与开发》，中央民族大学，2003年。

5. 蒋彬：《四川藏区城镇化进程与社会文化变迁研究——以德格县更庆镇为个案》，四川大学，2003年。

6. 宗晓莲：《旅游开发与文化变迁——以云南省丽江纳西族自治县纳西族文化为例》，中山大学，2004年。

7. 王铁志：《德昂族经济发展和社会变迁》，中央民族大学，2004年。

8. 马克继：《云南回族农商文化传统与经济变迁》，中央民族大学，2005年。

9. 王鸣明：《布依族社会文化变迁研究》，中央民族大学，2005年。

10. 刘伦文：《母语存留区土家族社会与文化》，中央民族大学，2005年。

11. 贺萍：《西部大开发与新疆多元民族文化关系研究》，西北大学，2005年。

12. 骆桂花：《甘青宁回族女性传统社会与文化变迁研究》，兰州大学，

2006 年。

13. 张滢:《旅游经济效应的理论与实证研究》,新疆大学,2006 年。

14. 王丽华:《城市居民对旅游影响的感知研究》,南京师范大学,2006 年。

15. 秦远好:《三峡库区旅游业的环境影响研究》,西南大学,2006 年。

16. 石强:《旅游开发利用对张家界国家森林公园自然生态环境的影响及对策研究》,北京林业大学,2006 年。

17. 董印红:《西双版纳傣族女性观念及其变迁研究》,中央民族大学,2006 年。

18. 何玉芳:《赫哲族、那乃族文化变迁比较研究》,中央民族大学,2007 年。

19. 梁自玉:《文化变迁与旅游业发展研究》,中央民族大学,2007 年。

20. 邓显超:《中国文化发展战略研究》,中共中央党校,2007 年。

21. 黄海珠:《民族旅游村寨建设研究》,中央民族大学,2007 年。

22. 江民锦:《旅游业对井冈山区发展的影响及模式研究》,北京林业大学,2007 年。

23. 裴丽丽:《土族文化传承与变迁研究》,兰州大学,2007 年。

24. 潘顺安:《中国乡村旅游驱动机制与开发模式研究》,东北师范大学,2007 年。

25. 王海飞:《文化传播与人口较少民族文化变迁》,兰州大学,2008 年。

26. 黄丽:《湖南维吾尔族的社会变迁和文化调适》,兰州大学,2008 年。

27. 郑洪涛:《基于区域视角的文化创意产业发展研究》,河南大学,2008 年。

28. 黄燕玲:《基于旅游感知的西南少数民族地区农业旅游发展模式研究》,南京师范大学,2008 年。

29. 周春发:《旅游场域中的乡村社会变迁》,上海大学,2009 年。

30. 崔玉范:《赫哲族传统文化与民族文化旅游可持续发展研究——以同江市民族文化旅游为例》,山东大学,2009 年。

31. 安定明:《西宁东关回族社区的变迁研究》,中央民族大学,2009 年。

32. 解志伟:《新疆木垒县乌孜别克族游牧社会文化变迁研究》,中央民族大学，2009年。

33. 曾慧:《满族服饰文化变迁研究》，中央民族大学，2009年。

34. 艾丽曼:《我心依旧：青海河南蒙旗文化变迁研究》，厦门大学，2009年。

35. 许艳芳:《区域文化产业开发的比较优势研究》，山东大学，2009年。

36. 李涛:《文化产业背景下的文化艺术生产问题研究》，山东师范大学，2009年。

37. 程圩:《文化遗产旅游价值认知的中西方差异研究》，陕西师范大学，2009年。

38. 胡抚生:《旅游目的地形象对游客推荐意愿、支付意愿的影响研究》，浙江大学，2009年。

39. 刘民坤:《会展活动对主办城市的社会影响研究》，暨南大学，2009年。

40. 金丽:《国际旅游城市形成发展的动力机制与发展模式研究》，天津大学，2009年。

41. 李锋:《目的地旅游危机管理：机制、评估与控制》，陕西师范大学，2009年。

42. 刘瑶瑶:《青海海西州汉族移民文化变迁及民族关系研究》，兰州大学，2010年。

43. 周军:《中国现代化进程中乡村文化的变迁及其建构问题研究》，吉林大学，2010年。

44. ［日］夏目晶子:《清末至民国时期中国服饰文化变迁与社会思想观念》，南开大学，2010年。

45. 王颖:《山东海洋文化产业研究》，山东大学，2010年。

46. 刘昂:《山东省民间艺术产业开发研究》，山东大学，2010年。

47. 李海霞:《商品品牌参照下的少林文化品牌化研究》，山东大学，2010年。

48. 马震:《游客感知景区服务质量评价研究》，西北大学，2010年。

49. 李海建:《河南省旅游产业安全评价研究》，河南大学，2010年。

50. 王忠福:《旅游目的地居民旅游感知影响因素研究》，大连理工大学，2010年。

51. 周国梁:《美国文化产业集群发展研究》，吉林大学，2010年。

（二）硕士学位论文

52. 郭颖：《民族文化旅游资源保护性开发的理论与实践——以泸沽湖为例》，四川大学，2002 年。

53. 肖佑兴：《旅游目的地的旅游效应及其调适对策——以白水台为例》，云南师范大学，2003 年。

54. 欧阳军：《旅游主客交往模式、影响因子及效应评判研究——以云南大理、丽江为例》，华南师范大学，2003 年。

55. 光映炯：《旅游场域中的族群文化变迁——以丽江大研镇纳西族群为例》，云南大学，2003 年。

56. 武魏巍：《民族旅游发展与民族文化保护的研究》，广西大学，2004 年。

57. 伍锦昌：《旅游开发与民族文化变迁——以广西龙胜壮族自治县龙脊平安壮寨为个案》，广西师范大学，2005 年。

58. 吴东荣：《旅游对接待地文化生态的影响》，广西师范大学，2006 年。

59. 王丁玲：《九华山风景区旅游经济影响研究》，安徽师范大学，2007 年。

60. 陶志英：《广东旅游经济对经济发展的效应研究》，暨南大学，2007 年。

61. 陈华：《旅游对泰宁农村社会的影响研究》，福建农林大学，2007 年。

62. 王霞：《民族旅游地旅游开发与文化变迁互动机制研究》，云南师范大学，2007 年。

63. 李艳：《悉尼奥运会旅游后续效应研究及对北京奥运旅游的启示》，西南交通大学，2007 年。

64. 参艳：《民族旅游地居民对旅游影响认知态度实证研究》，云南师范大学，2007 年。

65. 代莹：《夏河县旅游资源开发与可持续发展研究》，兰州大学，2007 年。

66. 邓敏：《民族旅游目的地社会文化影响因素研究》，西北大学，2007 年。

67. 郑小霞：《2008 年奥运会对北京市入境旅游的影响研究》，中国地质大学，2008 年。

68. 王雅婧：《旅游开发对社区社会文化影响研究——对平遥的实证分

析》，山西大学，2008年。

69. 杨燕霞：《旅游对目的地社会文化影响研究》，兰州大学，2008年。

70. 温健斌：《旅游对乔家堡村的社会文化影响研究》，燕山大学，2008年。

71. 陈宁：《辽宁省旅游经济效应分析及对策研究》，东北财经大学，2008年。

72. 李磊：《旅游产业的阶段效应研究》，辽宁师范大学，2009年。

73. 刘旭：《非洲旅游业的经济效应和发展战略研究》，浙江师范大学，2009年。

74. 杨志立：《2008奥运会对北京旅游影响的研究》，西南交通大学，2009年。

75. 刘淑婷：《2008奥帆赛对青岛旅游业的影响研究》，华东师范大学，2009年。

76. 倪虹：《奥帆赛对青岛旅游的拉动效应研究》，青岛大学，2009年。

77. 解德闯：《重庆市旅游经济促进区域经济发展的效应探究》，重庆大学，2009年。

78. 郑艳芳：《黄山市旅游业的就业效应研究》，中国海洋大学，2009年。

79. 高乐华：《山东省旅游产业集群及其发展战略研究》，中国海洋大学，2009年。

80. 张莹：《黑龙江省旅游经济贡献研究》，东北林业大学，2009年。

81. 王志东：《杭锦旗鄂尔多斯草原旅游流时空动态分析》，河北师范大学，2009年。

82. 张晓娟：《邮轮旅游经济效应及其传导机制研究》，厦门大学，2009年。

83. 司东歌：《危机事件对旅游业的影响研究》，河南大学，2010年。

84. 王小芳：《主题乐园游乐质量、游客满意度与重游意愿研究》，西南交通大学，2010年。

85. 林欣：《基于居民感知视角的旅游影响研究》，湖南师范大学，2010年。

86. 李瑞杰：《城市突发公共事件应急管理对策研究》，河南大学，2010年。

三　期刊论文

（一）国外论文

1. Vandan Berghe, Pierre and Charles Keyes. Introduction: Tourism and Re—Created Ethnicity. An Analyze of Tourism Research, 1984, (3).

2. Get Z D. Models in Tourism planning toward Integration of Theory and Practice. Tourism Management, 1986, (7).

3. Ritchie J. R. B. , B. Smith. The Impact of a Mega—event on Host—region Awareness: Alongitudinal Study. Journal of Travel Research, 1991, (1).

4. Crompton J L, Mckay S L. Measuring the Economic Impact of Festivals and Events: Some Myths, Misapplications. Festival Management & Event Tourism, 1994, (1).

5. Lankford SV, DR Howard. Developing a Tourism Impact Attitude Scale. Annals of Tourism Research, 1994, (1).

6. Mayfield T. L. , J. L Crompton. The status of the marketing concept among festival organizer. Journal of Travel Research, 1995, (4).

7. Archer B, Fletcher J. The Economic Impact of Tourism in The Seychelles. Annals of Tourism Research, 1996, (1).

8. Rosenthal, Uriel and Alexander Kouzmin. Crisis Management and Institutional Resilience: An Editorial Statement. Journal of Contingencies and Crisis Managemen, 1996, (3).

9. Chirathivat, SuthiPhand. ASEAN—India Cooperation in Trade and Tourism: Trends and Prospects. Journal of Asian Economics, 1996, (4).

10. Jacobsen J. K. S. The Making of an Attraction: the Case of North Cape. Annals of Tourism Reasearch, 1997, (2).

11. Prideaux B. Tourism Perspectives of the Asian Financial Crisis. Current Issues in Tourism, 1999, (2).

12. Paul Brunt, Paul Courtney. Host perceptions of sociocul—tural impact. Annals of Tourism Research, 1999, (3).

13. Huesear, A. Molina, S. Tourism, Economic impacts: the Mexico Tourism Satelli Account. Tourist Review, 1999, (4).

14. Ellizabeth, Faulker, et al. Host Community Reactions：A Cluster, Analysis. Annals of Tourism Research, 2000, （3）.

15. Richter L. K. International Tourism and its Global Public Health Consequence. Journal of Travel Research, 2003, （3）.

16. Brent W. Ritchie. Chaos, Crises and Disasters：A strategic Approach to Crisis Management in the Tourism Industry. Tourism Management, 2004, （6）.

17. Fevzi Okumus, Mehmet Altinay, Huseyin Arasli. The impact of Turkey's Economic Crisis of February 2001 on the Tourism Industry in Northern Cyprus. Tourism Management, 2005, （1）.

18. StePhenS, Maynard, Douglas A. Kleiber. Using Leisure Services to Build Social Capital in Later Life：Classical Traditions, Contemporary Realities, and Emerging Possibilities. Journal of Leisure Research, 2005, （4）.

（二）国内论文

19. 刘赵平:《再论旅游对接待地的社会文化影响——野三坡旅游发展跟踪调查》,《旅游学刊》1998 年第 1 期。

20. 李蕾蕾:《跨文化传播及其对旅游目的地地方文化认同的影响》,《深圳大学学报（人文社会科学版）》2000 年第 2 期。

21. 宗晓莲:《西方旅游人类学研究述评》,《民族研究》2001 年第 3 期。

22. 杨慧:《旅游发展与丽江古城命运的思考》,《中央民族大学学报》2002 年第 1 期。

23. 丁健、彭华:《民族旅游开发的影响因素分析》,《经济地理》2002 年第 2 期。

24. 马晓京:《民族旅游开发与民族传统文化保护的再认识》,《广西民族研究》2002 年第 4 期。

25. 戴学锋:《SARS 让我们对旅游研究进行反思》,《旅游学刊》2003 年第 4 期。

26. 田敏:《民族社区社会文化变迁的旅游效应再认识》,《中国民族大学学报（人文社会科学版）》2003 年第 5 期。

27. 周霄:《人类学视野——论旅游的本质及其社会文化影响》,《湖北大学学报（哲学社会科学版）》2003 年第 5 期。

28. 张波:《旅游对接待地社会文化的消极影响》,《云南师范大学学报》

2004 年第 2 期。

29. 孙多勇、鲁洋:《危机管理的理论发展与现实问题》,《江西社会科学》2004 年第 2 期。

30. 张波:《旅游对接待地社会文化的消极影响》,《云南师范大学学报》2004 年第 2 期。

31. 张立生:《近期国外旅游学研究进展——〈Annals of Tourism Research〉文献分析》,《旅游学刊》2004 年第 3 期。

32. 宗晓莲、朱竑:《国外旅游的社会文化影响研究进展》,《人文地理》2004 年第 4 期。

33. 依绍华:《旅游业的负面经济效应分析》,《桂林旅游高等专科学校学报》2004 年第 10 期。

34. 堪永生、王乃昂、范娟娟等:《敦煌市居民旅游感知及态度研究》,《人文地理》2005 年第 2 期。

35. 王莉、陆林:《国外旅游地居民对旅游影响的感知与态度研究综述及启示》,《旅游学刊》2005 年第 3 期。

36. 李卫华、赵振斌、李艳花:《古村落旅游地居民综合感知及差异分析——以陕西韩城党家村为例》,《旅游科学》2006 年第 6 期。

37. 谢一帆、古雯:《论公共危机管理中的社区参与》,《华东经济管理》2006 年第 11 期。

38. 孙根年、马丽君:《基于本底线的 2008 年北京奥运会客流量预测》,《地理研究》2008 年第 1 期。

39. 孙根年、于立新:《基于本底趋势线的秦俑馆旅游危机后评价研究》,《地理科学》2008 年第 1 期。

40. 陈昕:《纳西文化变迁的旅游效应与调适研究》,《思想战线》2008 年第 5 期。

41. 李东和、张捷:《居民旅游影响感知和态度的空间分异——以黄山风景区为例》,《地理研究》2008 年第 7 期。

42. 韬业:《德国的灾害防治机制》,《中国减灾》2008 年第 12 期。

43. 李锋:《旅游危机后潜在旅游者的旅游从众度变化过程研究——以四川"5·12"地震为例》,《旅游论坛》2010 年第 1 期。

44. 李瑞霞、薛群慧、郑炜:《泰国政局动荡对旅游业的影响及其对策分析》,《旅游研究》2010年第2期。

    45. 杨国玺、于雪原:《金融危机下上海世博会入境旅游市场开发》,《旅游论坛》2010年第2期。

    46. 张劲松:《经济转型期城市民族关系的影响因素及预警调控研究》,《广西民族研究》2010年第2期。

    47. 罗明义:《世界金融危机对旅游发展的影响及未来的走势》,《旅游研究》2010年第3期。

    48. 谢雪梅、孙根年、韩春鲜:《事件旅游对新疆旅游业的影响分析》,《干旱区地理》2010年第3期。

    49. 张国玉、余斌:《维汉关系中族群意识与国家认同的实证分析》,《西北民族研究》2010年第3期。

    50. 袁剑:《西藏问题的近代迷思》,《西北民族研究》2010年第3期。

    51. 许安平:《从元清两代民族政策对比看民族关系状态的重要性》,《贵州民族研究》2010年第3期。

    52. 黄蔚艳:《海洋旅游危机事件的预防机制研究——基于海洋旅游者视角》,《山东大学学报（社会科学版）》2010年第4期。

    53. 路宪民:《近现代社会变迁与民族关系》,《世界民族》2010年第4期。

    54. 王铮、袁宇杰、熊文:《重大事件对上海市入境旅游需求的影响——基于ADL模型的分析》,《旅游学刊》2010年第4期。

    55. 彭顺生、陈柳娇:《论金融危机对我国会奖旅游的影响及其应对策略》,《广州大学学报（社会科学版）》2010年第4期。

    56. 王镜:《国际金融危机对地市旅游政策调整的启迪——以洛阳市为例》,《西南民族大学学报》2010年第4期。

    57. 龙晓燕:《民国民族国家建构过程中云南傣族边区民族关系研究》,《思想战线》2010年第4期。

    58. 严澍、揭筱:《供需视角下的非常规性旅游危机影响路径研究》,《贵州社会科学》2010年第5期。

    59. 孙根年等:《五大危机事件对美国出入境旅游的影响——基于本底线模型的高分辨率分析》,《地理科学进展》2010年第8期。

    60. 马耀峰:《发展旅游与改善民生》,《旅游学刊》2010年第9期。

四 其他

（一）网络类

1. 九色甘南香巴拉旅游政务网

2. 九色甘南香巴拉旅游咨询网

3. 拉卜楞在线

4. 甘肃省旅游局网站

5. 中国藏人网

6. 甘南州政务网

7. 甘南旅游网

8. 启程旅行网

9. 同程网

10. 大理旅游网

11. 中国丽江旅游网

12. 中国民族宗教网

（二）内部资料类

13. 《甘南藏族自治州旅游业发展总体规划说明书（2006—2026）》

14. 《关于印发〈临潭县冶力关旅游景区农家乐管理办法（试行）〉的通知》（2007）

15. 甘南旅游局内部资料《九色甘南香巴拉之旅》（2007）

16. 《冶力关镇人民政府关于小城镇建设的情况汇报》（2007）

17. 《中共甘南州委甘南州人民政府关于扎实推进全州旅游第二次创业行动的实施意见》（2008）

18. 《因地制宜 全力打造旅游特色小城镇——在全县旅游经济工作会议上的表态发言》（2008）

19. 《甘南州冶力关风景管理局关于上报〈甘南州冶力关风景管理局二〇〇八年工作总结〉的报告》（2008）

20. 《夏河县开展创建旅游强县工作方案》（2008）

21. 《甘南州冶力关风景管理局二〇〇九年工作总结》（2009）

22. 《冶力关景区农家乐发展情况简介》（2009）

23. 《旅游"十一五"发展计划及2020年远景目标》（2009）

24. 《夏河县文化建设情况汇报材料》（2009）

25. 《冶力关景区"农家乐"的发展现状与分析》（2010）

26. 《甘南州冶力关风景管理局二〇一〇年上半年工作总结》（2010）

27. 《甘南州志所简志 藏学研究——甘肃省藏学研究所》（2010）

28. 《因地制宜创特色 共同致富建强镇——临潭县冶力关镇景区农家乐旅游交流材料》（2010）

29. 《冶力关镇 2010 年上半年政府汇报》（2010）

附录 I

《香巴拉的变迁》:旅游人类学影片解说词

前　言

　　民族地区旅游是以"异族"、"异域"和"异文化"为独特吸引物的旅游类型。古希腊、古罗马时期的远洋航海贸易,"地理大发现"后期西方传教士、探险家和旅行家进行的田野调查,我国周朝时期穆天子的驾车西巡,唐明清时期玄奘、徐霞客、林则徐的边疆考察,均属于民族地区旅游。目前,民族地区旅游更是促进了民族地区发展,增强了民族和文化认同。但是,民族地区属于典型文化生态双重边缘区,社会文化在主客互动中发生嬗变,甚至变得支离破碎。因此,研究旅游效应已是重大战略课题。

　　甘肃甘南,全国十大藏族自治州之一,地处甘青川交界带,属藏汉文化结合部,近年来旅游业发展迅猛,被誉为"'让生命感受自由'的世界50个户外天堂"、"中国最具民族特色旅游目的地"等。本片将以甘南为视阈,生动透析民族地区旅游业发展的社会文化效应……

上部　神圣帷幕的跌落:旅游背景下拉卜楞社会文化变迁

　　拉卜楞,夏河县城所在之地,属于甘青川藏交界地带,也是黄土高原和青藏高原过渡地带,海拔在 2200—4000 米之间。该地区自古以来就是典型的多民族聚居区和多元文化汇聚区,汉代归属西羌,晋朝时期为吐谷浑所治,隋唐时期由吐蕃管辖,宋时为唃厮啰政权统治,目前居住有藏、汉、回、撒拉、蒙古、裕固、东乡、保安等 10 多个民族,其中 65% 以上为藏族。作为安多藏区民族文化重镇和对外开放开发的门户和窗口,拉卜楞地理位置

和战略意义极其特殊和重要，因此著名社会学家、民族学家费孝通先生称之
为"藏族现代化的跳板"。

1985 年，夏河县成为我国对外开放县，拉卜楞文化旅游开始得到发展，
本地知名度也逐渐增大，由于政府、旅行社和媒体如火如荼的强力宣传，昔
日偏居深山之处的社区为外界所熟知，世界各地的游客慕名前来，在这里观
光考察、休闲度假。目前，拉卜楞已成国内外游客向往的旅游胜地，在"3
·14 事件"之前，在这里到处可见老外身影，随处可以听见西方游客的声
音，加强了中西方文化的交流；民族宗教文化旅游的发展还使大批港澳台同
胞前来朝觐寻根，增强了华夏子孙对中华民族的多元认同。参加天水"伏羲
祭祖大典"的百名乡镇里长代表团就顺道前来拉卜楞朝觐。

采访：台北市甘肃同乡会理事 王治东

拉卜楞寺没来过，跟着团过来绕一下，绕一下看看，看了以后感觉非常
庄严肃圣，而且（这个庙宇）历史悠久，非常值得来这边旅游，这个我觉得
回去我尽量地介绍。

采访：立命馆太平洋大学客座教授、台湾特别顾问 陈世宗 博士

在我的理解里面，尤其是佛教里面，认为说能够轮回做人哪，那是最好
的，因为能够轮回做人才能够永世地继续地修炼，才能够终究成佛。这是我
粗浅的理解呀。

（你对拉卜楞旅游开发有什么感受？）

拉卜楞文化，因为事实上藏文化或者是藏传佛教，那影响力事实上是越
来越大，所以来宗教的圣地来建设开发，其实我觉得应该是很可贵的。

拉卜楞的开发使本地基础设施和城市风貌发生了巨大变化。旅游开发
后，坑坑洼洼的小土路被得到硬化的主街道人民路取代；原来街道狭窄，两
边只有低矮破旧的土屋，现在由于城市的"旅游化"，街道两边高楼大厦大
量出现，各类专卖店沿街分布，酒店、餐馆、话吧、酒吧、网吧和藏式茶
吧、休闲会所拔地而起，水晶山庄、白海螺宾馆、岗坚龙珠宾馆等为代表的
新式宾馆、招待所和旅社随处可见，商业性的建筑的悄然崛起使以往土木结
构的藏式平顶房再也难觅。各类新建房屋大都以现代风格进行装饰，内部配
有各类现代化设备，有的特别现代，气派十足，极其豪华，富丽堂皇，宽敞
靓丽，原有的佛坛、佛像、酥油灯都随之消失。为方便游客和居民休闲散
步，"四大班子"决定投资修建街心花园，该花园于 2005 年开始修建，2008

年正式竣工使用，占地面积 7756 平方米，极大地改善了基础设施状况和娱乐休闲条件。为保护和恢复藏民族传统建筑文化特色，防止出现文化同化而失去旅游吸引力，县政府明文规定各类建筑必须体现民族风格，原来修建的平顶楼顶须改为宫殿式、廊檐式、庙宇式，外墙须涂饰上窄下宽梯形黑色牛头窗套；房屋内部装饰风格也必须体现藏族民族文化特色和区域特点，如绘制有宗教故事的雕像或图案。

迅速升温的民族旅游，使宗教世俗化、娱乐化趋势得到加强。拉卜楞寺为著名藏传佛教格鲁派寺院，由第一世嘉木样活佛于清康熙四十八年（1709年）创建，在开发之前属宗教圣地和禁地，普通民众一般很难进入。现在，拉卜楞寺喜迎八方游客，凭着 40 元钱购买的一张门票，游客就可进入寺院观光浏览，拍照留念，每逢假日或旅游旺季，寺院内更是游人如织，和河南少林寺等佛教旅游地相比有过之而无不及。寺院外则停放着各地来的旅行车、小车、出租车，以往神圣神秘和庄严肃穆的氛围早已荡然无存，神圣的帷幕已经跌落。为增加经济收入，寺院修建了厕所，雇用本地妇女打扫卫生，在满足游客需要的同时也收取费用；寺院还经营印刷厂、宾馆和小商品店。

出于旅游发展需要，拉卜楞寺院管理委员会中增加了"旅游部"，专门负责旅游开发，通过内部公开报名考试，选拔部分喇嘛向游客讲解寺院历史和文化。目前，喇嘛导游共有 17 位，其中外语导游 2 位，均曾留学印度。为提高导游服务质量，寺院委托甘肃省藏学研究中心编制了导游词，联系甘肃省佛学院培训导游，组织导游外出学习。

旅游使居民宗教热情减弱。原来绕寺院行走的目的是寻求来世的幸福，现在更多是为了强身健体；原来参加者男女老幼皆有，现在多为喇嘛、老人和牧民；原来多五体投地者，现在已不多见；原来年轻人很多，现在很少来此吟诵六字真言、烧香、佛前供灯、磕长头、转经轮、转佛塔。喇嘛原来远离现代文明，现在尽情享受器物之便，出入时以车代步，甚至包车外出旅游或办事，潇洒自由；闲暇之余，他们还进入网吧，尽情娱乐，个别甚至无法自拔以至还俗。部分喇嘛拥有播放器、录音机、电视、电脑，还广交朋友，招揽佛事。

客流的到来使藏餐一统天下的时代一去不返，新的饮食格局开始形成。"忽如一夜东风来，千户万树梨花开"，各类食品店出现，西方的面包和黄油在此现身，火锅、湘菜、麻辣烫店内人满为患，兰州的牛肉面也受到游客欢迎，多样饮食文化开始出现，极大地丰富了本地饮食文化。

　　旅游使藏族传统唐卡艺术得到了发扬。非物质文化传承人希热布大师在此背景下应邀来到夏河。希热布1998—1999年的《十世班禅大师像》荣获吉尼斯纪念奖。此后，他为百度网站设计过网页图案，受到好评。并先后在江苏省美术馆、澳门金碧文娱中心、长安图书馆等地开堂讲学，多次成功举办个人画展，名声大震。来到夏河后，希热布大师决定在尽可能利用的地方充分展示藏民族传统文化和唐卡艺术魅力，工作室建筑材料和装饰风格特色极其鲜明，宗教气息十分浓郁，极具匠心，现代化特色中辐射出民族神韵；他的卧室也是如此，使用现代家具的同时，保留了传统文化元素，修建了传统火炕，炕头修建有锅台，安放有两口大锅，用于炒菜、煮茶、烧热土炕。在县城内，他建起了摩尼唐卡展览中心，招聘工作人员从事艺术工作，宣传和传授藏文化唐卡艺术；建设了梅多赛茶艺园，一派天人和谐景象；国际青年旅舍内部各式生活用品一应俱全，设有网吧、书吧和话吧。所有这一切，都诉说着藏文化的博大精深，向游人展示了主人深深的藏文化情结。来此住宿和餐饮的游客大多去展览馆欣赏他的作品，和他进行心灵的交流，并且无一例外地被唐卡艺术和大师和蔼亲和的修养气质所感染，心灵受到净华和升华。为使民族瑰宝唐卡艺术发扬光大，大师多次举办唐卡艺术培训班，免费教授学生，目前已有30多人在此学习过唐卡绘画，有的结业后在本地绘制和出售艺术品，有的继续深造，产生了一定效应。唐卡中心还吸引一位英国籍华人前来夏河拜师学艺，该少年17岁，父母均为华人，爱好艺术，因此支持儿子来这里学习唐卡，认为应该东西兼修，将来可以在西方艺术界开拓出一片天地。

　　拉卜楞传统服饰包括帽子、衬衫、袍子和皮靴，现在则明显打上了时代烙印，具有开放特征。传统民族服饰由于制作费时费力、价格昂贵，已不多见，商场和马路边的衣服销售点销售的均是现代服饰。即使学生校服也毫无民族特色，款式时尚，设计新颖。不过，由于特殊的地理位置和气候条件，穿裙子和衬衫者即使在夏季也不多见。

　　为优化效应，政府、相关部门、寺院和社区各有对策。为了完善基础设施，政府在最近两年内致力于道路维修、排水管道安放，在特殊位置安放摄像头进行安全监管；文化体育局规划建设体育中心，推出游泳、打球等旅游项目，以开发高端客源市场；甘肃省藏学研究所以拉卜楞寺为依托，就拉卜楞文化、历史、旅游、经济和社会等展开深入研究，编辑出版《安多研究》，搜集了大量珍贵资料，参加国家重点课题 9 项，完成专著 30 多部，约 830 万字，主编、校订、出版藏文佛学典籍 30 多部，约 500 万字；同时积极开展对外文化宣传和交流，先后 50 多次接待来自美、德、法等国及国内众多专家学者，与他们进行学术座谈和业务交流；县文化馆成立了"非物质文化遗产保护中心"，积极组织专人开展文物普查，多方搜集整理文化遗产，以实体、胶片、书籍、文本、软件等形式保存文化，并相继确定了一批非物质文化遗产传承人，给予相应待遇和生活补助费，使濒危文化得到了保护；拉卜楞寺则采取不完全市场化模式，仅开放部分寺院，保持院落原生态特征，不用水泥和石板硬化环境。

下部　节庆旅游和社区参与：冶力关的旅游效应

冶力关，位于甘南临潭县之东北，兼华岳之险，藏峨眉之秀，具西湖之柔，具有开发旅游的天然优良条件：这里距兰州 154 公里，距甘南自治州合作市 90 公里，被称为兰州的后花园，客源市场优势明显；这里树木葱茏，草原优质，林木覆盖达 87%，属于天然氧吧；这里海拔在 1900 米至 3926 米之间，气候冬暖夏凉，便于领略高原风光；这里居住有汉、回、藏等民族，各民族各具风情，是一处绝好的文化旅游胜地。2005 年，甘肃省、甘南州决定开发冶力关，相继建成了国家级自然保护区、国家森林公园等品牌景点，其中："赤壁幽谷"属于丹霞地貌，山体高大通红；山谷内的吊桥摇摇晃晃，难以顺利大踏步通过，可使游客体验红军当年过大渡河的壮举；而高空处的栈道十分狭窄低矮，最窄处游客需要低头、侧身才能通过，可使游客在极度惊险中感受古代行军打仗的艰难困苦；"十里睡佛"轮廓清晰，姿态安详，是国内最大的睡佛，被《人民日报》等多家知名媒体宣传报道。另外，为满足市场求新、求异、求刺激、求冒险的特殊需求，推出了参与性娱乐性项目，如滑道、射箭、冶木河漂流、高山滑草、飞索蹦极等。目前，冶力关已连续获得"甘肃省十大旅游景区"、"中国西部十大旅游景区"、"中国优秀旅游景区"等多项殊荣。

旅游开发使小城镇面貌在短短的 6 年内焕然一新：昔日的小村庄早已不复存在，传统的民居也消失得无影无踪，现代的各类商业性建筑和公共设施拔地而起，各类宾馆、酒店及招待所等有 20 多家，其中星级宾馆、酒店 8 家，高档豪华型别墅群 1 处，高尔夫球场 1 处。其中冶力关林海宾馆为三星级涉外宾馆，占地面积达 70700 平方米，绿地和水域面积占 3/4，设计时尚前卫，内部设施非常先进，全国人大副委员长司马义艾买提、原北京大学校长许智宏等曾经入住；"生态园"交通便利，位置优越，满眼翠绿，流水潺潺，环境幽雅，服务理念新颖独特，推出了微笑化、细节化、娱乐化等服务模式，管理严格，设施先进，有计算机控制系统、消防系统、监控系统，同时在现代性中充分体现和张扬了古老民居风格；整个村镇街道变得特别宽敞，卫生整洁，旅游开发前猪牛遍地乱跑的局面不复存在；街道上公共汽车、小汽车、摩托车、出租车代替了昔日的毛驴车、自行车、牛车，人们出游和出行极其方便。

昔日，冶力关镇关街和新农村居民靠种庄稼和外出打工为生。现在，他们借助政府的支持开办了"农家乐"，目前这样的特色旅游接待点已经从 2005 年的不足百户发展到 360 家，其中一星级农家乐 15 户，二星级农家乐 82 户；床位 4000 多张，接待能力从最初的不足 1200 人发展到可接待 8000 多人。池沟、关街村、庙沟、草滩新村、堡子、洪家村、葸家村等已成为农家乐专业村。冶力关镇关街村 50 多岁的李唤女就是其中的一位代表，旅游开发前她是地地道道的农家妇女，闲时忙家务，农时忙农活，现在却摇身一变，身份和职业发生了重大转化，成了名副其实的老板，建起了两层小楼，购买了崭新的家具，经过精心装扮后开办了"山水情"农家乐，专门负责接待外地游客，同时提供餐饮等服务，收入得到增加，日子过得红红火火。

采访：本地居民　李唤女

我们家 2007 年开的农家乐，2007 年上半年盖下的两层楼，里面有 7 间房子 19 张床；2008 年评下的二星级农家乐。2009 年我们盖了 3 间，里面有 6 张床。"五一"节学生放暑假人多，忙得很，一年纯收入也就 6000 多元。

"风水情"农家乐主人叫杨建国，50 多岁，原为农民，现在也积极参与旅游，开办了农家乐，收入很好。

采访：本地居民　杨建国

冶力关开放以后我也办农家乐。房间少，去年政府给我们支持了一下，房子也重新修了，今年来的顾客也多，早餐我们也做着呢。经济效应比较好。

但是，家庭困难、缺少劳力、文化水平低、思想保守、住宅偏僻的居民，只有继续种地或打工。

采访：本地居民

我们家里三个老汉，忙，顾不上，客人来了要伺候呢，加水呢，做饭呢，他们要吃呢，我们到时做不着去。做不着去还是不成。再就娃娃们打工赚钱，说是挣着呢，还是挣的情况不大的。我们屋里没有人家开农家乐的好，他们开农家乐的一个晚上好的话挣两三千呢。我们就这样凑合着过着呢。

除了农家乐，本地居民也通过其他方式参与旅游服务。有的开始经营旅游纪念品商店，目前小小的村镇内已经出现三家规模较大的此类商店，出售药材、茶叶、礼品、洮砚、食品、服饰、根雕、首饰、奇石等高原土特产和珍贵旅游纪念产品；有的开办商店，利用节庆举办的大好时机和夏日的炎热，销售啤酒，导致本地酗酒行为有所上升；有的开办面馆，生意特别火爆。

采访：本地居民

我们县举办拔河比赛，外地来的游客特别多，我们饭馆的生意特别好。

部分人制作了老虎、狮子、鹿等动物模型，摆放在广场内，利用香巴拉旅游节和拔河节举办的大好时机，吸引游客前来合影留念，真是独出心裁，花样翻新。

天池冶海附近社区居民参与旅游模式则灵活多样——部分人选择有利地形，在村庄内摆摊设点，从事餐饮服务；部分人出售花椒、虫草、木耳、野菜、土豆、玉米、蕨麻、党参、蘑菇、野葱花、饺子花、柳花菜等本地特产；部分老人出售遮阳用具，生意红火。

采访：本地居民

原来我是农民，种地的，后来开发旅游，我就到旅游点给游客卖些我们当地的特产，野菜呀，石头啊，这些东西，现在就给旅客们种些青豆子，也是我们农民的特产。下来每月也就赚七八百块钱。

采访：本地居民

我们自己采，带藏民收，除过本钱是另外赚不下多少，除过本钱就是赚个100多块钱，还是好的。有的本钱大的就赚个七八百块钱，这样的数量很少，天数很少。

部分人成立了冶海马队，提供马匹服务，供旅游者在景区内骑乘游玩。目前，马匹从最初的 10 多匹马发展到了 100 多匹马，推出的骑马项目既方便游客，也使自己收入不菲。

民间民俗的发展也有目共睹。拔河比赛，600 年前是屯田军士锻炼体能活动，后为本地民俗，现为旅游节庆；原来每隔三年举办一次，现在每年都要举办；原来时间为元宵，现在改为七八月份举办；原来参加者为居民，人数上万，现为各国各地区运动员，人数较少；原来不求宣传，现在申报了吉尼斯纪录，为省级非物质文化遗产。

旅游使文化事业得到发展，洮州民俗文化博物馆应运而生。该馆于 2006 年 6 月 26 日在多方支持下正式对外开放，收集有藏、回、汉多件珍贵民族民俗物品和众多革命历史遗物，有游牧文化、农耕文化、服饰文化、革命文化、民族文化展厅，那可以和美洲早期印第安人靴子媲美的皮鞋，那已经在日常生活中难以看到的少数民族传统服装，那出土的彩陶、皮口袋、褡裢、大鼓等，使历史记忆得到恢复。

高原和大山原本寂寞，祖辈居住于斯、生活于斯的人们，从来没有想到这里会人山人海，也从来没有期望这里成为闹市。而现在一夜之间，天南海北的贵宾来了，南来北往的朋友多了，那些只在电视上见过的名人也带着他们的绝活来了，各级领导、著名歌星、高空王子、影视演员等，都前来这里参观、演出，一一出现在眼前，他们的呼吸触手可及。

环境的变化有喜有忧。一方面，政府对环境卫生高度重视，专门派人每日打扫街道，清除各类垃圾，城镇居民的环保意识也明显增强，开始自觉维护街道干净；另一方面，原本美丽的草原和河流由于人的造访而受到污染。冶木河，发源于夏河扎尕梁草原，流经卓尼和临潭二县，原可饮用，现已出现垃圾；天池冶海，是一处天然湖泊，藏语称之为"阿玛周措"，意为"魂海"，也是饮水之源，现在再也无法饮用；赤壁幽谷景区厕所使居民水源受到污染，不得不关闭；最使人揪心的是湖边草原，由于游艇和骑马项目的推出，这里破纸遍地，废弃的塑料瓶和马匹排放的粪便随处可见。

采访：草原管理负责人

问：草原上的卫生这么差，你们有没有啥（措施）？

答：我们派出所又不管。这是浪费警务活动，我们管的不让宰客，不要把游客骂，辱骂或者殴打，不要打架，这样把秩序管好就行了。

为进一步提升"山水冶力关，生态大观园"品牌效应，游客和社区居民建议旅游区应该根据市场需求和效应感知，打造精品。

采访：兰州游客　　陈淑琳

我们昨天专程从兰州赶过来看九色甘南香巴拉旅游艺术节和中国拔河比赛，但是遗憾，没有出售门票，大多数游客和当地群众都被拒之门外，而今天拔河比赛依然在进行，但是观看者寥寥无几。像这样大型的节庆活动，希望组织者精心策划，来提高甘南旅游的经济效应。

采访：外地游客

说实话本来是冲着这个活动，想着晚上看一下演出，结果没有票，进不去，所以非常遗憾的。完了想着就说，搞这样的活动，应该是跟我们大众应该相结合一点，但是我感觉到这样的活动跟我们老百姓差的有点距离，比较遗憾。以后在这方面也做一些相关的工作呀，这么多的老百姓，大家能参与这样的活动，我感觉是比较好的。

采访：兰州游客　　陈青青

你从哪边过来的？

我是从兰州娃哈哈公司过来的。

我也是从兰州过来的。你知道他们这个旅游艺术节和拔河比赛吗？

旅游艺术节我知道，正因为有旅游艺术节，所以说公司派我们过来这边搞活动。拔河比赛不太清楚。

进去观看了没有？

没有的，主办方没有提供门票，他们那边不出售门票，好多游客都被挡在外边，围着场地转。像昨天来了成千上万的人，60%的人都被挡在外边。所以说我建议主办方应该提供门票，出售门票，这样也可以给当地带来一定的经济收入。

采访：本地居民

在某些角落还是存在一定的问题。比如说有些方面像顾客经常游览能看到的地方，还是不够完善的，路面不够干净。这对于打造旅游品牌来说，打造旅游品牌来说，还是有一定负面影响。比如说，我是个浙江人的话，既然你这是4A级旅游区的话，这种状况，恐怕相比之下，还是有一定的距离。（所以）还需要我们本地民众、政府部门共同的努力。

而本地政府和文化部门则策划联合打造"大冶力关经济圈"，共同挖掘旅游文化内涵，提升旅游品质。

采访：洮州文化博物馆馆长 冯学俊（巴桑才让）等

没有文化，加上（个）文化景点、文化底蕴，就有了荤菜了。光山水，时间长就没人来了。文化是旅游的灵魂，旅游是文化的载体，这个谁都知道。我认为没有文化的旅游就像没有灵魂的人一样。

夜幕降临，月朗星稀，熊熊篝火燃起，各民族互不相识的人们聚集一起，手拉着手，心贴着心，共同跳起了锅庄舞，喜悦的笑容在脸上荡漾，欢乐的歌声在烟火中飘扬。这歌声，这烟火，这笑容，仿佛在祝愿这里的人民世代快乐安康，祈福这里的人民生活永远红红火火！

甘南旅游者调查问卷

尊敬的朋友：

您好！为完成本人科研项目，特设计此调查问卷，并选择贵地进行调查，希望您抽出宝贵时间给予支持。问卷将对您的私人信息保密。谢谢！

一　个人基本情况

1. 性别□男　　　　　　　□女
2. 年龄□＜18 岁　　　　□18—30 岁　　　　□31—40 岁
　　　　□41—50 岁　　　□51—60 岁　　　　□＞61 岁
3. 职业□企事业管理人员　□专业技术人员　□商业服务人员　□工人或职员
　　　　□公务员　　　　　□学生　　　　　□农牧民　　　　□其他
4. 您的来源地是
　　□国外（①欧美②东南亚和日韩③其他国家和地区）
　　□国内（①甘南②临夏③兰州④甘肃其他地区⑤陕西⑥四川⑦宁夏
　　　　　⑧青海⑨其他省市）
5. 个人收入 □＜1000 元 □1000—2000 元 □2000—3000 元 □＞3000 元
6. 文化程度 □小学及以下　□初中　□高中　□大学　□研究生
7. 家庭结构□独身　□夫妻二人　□两代人　□三代人

二　旅游行为模式

8. 您来甘肃进行文化旅游的动机是（可多选）
　　□观光游览 □休闲度假 □旅游节庆 □宗教朝圣 □商务会议 □其他

9. 您获取甘肃文化旅游景点等信息的主要渠道和方式是

　　□熟人介绍□互联网□广播电视□旅行社推介□旅游书籍□其他
10. 甘南对您最具吸引力的文化旅游资源是什么（可多选）
　　□宗教文化 □自然景观 □藏族风俗 □旅游节庆 □旅游购物 □其他

三　旅游满意度

11. 您对甘南旅游发展的满意度是

项目	很好	好	一般	差	很差
交通					
住宿					
餐饮					
购物					
游玩					
娱乐					
其他					

再次感谢您的支持，祝您愉快！

Survey of Inbound Visitors to Gannan of China

Dear visitors,

In order to finish my research, I design this investigation and come here inviting you to spend your valuable time in writing down your information accordingly in the blanks, I promise that your information will be used for research only and will be strictly confidential. Thanks!

Background

1. Your gender: A. Male   B. Female

2. Your age:

   A. Under18   B. 19—30   C. 31—40   D. 41—50   E. 51—60   F. Over61

3. Your occoupation:

   A. Official   B. Professional/Technical   C. Businessman   D. Worker

   E. Management   F. Student   G. Farmer   H. Others

4. Your birthplace or working place:

   A. Abroad (① Europe and America ② East, South Asia, Japan and SouthKorea ③Other Places)

   B. Mainland of China (①Gannan②Linxia③Lanzhou④Others Places of Gansu⑤Shanxi⑥Sichuan⑦Ningxia⑧Qinghai⑨Other Provinces)

5. Your highest level of education you have achieved:

   A. Below primary school and primary school   B. Secondary shool

   C. High school   D. College and University degree   E. Master's degree

6. Your family:

A. Live alone   B. Husband and wife

C. Two—generation family   D. Three—generation family

Tourism Behaviour Information

7. What is your primary motivation of traveling to Gansu （Multi—choices）？

    A. Sightseeing   B. Vocation   C. Religion and priligrim

    D. Business and Conference   E. Events and festivial F. Others

8. What is your source of cultural tourism information to Gansu？

    A. Friends or relatives   B. Internet   C. Radio and TV   D. Travel agent

    E. Newspapers and magazines or guidebooks   F. Others

9. What intersts you most in your trip to Gansu in China？

    A. Religion   B. Natural scenery   C. Tibetan folk

    D. Events and festivials   E. Shopping   F. Others

10. Please evaluate the factors in your trip of Gansu

Items	Very good	Good	Commen	Bad	Very bad
Transportation					
Lodgement					
Foods					
Shooping					
Attraction					
Entertainment					
Others					

Thanks again！

附录 Ⅳ

旅游对甘南民生影响的调查问卷

尊敬的朋友：

　　您好！为完成本人科研项目，特设计此调查问卷，并选择贵地进行调查，希望您抽出宝贵时间给予支持。问卷采取的是匿名方式，将对您的私人信息保密。谢谢！

一　个人基本情况

1. 性别：A. 男　B. 女
2. 年龄：

    A. 18 岁以下　　　　B. 19—29 岁　　　　C. 30—39 岁

    D. 40—49 岁　　　　E. 50 岁以上

3. 职业：

    A. 农牧民　　　　B. 科教文卫人员　　　　C. 公务员

    D. 学生　　　　E. 旅游及商业服务人员　　　　F. 其他

4. 文化教育程度：

    A. 小学及以下　　　　B. 初中　　　　C. 高中或中专

    D. 大专　　　　E. 本科及以上

5. 婚姻状况：A. 已婚　B. 未婚
6. 民族成分：A. 汉族　B. 少数民族
7. 家庭结构：

    A. 三代同堂　　　　B. 两代同堂　　　　C. 夫妻二人

    D. 独身　　　　E. 其他

8. 个人平均年收入：

    A. 1 万元以下   B. 1—2 万元

    C. 2—3 万元   D. 3 万元以上

9. 您的家庭收入和旅游的相关性是：

    A. 主要来自旅游   B. 部分来自旅游

    C. 较少来自旅游   D. 不来自旅游

10. 您在本地居住的时间是：

    A. 10 年以下   B. 10—19 年

    C. 20—29 年   D. 30 年以上

11. 您每周和旅游者接触的时间：

    A. 1 天以下   B. 2—3 年

    C. 4—5 年   D. 6 天以上

12. 您的亲朋好友是否从事旅游相关工作：A. 是   B. 否

13. 您的居住地或工作地距离景点景区的距离：

    A. 很远（2001 米以上）   B. 较远（1001—2000 米）

    C. 一般（501—1000 米）   D. 很近（0—500 米）

二 旅游影响调查

14. 您家房屋建筑用材情况：

    A. 本地建材   B. 其他地方建材   C. 两者兼有

15. 您家房屋建筑风格情况：

    A. 本地民居风格   B. 现代建筑风格   C. 两者兼有

16. 您家房屋装饰风格：

    A. 本民族传统装饰   B. 现代装饰风格   C. 两者兼有

17. 您家餐饮习俗的情况：

    A. 本民族烹饪方式

    B. 大部分为本民族烹饪方式

    C. 在不同场合为不同烹饪方式

    D. 仅民族节日等时间为本民族烹饪方式

18. 您日常服饰为：

    A. 民族传统服饰   B. 当地现今服饰

    C. 城市居民一般服饰   D. 现代流行服饰

19. 您认为婚姻应由什么作为基础？

    A. 感情　B. 收入　C. 职业　D. 民族　E. 相貌　F. 父母包办

20. 如果夫妻感情确已破裂，您认为处理办法应该是：

    A. 尽力维持　　　　　　　　B. 调解无效后，同意离婚

    C. 保持家庭，夫妻自由　　　D. 尽快离婚

21. 您对第三者的态度：

    A. 积极赞成　B. 赞成　C. 无所谓　D. 反对　E. 坚决反对

22. 您参加宗教活动的次数变化情况：

    A. 有所下降　B. 有所增加　C. 未变化　D. 说不清楚

23. 当宗教活动与您的工作、学习或经商活动发生冲突时，您的选择是：

    A. 先参加宗教活动　　　　　B. 先不参加宗教活动，以后补上

    C. 派其他人代替自己前去　　D. 自己不去也不派其他人去

三　旅游影响认知与态度调查

序号	陈述项	完全同意	同意	不确定	不同意	完全不同意
24	您支持旅游业的发展					
25	您愿意参与本地旅游发展（包括决策、服务等）					
26	您对旅游发展现状感到满意					
27	您认为旅游发展利大于弊					
28	您个人从旅游发展中得到好处					
29	您对外来旅游者表示欢迎					
30	旅游发展使本地经济和财政收入得到增长					
31	旅游发展使本地居民经济收入增加					
32	旅游发展使居民就业机会增加					
33	旅游发展只是部分人得到好处					
34	旅游发展使外来人得到好处多于本地人					
35	旅游发展使本地人生活水平得到提高					
36	旅游发展吸引了更多外来投资和消费					
37	旅游发展使当地商品、房屋与服务价格上涨					

续表

序号	陈述项	完全同意	同意	不确定	不同意	完全不同意
38	旅游发展使游客和居民对本地文化有了更多了解					
39	旅游发展促进了本地和外地文化交流					
40	旅游发展使本地人宗教观念淡化					
41	旅游发展使居民道德约束力下降					
42	旅游发展使居民商品经济观念增强					
43	旅游发展使本地特色民族文化得到保护与发展					
44	旅游发展使本地人风俗习惯改变					
45	旅游发展使居民语言变化					
46	旅游发展使妇女地位提高					
47	旅游发展使本地人家庭关系不如从前那样和谐					
48	旅游发展使本地人人际关系不如从前那样和谐					
49	旅游发展使本地出现色情服务					
50	旅游发展使犯罪率上升					
51	旅游发展使酗酒行为增多					
52	旅游发展使生活节奏加快					
53	旅游发展使本地人生活方式变化					
54	旅游发展使本地人生活受到打扰					
55	旅游发展使本地人找对象范围扩大					
56	旅游发展使用水质量下降					
57	旅游发展使垃圾与废水增多					
58	旅游发展使本地道路、公共建筑等基础设施改善					
59	旅游发展使本地出现许多休闲购物场所					
60	旅游发展使本地交通、住房、公共场合出现拥挤					
61	旅游发展使大气和声音环境破坏					
62	旅游发展使生物多样性和草原植被受到破坏					
63	旅游发展使本地人环保意识增强					
64	旅游发展使对外形象提升					

再次感谢您的支持！

甘南旅游民生效应访谈提纲

1. 旅游开发前后本地居民经济的变化，包括收入、消费（包括物价）等。

2. 本地参与旅游最著名或最典型的人物是谁？他在旅游前后的变化是什么？对大家的影响表现在哪些方面？

3. 本地居民旅游前后社会治安有何变化？

4. 本地居民旅游前后在服饰、饮食、语言、建筑、就业方面有什么变化？

5. 本地居民信仰的宗教是什么？旅游开发前后有哪些变化（包括参加宗教活动的次数、愿望等）？他们的内心或者日常生活有哪些变化？

6. 本地居民和外来商人、旅游者之间的冲突多不多？冲突主要集中在哪些方面？一般是以何种方式得到解决的？

7. 您或者您最熟悉的人（包括亲戚朋友、邻居同学）今后在旅游开发中有何打算？主要困难是什么？设想如何解决？

8. 本地居民有没有因为旅游而生活水平下降或者出现很大生活困难的？主要原因是什么？他们一般采取什么对策？政府有没有帮扶举措？

9. 这几年国家发生了很多事情（如"非典"、暴雪灾害、地震、"藏独"、泥石流等），对你们这里的旅游发展有没有影响？请具体说说。

10. 您曾经出去旅游过吗？感觉本地旅游开发和外地旅游发展有何区别和差别？

11. 您对旅游开发现状是否满意？请说出理由。

12. 您认为今后本地政府和居民在旅游开发中应该主要做好哪些事情？

旅游正负效应因子信度系数

Factors	Cronbach's Alpha	Standardized Item Cronbach's Alpha	Item Numbers
社会关系因子	0.7915	0.8009	4
社区环境因子	0.7393	0.7339	5
日常生活因子	0.6247	0.6273	3
传统文化因子	0.6327	0.6296	3
发展差距因子	0.7366	0.7389	2
社会环境因子	0.8970	0.8955	6
经济发展因子	0.9316	0.9313	5
文化发展因子	0.8161	0.8084	3
传统观念因子	0.5336	0.5396	2

后　记

又是专著出版时，又是心潮澎湃时。

2008 年前，从兰州大学毕业的我，怀着对旅游专业的热爱到陕西师范大学进修提高。国内旅游学名家马耀峰教授对我这个非旅游管理专业出身的学生热情接纳，耳提面命，严格要求，悉心指点，犹如慈父。两年的学习生涯使我的学术视野更为宽广，学术素养有所提升，人生收获更为丰硕。著作出版之日，回想起恩师和我交流时亲切关爱的话语，回忆起师生一起做旅游规划的日日夜夜，股股暖流涌上心头，一种离别酸楚欲说还休。我只有在内心表示无限的感激，只有在工作上有所作为才能表达感激于万一。

此时，我忘记不了陕西师范大学流动站和地理环境学院等单位的领导、老师和同学。在我工作和求学期间，研究生处处长杨祖培教授、地理环境学院院长薛东前教授、孙根年教授、石谦友教授、宋保平教授、赵振斌教授、严艳教授，都给了我许多帮助和指导，他们的支持我将终生铭记；白凯博士、王晓峰博士、李君轶博士、韩春鲜博士、李创新博士、郑鹏博士、亢雄博士、唐仲霞博士等和我一起交流生活，笑语欢歌，坦诚相待，无比融洽，此情此景，我将永记于心！

此时，我要感谢我的家人。父母在我求学期间，付出了很多，没有他们的养育，我难有今日；感谢我的爱人陈淑琳，她虽为"80 后"，小我许多，却在生活和学业上给了我许多照顾和帮助，我的每一次进步都和她的付出密切相关。

此外，我要感谢兰州商学院的许多领导，他们是党委书记王肃元教授、副校长蔡文浩教授、副校长王学军教授、经济研究所所长雷兴长教授、统计学院院长庞智强教授等。我在求学和工作期间，他们给了我许多支持。没有他们的坚强支持，我难以安心在外读书和顺利完成科研任务。

　　此时，要感谢中国社会科学出版社的郭沂纹主任和其它同志，他们为本书出版付出了极大的努力，在编辑、校对等方面倾入了大量的心血。他们这种无私奉献、甘为人梯的精神我将铭记学习。

　　此时，我还要感谢以下领导和朋友。

　　调研期间，《西北民族大学学报》主编杨士宏教授、前夏河县委副书记曹永忠、洮州文化博物馆馆长冯学俊、夏河县文体局局长贡保南杰、夏河县文化馆馆长段天义、甘肃省藏学研究所华锐·东智和杨才让塔、夏河县摩尼唐卡中心董事希热布、夏河县旅游局陆光、夏河县宗教局仁青和斗格才让、拉卜楞寺管理委员会办公室主任嘉华、临潭县风景管理局陈祥顺、冶力关镇副镇长王晔、冶力关镇村民杨建国、兰州大学西北少数民族研究中心李军博士、兰州财经大学王晶老师、西北民族大学严伯汉老师等，都对我大力支持，从查找资料到田野采访，从发放问卷到拍摄影片，从饭后聊天到彻夜长谈，从资料整理到论文写作，都给予了我无私帮助。在此，我一并表示衷心感谢，并祝福他们幸福安康，扎西德勒！

　　是为后记，以示感谢！

窦开龙
2010.10.5